公共关系
策划

主　编：倪志平　张其春
副主编：张　恧　宋艳平　张　鑫

厦门大学出版社
XIAMEN UNIVERSITY PRESS
国家一级出版社
全国百佳图书出版单位

图书在版编目（CIP）数据

公共关系策划 / 倪志平，张其春主编. -- 厦门 ：
厦门大学出版社，2025. 4. -- ISBN 978-7-5615-9720-0

Ⅰ. C912.31

中国国家版本馆 CIP 数据核字第 20255VN380 号

责任编辑 江珏珥

美术编辑 蒋卓群

技术编辑 朱 楷

出版发行 厦门大学出版社

社　　址 厦门市软件园二期望海路 39 号

邮政编码 361008

总　　机 0592-2181111　0592-2181406(传真)

营销中心 0592-2184458　0592-2181365

网　　址 http://www.xmupress.com

邮　　箱 xmup@xmupress.com

印　　刷 厦门金凯龙包装科技有限公司

开本 787 mm×1 092 mm　1/16

印张 18.5

插页 2

字数 385 千字

版次 2025 年 4 月第 1 版

印次 2025 年 4 月第 1 次印刷

定价 46.00 元

厦门大学出版社
微信二维码

厦门大学出版社
微博二维码

前　言

　　高速发展的现代社会,竞争日趋激烈。公共关系作为组织与公众之间沟通的桥梁,其重要性愈发凸显。公共关系策划作为公共关系的核心,不仅关乎组织的形象和声誉,更影响组织的可持续发展。因此,本团队编写了《公共关系策划》一书,从最开始想要写这本书到最后完稿,历时三年半,精雕细琢,旨在为读者提供一份全面、系统、实用的公共关系策划指南。本书第一主编讲授"公共关系策划"课程多年,同时主持或参与规划类课题多项,积累了丰富的资料,对课程有自己的理解和心得;第二主编有资深的横向规划、策划类课题的撰写经验。另外,作为大学教师,升华多年的教学经验,编写一本属于自己的教材,亦是情怀所致。

　　本书在编写过程中,充分借鉴了国内外公共关系领域的先进理论和实践经验,结合当前社会发展的新形势、新特点,对公共关系策划的理论体系、方法技巧、实践应用等方面进行了深入探讨和研究,力求既具理论深度,又具实践操作性,使读者能够从中获得启发和借鉴。同时,为方便广大教师使用,本书制作了丰富的配套教学资源,重点包括教学课件、教学大纲、授课计划、各章习题库、各章知识罗盘图,以期辅助教师教学。

　　本书特色有以下四点:第一,它是一本"学界＋业界＋政界"的"三界融合"型教材,撰写团队来自高校、企业和机关单位,各自都在自己的领域深耕多年。第二,它是一本融合"思政"的专业课教材,完美契合现行推进的课程思政的深刻主旨。第三,它是一本融合"校本实战项目"案例的教材,在细微处着手,接地气,更具指导价值。第四,它是一本融合"最新案例(国内外)＋典型案例"的稳健型教材,紧跟自媒体时代步伐,呈现了许多新颖、创新的公关策划实践。同时,每章开头设置了知识罗盘图,可帮助读者抓住章节核心;

每章章末设置一条享誉世界的公关策划大师的核心公关信条,意在潜移默化地影响读者,提升其公关策划理论素养。总之,本书力图为读者呈现一本指导性、应用性都很强的新型产教融合型教材,激发读者创意和灵感,助力其在公共关系策划领域取得更大成功。

本书共设十章,旨在为读者提供一套完整的公共关系策划知识体系。前三章着重于基础理论的阐述,从公共关系策划概述到方案的撰写,再到实施与评估,为读者奠定坚实的理论基础。理论是实践的指南,实践是理论的检验。后七章则深入实务内容,涵盖专题型、危机型、公益型、节庆型、服务型公关策划,以及组织内部公关交往与公关策划、公共关系策划人员素质要求与培养等,带领读者在理论的指导下,开展有效的公共关系策划实践。

衷心希望本书能够成为读者在公共关系策划领域的良师益友,无论是公共关系从业者还是企业管理者,无论是学术研究者还是普通读者,本书都力求为读者提供一定的参考和启示。同时,也期待与读者共同探讨公共关系策划的未来发展之路,为推动公共关系事业的发展贡献力量。

最后,感谢为本书作出重要贡献的编写团队,感谢阳光学院经济管理学院、数字公关与治理系提供的实战素材,参与阳光学院首届公共关系策划创业大赛取得佳绩的小组提供的精彩策划,以及李铮团队提供的年度最优策划案,是大家的不辞辛苦才使得"三界融合"的本书得以顺利出版。同时,也要感谢所有支持和关注本书的读者和朋友们,是你们的关注和支持使得本书能够更好地服务于社会、服务于公众。祝愿大家在阅读本书的过程中都能够收获满满,也祝愿大家在公共关系策划的道路上越走越宽、越做越好!

谨以此书献给所有热爱公共关系策划事业的朋友们!

限于我们的水平,本书仍存一些不足,恳请广大读者批评指正。

倪志平　张其春
2024 年 10 月

目　录

第一章　公共关系策划概述

学习目标

通过本章的学习,你应该达到以下目标:

一、了解公共关系策划的基本内容;

二、理解公共关系策划的深刻内涵;

三、掌握公共关系策划的原则及流程;

四、强化创新意识、辩证思维、用数据说话的意识。

知识罗盘图

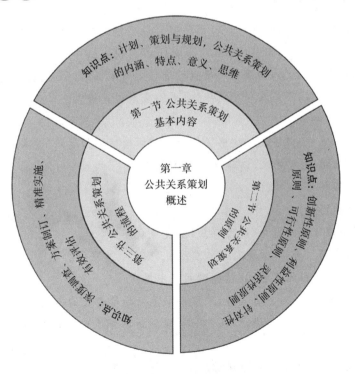

"康泰克先生关爱热线"项目

一、项目概述

随着"Z世代"的崛起,传统品牌形象已不足以点燃年轻人的热情。为迎合这一新兴市场的脉搏,新康泰克决定对其标志性的品牌形象"康泰克先生"进行全面升级,注入现代元素,深度融合年轻人文化,以焕发新的生机,并提升品牌的市场认可度。

IP[①] 目标:致力于在年轻消费者的心中塑造并深化"康泰克先生"IP 的"治愈系"形象,使其成为一个温暖而有力的存在,进而提升品牌影响力。

品牌目标:为新康泰克积累可长期利用的品牌资产,增强其在未来市场中的竞争力和吸引力,进一步提升销量和市场占有率。

传播目标:精准把握年轻消费者的兴趣点,通过创新而富有创意的传播策略,引发一场充满感知力和价值的互动热潮,让"康泰克先生"成为年轻人中的热门话题和潮流引领者。

二、项目策划

(一)洞察

感冒是常见的疾病,但人们往往对感冒患者的身心需求视而不见。"感冒无大碍",于是疏忽了按时服药,使得病情反复,身体备受煎熬;"感冒无大碍",因此患者也常被忽视,被要求如常工作学习。但谁又能否认在病痛中脆弱的感冒患者同样需要温暖的关怀?感冒虽小,但其带来的不适感不容忽视。生理上,鼻塞、咳嗽、发热等症状让人倍感难受;心理上,病痛的折磨也可能让人情绪低落,需要他人的安慰与支持。因此,对于感冒患者,不应该轻视其病情,更不应忽视其需求。

(二)核心策略

融合"康泰克先生"IP,围绕"感冒场景"与"两性情感",运用"数字＋娱乐"创新营销,强调感冒时的关爱需求,以年轻人话题打造暖心体验——"康泰克先生关爱热线",增强 IP 影响力。

三、项目执行

(一)预告短片吊足胃口,提前释放,激发观众期待

以"金鹰剧场预告片"风格打造预告短片,吸引大众关注。

(二)多重触点引爆声量,让热度瞬间集中爆发

线下覆盖策略:针对感冒人群,采取线下重点场景覆盖的方式。通过与线下药店紧密合作,结合会员社群等资源,从购药等最贴近感冒人群的场景出发,精准触达并

---

① IP,intellectual property,知识产权或独特的文化符号。

积累更多种子用户,为"康泰克先生关爱热线"及品牌 IP 的推广奠定坚实基础。

线上营销突围策略:

1.KOL 种草,聚焦"康泰克先生关爱热线"开箱视频,以真实用户反馈为核心,激发年轻用户参与传播。

2.社群体验,预埋 UGC 趣味内容,用海量聊天记录打造体验式自传播。

3.官方长期互动,征集物料鼓励消费者创作,构建长期资产。

(三)彰显新闻媒体价值,引发国际网友热议,使话题持续发酵

在海外社交媒体中扩散,"反哺"国内声量,制造可持续传播的话题。

四、项目评估

(一)体验革新,独特感冒关爱

"康泰克先生关爱热线"洞悉感冒时的情感需求,摒弃传统营销模式,融合年轻人喜爱的配音形式,传递贴心且实用的感冒关爱体验。

(二)技术革新,"小程序＋热线"双剑合璧

"康泰克先生关爱热线"创新融合小程序与电话热线。真人小程序提供沉浸式互动,持续吸引用户;心动热线配备五大声音,70 多种语音,每日给予感冒患者不重复的关怀。

(三)品牌焕新,长效资产积累

"康泰克先生关爱热线"技术可复用,作为品牌长线资产,能够为未来定制化内容创造无限可能。

资料来源:金旗奖编委会.2022 最具公众影响力品牌传播案例集[M].北京:中国财富出版社,2023:14-15.

案例思考 ....

该案例之所以引起广泛的赞誉和关注,并且夺得"2022 年最具影响力公关活动"大奖,得益于其策划融汇了公共关系策划的灵魂手段,即"以情动人",真正做到直抵人心。感冒发烧是人们日常生活中比较常见的疾病,有的可能一天即可康复,有的则需要好几天。但是无论是一天还是多天,这难受的时间和自己一个人抵抗病痛的痛苦与孤独,仍需得到关照。"康泰克先生关爱热线"的出现,恰逢其时,如同午夜电台一般给消费者带来了心灵上的抚慰和触动。

同时,策划者利用海外社交媒体,成功引起国外网友热议,使得这份关爱得以持续,这份爱被无限放大,并蔓延到每一个需要用爱照亮的地方和角落。

此公共关系策划项目真正践行了公共关系策划的真谛——攻心为上。

第一节　公共关系策划基本内容

一、计划、策划与规划

不论是职场,还是日常生活,经常有人提到"策划"二字,可见策划在社会生活中的重要性。那么到底何为策划?如果想理解清楚策划的含义,那么首先必须区分计划、策划、规划这三个概念。计划、策划和规划三者在管理学和实际应用中虽然都涉及对未来的预先安排或筹划,但在内涵、侧重点、时间维度和范围及应用上存在明显的区别,主要区别见表1-1。

表 1-1　计划、策划与规划的主要区别

概念	内　涵	侧重点	时间维度和范围	应　用
计划	计划是指工作或行动以前预先拟定的具体内容和步骤,旨在明确行动的组织实施方案。计划强调在行动之前对任务、目标、方法、措施的预见性确认	计划主要明确什么时候做什么的问题,具有预见性、针对性、可行性和约束性等特点	计划在时间维度上相对较短,可以是五年计划、三年计划、年度计划、月度计划等,在范围上可以是具体的项目或任务	计划在日常工作和管理中被广泛应用,如进度计划、销售计划、生产计划等
策划	策划是根据现实的情况和信息进行系统谋划,具有明确的目的性、选择性和灵活性。策划通常包括目标设定、资源分配、方案制订、计划编制、执行控制等环节,是在既定的目标和范围内,针对现实和未来的情况,制定一系列可行措施及其完整实施方案并付诸实施的过程	策划主要解决怎么做的问题,需要借鉴以往的经验和智慧,按照预期目标进行制定,并统筹考虑各个方面的因素,确保方案的可行性和可操作性	策划在时间维度上可以根据具体需求而定,在范围上可以是针对某个活动、项目或战略	策划常用于大型活动、市场营销、产品开发等领域的系统性思考和准备
规划	规划是指在一定的条件下,通过对目标和资源的分析、研究和设计,制订一系列的行动方案和发展路线,以实现预期目标的过程。规划侧重于长期性和全面性,与全国或者特定地区的社会、经济、文化等发展相关	规划主要解决做什么的问题,强调长远性和战略性,是对未来发展的方向性和全面性的指导	规划在时间维度上相对较长,通常涉及几年到几十年的发展规划,在范围上可以是全国或特定地区的整体发展	规划多用于国家、地区或行业的长远发展战略规划,如城市发展规划、产业发展规划等

资料来源:笔者整理而得。

总体来看,"策划"指向有明显目标的计划,所涉及的范围比"计划"大、长,比"规划"小、短,介于二者之间。因此,从公共关系策划的本质上来考虑,"策划"一词更符合公关的"气质"。

二、公共关系策划的内涵

公共关系策划(public relation planning)属于公共关系活动中的最高层次,是整体公共关系价值的集中显现。公共关系策划是公共关系活动的灵魂和克敌制胜的不二法宝。

(一)公共关系策划的要素

公共关系策划的要素包括策划者、策划内容、策划渠道、策划对象和策划环境等,这些要素共同构成了一个完整的策划体系。策划者作为公共关系策划的核心主体,其意志贯穿于整个策划过程,是主动影响策划对象的关键力量。在策划活动中,策划者始终占据主导地位,通过深思熟虑和精准把控,确保策划方案能够顺利执行并达到预期目标。而其他基本要素,如策划内容、策划渠道、策划对象和策划环境等,在策划者的精心组织下,得以有序地展开和推进。这些要素相互协作,共同为策划目标的实现提供有力支持。

通过策划者的有效组织和引导,公共关系策划能更加精准地把握市场需求和公众心理,制订出更具针对性和实效性的策划方案。同时,策划者还需密切关注策划环境的变化,及时调整策划策略,以确保策划活动的顺利进行。

(二)公共关系策划的含义

公共关系策划属于公共关系的高层次动作,是建立在清楚事实真相的基础上,其主要内容是为达到一定目标而进行的、有科学程序的谋划、构思和活动方案的设计、制作与实施,以及配套的评估方案。公共关系策划是一种独特的管理职能,是当代公共关系学整合的核心,能够帮助一个组织建立并维持与公众之间的双向有效沟通,从而帮助复杂而多元化的社会更有效地取得一致,并更好地发挥作用。可见,公共关系策划的核心内容是策划,即谋划、构思与设计。这些谋划与设计绝不是策划人员的"闭门造车""凭空想象",而是必须建立在一个扎实的调查基础之上的,同时,一个完善的策划一定要付诸实施并配套评估方案,才能产生预想的效果。

综上,从广义的角度考虑,本书将公共关系策划定义为:组织利用专业的公共关系人员,在充分调查的基础上,根据组织自身形象的现状和目标要求,分析现有条件,对公关活动的主题、手段、形式和方法等进行构思和设计,确定公共关系活动战略与策略,为实现组织与公众之间的双向有效互动、提升组织美誉度,打造组织良性发展环境而进行的一系列活动,包括深度调查、方案制订、精准实施、有效评估等环节。

三、公共关系策划的特点

(一)目的性

公共关系策划的基本出发点在于推动组织的公关活动从无序向有序转变,从模糊向清晰转变,从不确定向确定转变。无论策划的层次如何,都必然带有明确的目的性。在策划过程中,无论是初步设想、详细计划还是完整方案,都必须围绕一个清晰的目标展开。公共关系策划的目标,就是公关策划人员期望通过一系列策划活动最终解决的问题和达到的效果。

具体而言,公共关系策划的目的在于让公众更深入地了解组织,树立组织的良好形象,从而增强公众对组织的好感和信任。当公众对组织产生好感并建立起信任时,他们就更可能接受组织提供的产品、服务和价格。因此,这不仅是公共关系策划的直接目的,也是其终极目标。

职场故事

杭州运动盛会圆满落幕,国际知名度与美誉度显著提升

杭州成功举办的亚(残)运盛会,即 2023 年杭州第 19 届亚洲运动会(亚运会)和杭州第 4 届亚洲残疾人运动会(亚残运会),极大地提升了杭州的国际知名度和美誉度。

亚(残)运会的举办充分展示了杭州的城市魅力和组织能力。杭州作为一座历史悠久、文化底蕴深厚的城市,通过此次赛事向全世界展示了其独特的城市风貌和现代化的城市设施。同时,杭州在赛事组织、安全保障、志愿服务等方面也展现出了高超的组织能力和专业素养,赢得了全球观众的赞誉。

亚(残)运会的举办为杭州的国际交流和合作提供了新的平台。通过亚(残)运会的举办,杭州与亚洲各国和地区建立了更加紧密的联系和合作,促进了文化、体育、经济等领域的交流与合作,不仅有助于提升杭州的国际影响力,也为杭州的未来发展注入了新的动力。

亚(残)运会的成功举办也提升了杭州的国际知名度和美誉度。通过亚(残)运会的举办,杭州向世界展示了其开放、包容、文明的城市形象,赢得了全球观众的喜爱和认可。同时,杭州在亚(残)运会期间所展现出的热情、友好、专业的形象,也进一步提升了杭州的国际美誉度。

资料来源:刘芫信.亚运会、良渚论坛入选! 2023 年杭州市十大公共关系事件发布[EB/OL].(2024-04-21)[2024-05-01].https://baijiahao.baidu.com/s? id=1796909498449928114&wfr=spider&for=pc.

(二)创想性

公共关系策划的灵感往往超越日常琐事,基于形势发展和环境变化,以新颖的角度和方位进行深度谋划,从而发掘出日常工作中潜藏的、出人意料的、非传统和非普遍的方法与行动。判断策划优劣的关键在于其创想性,即创造力与想象力。创想性的核心在于创造性地整合各类资源。资源是策划的基础,缺乏资源如同"巧妇难为无米之炊",策划便无从谈起。

策划者不仅要注重资源的积累,如媒体、人脉和广告资源等,更要擅长发掘潜在的资源。整合资源的过程必须充满创造性,以确保策划的独特性和吸引力。成功的策划应以人为本,深入洞察人性,精准表达基于人性特征的资源和优势,同时融入创意和高度概括性,以引起社会的广泛关注与共鸣,激发公众的参与热情。

策划的价值在于其实际产生的积极影响,无论是对个人、组织还是社会,都能够带来实质性的益处。策划效果,并非基于价值标准的评判,而是侧重于其产生的实际效果和积极影响。因此,要做到真正的"创想性",策划者必须深刻洞察人性、资源和相关优势的特征,进行精准的分析和综合,以实现策划的预期目标。

(三)程序性

公共关系策划是按照一定程序去完成活动的过程,根据公共关系活动的特点,有计划、分步骤地实施,使公众的观点与行为朝着对组织有利的方向发展。有计划、分步骤就体现了一种程序性,所以程序性是公共关系策划的共性特点。在做公共关系策划案之前,要先进行调查,摸清情况,之后开展策划案的制定,接下来就是实施,为保证实施的效果,还要进行有效的评估,这是一个环环相扣的过程。凡事预则立,不预则废,现代社会瞬息万变,一个组织政策的实施、行动的开始都会受到各种主客观条件的限制,因此,要想顺利地实现组织目标,就必须有一整套经过周密运筹后制订的系统性策划方案并且按照一定的程序去执行,把控过程和方向,最后才可能真正实现目标。

(四)应变性

在进行公共关系策划设计时,必须充分考虑条件的多变性,并灵活调整公共关系策略,必要时甚至调整公共关系目标,这凸显了公共关系策划的应变性。鉴于公共关系活动的复杂性和综合性,其成功与否往往受到众多外部条件的制约。因此,策划设计者需时刻警觉条件变化对公共关系目标实现的影响,确保策划方案具备足够的弹性,以便根据环境变迁和方案实施情况进行精准调整。这些调整需紧密围绕公共关系策划的原始目标,顺应市场经济的发展趋势,同时兼顾策划方案实施的环境、目标公众的需求动机和心理承受能力。经过调整后的公共关系方案,应更具可行性和创新性,涵盖范围调整、程序繁简优化、手段变更以及目标调整等方面,以确保公共关系活动的顺利进行和目标的顺利达成。

（五）系统性

公共关系策划是一项涉及多要素、多环节的复杂系统工程,要求各个子系统围绕整体规划和全局目标协同合作,按照既定程序高效推进。组织形象作为公众心目中的综合反映,具有多维性、整体性和相对稳定性,在进行公共关系策划时,必须追求整体最优化,全面考量局部与整体、近期与远期、内部与外部的综合效益,以确保公共关系工作的全面、持久和高效。因此,公共关系策划也是一项具有系统性的重要工程。

（六）时机性

公共关系策划要讲求一定的时机性,时机选择不好,公共关系活动的效果可能会大打折扣。对于一般的、正常的公共关系策划,最好不要与重大的新闻事件相重合,否则活动推广会被大事件(比如人大会议、外交冲突、天灾人祸等)所淹没,公关费用是投入,收益却甚微。也可以考虑利用一些社会热点话题,将自己组织的一些事件与现在的社会热点问题进行有效的关联,能在一定程度上引起社会大众的关注。也可考虑季节更替、动植物的变化以及天气变化等,这里面也有可能会触及组织内部的一些新鲜事情,如此推出的一些公共关系策划活动,会起到很好的效果。总之,公共关系策划的时机性,是保证策划活动有效推进的重要基石。

职场
故事
"黄河文化展"亮相2024年法国巴黎国际博览会

中国公共关系协会宣布,2024年法国巴黎国际博览会上将举办别致的黄河文化展,选择此时机推出黄河文化展正是将优秀的中华文化推向世界的大好机会。此次展览围绕"九曲黄河 一脉相承"主题,通过视频展播、实物展示及主题日活动,全方位展示黄河流域生态保护与高质量发展的成就,并弘扬黄河文化的深厚底蕴。展览由中国公共关系协会和山东省人民政府新闻办公室联合主办,是"遇鉴中国——中华文化主题展"的亮点之一。展览以区域化品牌、国际化表达和数字化呈现为特色,播放《大河之洲》《黄河故事娓娓道来》《让传统文化"潮"起来》等纪录片,展现黄河文化的千里锦绣与文脉绵长,同时展现中法、中西文明交流互鉴的丰硕成果,彰显黄河文化的博大精深与时代价值。同时,搭建设计别出心裁,如悬挂的"龙"与"黄河之水天上来"的L屏相映成趣。展览期间还举办黄河沿岸伙伴日活动,通过优质短视频、特色文创展示等,展现黄河沿岸地区与法国的人文交流和合作成果。

资料来源:李欣宇,张素.中国公共关系协会在巴黎举行黄河文化展搭建设计别出心裁[EB/OL].(2024-05-04)[2024-05-10].https://baijiahao.baidu.com/s? id＝1798087895453144318＆wfr＝spider＆for＝pc.

四、公共关系策划的意义

公共关系策划虽然不直接生产产品,却为产品和服务注入了灵魂,在产品和服务塑造中扮演着举足轻重的角色。作为一种特殊的管理职能,公共关系策划是当代公共关系整合的核心。有效的公共关系策划有助于实现组织与公众之间的有效沟通,增强彼此的理解与信任,进而促进社会和谐与发展。

(一)公共关系策划有助于保证公共关系活动的连续性

公共关系策划在确保公共关系活动的连续性方面起着至关重要的作用。要塑造并维护一个组织的良好形象,绝非一蹴而就的,而是需要长期、持续的努力和投入。因此,公共关系策划的连续性管理及应急计划显得尤为关键和必要。制订一个健全的连续性计划是一项复杂而细致的工作,涉及多个阶段和多个方面的工作,包括对组织当前公共关系状况的全面分析、未来趋势的预测,以及针对不同情况的应对策略规划。连续性计划需要确保在面临各种挑战和变化时,公共关系活动能够持续、有效地进行,以保持组织的稳定发展和公众形象的积极塑造。

公共关系策划本身也具有承前启后、承上启下的作用,通过对历史经验的梳理和分析,提炼出成功的经验和教训,是对过去公共关系工作的总结和评估,为未来的工作提供借鉴和参考。同时,公共关系策划也是下次公关活动科学规划的开始,是基于对当前形势的深入分析和对未来趋势的准确预测,帮助组织制定具有前瞻性、可行性的公共关系策略和活动方案。

(二)公共关系策划有助于公共关系活动的有效实施

经过深思熟虑的公共关系策划方案,虽然通常不会轻易发生改变,但鉴于社会组织的主客观条件以及外部环境的动态性,策划时需预留充足的调整空间。在制订具体策划方案时,应考虑潜在的变化,并设计灵活的应对策略,确保行动方案具备一定的灵活性。公共关系策划既要全局把握,又需注重各要素间的相互协调,并与组织的整体公关战略保持一致。这些要素相互关联、环环相扣,既有阶段性又具备连续性,旨在实现最优化选择,并寻求满足公众需求的最有效方式。策划人员需全面考虑公共关系活动的时间、地点、人员、资金和资源等条件,并提出详尽的实施细节,以确保公关活动按计划有序、高效地进行。

(三)公共关系策划有助于提升社会组织的竞争力

公共关系策划对于提升公关工作的有效性至关重要。通过精心策划和科学设计,可以确保公关目标、对象的准确性,为公关活动的成功奠定基础。公关工作的实效离不开精心策划的引导,是保证公关工作有效性的关键环节。有效的公关策划不仅有助于提升社会组织的竞争力,还能成为其在竞争中取胜的重要武器。

公共关系策划聚焦于3个核心问题的解决:首先,寻求传播沟通的内容以及公众易于接受的方式,确保组织的决策、意见、政策和措施能够通过适当的媒介及时、准确地传达给目标公众,并对这些信息进行解释,以促进公众对组织的理解和认同。其次,公共关系策划致力于提高传播沟通的效能,通过有效的传播沟通方法,协调组织的社会关系,影响公众舆论,塑造组织的良好形象,并优化组织的运作环境。在媒体选择上,公共关系策划需要恰当地利用报纸、杂志、广播、电视、电影、网络等大众传播媒介,以实现最佳的传播效果。最后,公共关系策划致力于完备公关工作体系,通过系统、科学和完备的程序,实现科学性与艺术性、长期性与可调适性、完整性与创新性以及可操作性与效益性的有机结合,从而全面提升社会组织的竞争力。

(四)公共关系策划有助于提升社会组织的整体形象

塑造组织形象,是公共关系策划最核心的职责,因此有人将其誉为组织的"形象设计师"。当组织在公众心中树立起正面形象时,便意味着其拥有了卓越的社会声誉,能够赢得广大公众的信赖与支持,这无疑是组织最宝贵的"无形资产"。对于营利性组织而言,良好的形象有助于提升经济效益,进而推动整个社会的进步与发展。

正面形象还有助于维护地区乃至国家的经济环境,为当地企业创造更为优越的发展条件。更重要的是,其还能吸引更多的外部资源,如资金、技术和人才,促进地区整体经济的繁荣。公共关系活动的展开还能促进现代社会信息的共享与交流,显著降低市场交易成本,使经济活动更加规范、有序,社会资源得到更为高效的利用。

职场故事

"思路和杯"营销策划大赛:创在阳光,营在未来

为积极推动教育链、人才链、产业链、创新链四链融通,强化学生自主学习和自我管理,打造科教融汇的未来大学,阳光学院举办了"'创在阳光,营在未来'2023年'思路和杯'营销大赛",旨在通过大赛提高学生的创意策划、营销宣传、团队合作、创新创业等综合能力,助力学生高起薪、高平台就业。活动从2023年4月21日持续到2023年6月初,吸纳了大量学生参与。本次大赛赞助单位包括福建思路和实业集团有限公司、福建嘉建项目管理有限公司、福建省四季有实电子商务有限公司、福州肤璨科技有限公司。这些企业通过对教育事业的赞助,有效塑造了热爱教育事业的外在形象,赢得了具备社会责任感的良好口碑,也进一步提升了企业的社会知名度。

资料来源:根据笔者所在学校举办的活动整理。

(五)公共关系策划有助于扭转公众对组织的不良印象

任何组织在其发展道路上,都不可避免地会面临各种挑战和危机。这些危机可能源于组织内部,例如产品质量问题、员工服务态度不佳等,进而引发公众的投诉和不满;也可能源自外部环境,如自然灾害的突然袭击或人为的恶意破坏。无论是何种类型的危机,若处理不当,都将导致组织形象受损、经济效益下滑,以及社会评价降低,给组织带来无法挽回的损失。此时,巧妙且及时的公共关系策划将会有力地挽回社会大众对组织的不良印象。危机,除了有危险,也同样伴随着机会,因此,如果公共关系策划处理得当,危机也会转变为机会。

 **职场
故事**

一支淀粉肠的反转

2024 年 3 月 15 日,央广网曝光淀粉肠制作中掺加了鸡骨泥,而人是不能食用鸡骨泥的。之后多家厂商紧急直播,有的厂商直播生产过程,有的厂商直接在直播间吃自己生产的淀粉肠,以示自己的产品是合格的、不含鸡骨泥的。后有消息说明,央视报道只是说有些黑心厂家在制作淀粉肠的过程中掺加了鸡骨泥,并不是所有厂家都掺了鸡骨泥。同时,河南双润、山东夫宇、河南开开等淀粉肠品牌纷纷发文,澄清自己没有使用鸡骨泥,且经监管部门突击检查,自己的原料和成品均合格,符合食品安全标准,希望大家不要一竿子打翻全行业。他们甚至直播了车间和原料间,为淀粉肠澄清。这引起了广大网友的关注并且恢复了大家对淀粉肠的信心,一时间,很多厂家直播间的淀粉肠卖断货,有的甚至要等好久才能到货。这本是一场危机,但经过行业的共同努力,终是变成了一个机会。

资料来源:徐汉雄.淀粉肠厂家在车间里开直播,公开透明能取信于人也是接受监督[EB/OL].(2024-03-19)[2024-05-10].https://baijiahao.baidu.com/s? id＝1793919358197851611 &wfr＝spider&for＝pc.

(六)公共关系策划有助于推动整个社会的文明进步

公共关系作为民主政治的产物,其演进不仅反映了民主价值的深化,还反过来推动了民主政治的进一步发展。公共关系秉持"公众至上"的原则,强调社会组织需以满足社会成员需求为出发点,为他们提供热情、优质的服务。这种理念的普及,促使管理人员和政府公务员树立起公仆意识,主动深入民众,倾听民众的声音,积极解决民众的实际问题。

当社会成员感受到自己的意见被重视、权利得到尊重时,他们会自然而然地产生对社会事务、国家事务的主动参与意识,这将在社会中营造出一种积极、健康的政治氛围。这种氛围无疑将极大地推动民主政治的健全与完善,进一步促进整个社会的文明与进步。

五、公共关系策划的思维

要想知道公共关系策划人员需要具备哪些思维,首先就要知道什么是思维。思维,作为人类对客观世界的深刻理性认识,建立在表象与概念之上,涉及分析、综合、判断与推理等一系列复杂的认识过程。简言之,思维是人脑能动地反映并解读客观事物的内在机制。具言之,公共关系策划人员应具备以下5种思维。

(一)战略性思维

作为公共关系策划人员,应首先具备战略性思维。战略性思维是一种长远的谋划和打算,是一种导引性、方向性的内容。公共关系策划本质上是主体实现与客体的双向、有效互动和交流,提升客体满意度,最后提升组织的品牌形象。良好品牌形象的建立需要很多人的共同坚持和付出,有时候可能十年都不一定起到什么效果,有些策划活动可能一做就是几年甚至十几年。

所以,公共关系策划人员必须具备长远的战略性眼光和思维,才能制定出可行的、有远见的策划,才能真正赢得客体的青睐和信任,实现与客体的有效交流,最终提升组织的美誉度。

(二)创造性思维

公共关系策划的核心在于创造性思维,它犹如指南针,决定了公关活动的整体走向。制订独具特色的公关方案,不仅要求策划者具备广博的知识和专业的公关素养,更需要他们拥有卓越的创造性思维。创造性思维能力是思维活动的高级形态,超越了常规的思维模式,是对旧有认知的突破与思维方式的革新。

创造性思维的形成依赖于直觉、灵感、推理与实践的完美结合,其特性与规律皆可被人们所洞悉与掌握。这种思维超越常规,基于却不拘泥于此,实践经验和科学知识,追求新颖、独特、出奇制胜,敢于突破传统框架,探寻独特且富有成效的解决方案;还从多个角度审视问题,激发想象,灵活变通,确保思维的流畅性、变通性和创造性。

成功的公关活动和组织的长盛不衰,皆源于这种创新精神的驱动。在激烈的市场竞争中,正是这种不断创新的精神,让组织的领导者和员工具备了面对挑战的勇气,感受到紧迫感和压力感,从而激发出积极性和创造力。这种力量推动着组织在市场中不断前行、不断突破,始终保持领先地位。

思维故事　　　　　　　　　　　　　　　　　　　　　　　**生意就是这样做成的**

父亲：儿子，我想给你找个媳妇。

儿子：可我愿意自己找！

父亲：但这个女孩子是比尔·盖茨的女儿啊！你再考虑考虑。

儿子：要是这样，那可以啊。

随后，父亲找到比尔·盖茨。

父亲：我给你女儿找了一个老公。

比尔·盖茨：不行，我女儿还小！

父亲：可是这个小伙子是世界银行的副总裁！

比尔·盖茨：啊，这样，那行啊！

最后，父亲找到了世界银行的总裁。

父亲：我给你推荐一个副总裁！

总裁：可是我有太多副总裁了，多余了！

父亲：可是这个小伙子是比尔·盖茨的女婿啊！你再想想。

总裁：这样啊，那行！

——生意就是这样做成的。

资料来源：沟通高手如何给儿子找媳妇［EB/OL］.（2018-07-20）［2024-05-10］.https://www.sohu.com/a/242371468_738053.

在人类社会的发展历程中，创造性思维和逻辑思维各自扮演着不同且重要的角色。创造性思维在科学发现和发明中占据核心地位，而逻辑思维则更多地用于对新发现的理论进行严谨的科学论证。对于公共关系策划人员而言，创造性思维的运用在发掘公共关系活动的创新点上显得尤为重要。公共关系策划人员必须熟练掌握创造性思维的方法，以便在策划过程中激发新颖独特的想法。这要求公共关系策划人员深入了解并熟练运用逆向思维、多路思维、形象思维、直觉思维和群体思维等多种思维方式。通过这些方法的综合应用，公共关系策划人员能够打破传统框架，从多个角度审视问题，进而提出富有创意和实效性的公关策略。

扫描右侧二维码查看知识加油站，具体了解逆向思维、多路思维、形象思维、直觉思维和群体思维的概念。

思维 故事

皮鞋的由来

在很久以前，人类都赤着双脚走路。

有一位国王到某个偏远的乡间旅行，路面崎岖不平，有很多碎石头，刺得他的脚又痛又麻。回到王宫后，他下了一道命令，要将国内的所有道路都铺上一层牛皮。他认为这样做，不只是为自己，还可造福他的人民，让大家走路时不再受刺痛之苦。

但即使杀尽国内所有的牛，也筹措不到足够的皮革，而所花费的金钱、动用的人力，更是不知多少。虽然根本做不到，甚至还相当愚蠢，但因为是国王的命令，大家也只能摇头叹息。

这时，一位聪明的仆人大胆向国王提出建言："国王啊！为什么您要劳师动众，牺牲那么多头牛，花费那么多金钱呢？您何不只用两小片牛皮包住您的脚呢？"国王听了很惊讶，但也当下领悟，于是立刻收回成命，采纳了这个建议。据说，这就是"皮鞋"的由来。

资料来源：9 个逆向思维小故事（幽默精辟）[EB/OL].（2024-01-30）[2024-05-10].https://www.sohu.com/a/755323291_121124780.

（三）辩证性思维

具有辩证性思维对于公共关系策划人员是极其重要的。很多时候，看似危机，实则是机会。只有拥有了辩证性思维，能够一分为二、辩证地去看待事情的发展并提出相应的解决方案，才能事半功倍。拥有辩证性思维的前提是，拥有大的格局和视野，能够看得远、看得深、看得透。辩证性思维对于一个组织的发展是有百利而无一害的，作为公司的领导者或者专业公共关系策划人员，应该有意识地培养自己的员工或自我培养辩证性思维。

（四）时代性思维

谈到时代性思维，与之相对应的一个概念就是经验思维。经验思维，即以既往经验为基石，通过联想机制解决当前相似问题的思考方式，对于简单情境和问题尤为适用。人们在不断积累与强化经验的过程中，形成了独特的思维定式。这些定式虽源于宝贵的心理体验，却也常成为新知识学习与创造性发挥的潜在桎梏。这就要求公共关系策划人员要具有时代性思维，在进行公共关系策划时，需明智地运用自身的丰富经验，同时保持警惕，不被既有经验所局限，从而确保创造力的自由发挥和策划方案的创新性。这种平衡不仅有助于提升策划的质量，还能为组织带来更具前瞻性和竞争力的公关策略。

（五）系统性思维

系统性思维在公共关系策划中至关重要，其要求策划人员从系统全局出发，综合考虑整体与要素、目标与结构、功能以及系统与外部环境之间的相互联系和相互作用。系统性思维的实施关键在于把握系统的三大核心特征：目的性、整体性和层次性。这意味着策划人员需要明确策划的目的，确保整体策略的连贯性和一致性，并关注不同层级间的协调与配合。在具体内容上，系统性思维涵盖对系统要素、结构、功能、调控、环境以及历史的全面研究。通过这些研究，策划人员能够深入理解系统的内部机制，预测其发展趋势，从而制订出更为科学、合理的公共关系策划方案。

公共关系策划涵盖多元化的思维方法，策划人员应努力学习和掌握这些思维技巧，以保持思维方式的多样性，进而提升整体思维能力和公共关系策划的专业水平。

第二节　公共关系策划的原则

公共关系策划的原则，即在进行公共关系策划过程中应恪守的普遍性和共同性准则和标准。鉴于不同策划主体面对的目标、对象及环境各异，策划方案自然会有所不同，因此策划原则虽具普适性，但具体运用亦需因地制宜。接下来，将概述一些具有普遍指导意义的策划原则。

一、创新性原则

成功的公共关系策划的关键在于能深入理解并迎合公众心理，激发其兴趣。而实现这一目标的核心原则便是创新。新奇、独特且精致的策划活动能够精准地捕获公众的心。对于组织而言，创新不仅体现在产品的款式、色调，更体现在服务项目、活动内容，以及工作规划和业务程序等方面。这些方面的创新举措将有助于吸引更多公众关注，进而提升组织的整体影响力。

 精彩策划

哈尔滨火爆出圈的新名片：“淘学企鹅”

在 2024 年 6 月 13 日于北京举办的第 24 届 IAI 传鉴国际广告奖与垂直大奖颁奖礼上，哈尔滨文旅凭借其卓越的创意策划，斩获了四项令人瞩目的金奖。特别值得一提的是，哈尔滨极地公园以其精心策划的“百亿顶流‘淘学企鹅’掀起哈尔滨冰雪旅游热潮”案例，成功摘得了 IAI 国际旅游奖文旅 IP 金奖的桂冠。

哈尔滨极地公园独创的冰雪文旅 IP"淘学企鹅"不仅在国内首次将南极企鹅带到户外,更是通过"'淘学企鹅'打卡冰雪景区"和"'淘学企鹅'冰雪大巡游"两大别具一格的活动,吸引了无数游客的目光,为公众提供了免费观赏的机会。此外,哈尔滨极地公园还精心研发了 40 余种"淘学企鹅"文创产品,进一步丰富了公众的文化体验。自 2023 年 11 月至 2024 年 6 月,"淘学企鹅"的曝光量已突破百亿大关,其影响力之广、受众之多,让这只企鹅成为哈尔滨冰雪旅游的新名片和功勋"鹅"。

这一成功案例充分展现了创新在公共关系策划中的核心地位。"淘学企鹅"的创意,赢得了无数的关注和赞誉,使得哈尔滨文旅持续火爆。由此可见,对一个组织来讲,创新的策划,会给组织带来巨大的影响力和价值。

资料来源:封娇.哈尔滨文旅摘得第 24 届 IAI 传鉴国际广告奖 4 项金奖[EB/OL].(2024-06-15)[2024-06-20].https://baijiahao.baidu.com/s？id=1801871601288020080&wfr=spider&for=pc.

二、利益性原则

利益性原则是公共关系策划的核心准则,强调在策划过程中必须紧密结合组织利益与公众利益。公共关系本质上是一种基于利益的关系,它有别于其他关系类型,正因其独特的利益联结性。因此,在进行公共关系策划时,坚守利益性原则至关重要。利益性原则包含以下 2 个核心方面:

第一,组织利益与公众利益需紧密相连。任何组织的公共关系策划,其根本目的都是谋求组织的持续发展与繁荣。然而,这一目标的实现离不开公众的支持与协作。因此,将公众利益置于重要位置,确保组织利益与公众利益相辅相成,是获取公众支持、为组织发展营造良好社会环境的关键。

第二,社会效益与经济效益需并重。组织的生存与发展依赖于稳定的社会环境,因此,在策划公共关系活动时,既要注重经济效益的获取,也要关注社会效益的创造。社会效益是组织获得社会认可和公众支持的基础,而公众的广泛支持则是创造持久经济效益的前提。若策划活动仅追求经济效益而忽视社会效益,可能导致损害他人利益、破坏环境等负面后果,最终损害组织自身的利益。

三、针对性原则

针对性原则,即公共关系策划针对特定问题进行精准施策,它是指在策划过程中需明确针对某一具体问题来设定策划目标,确保措施精准有效。针对性原则具有以下 3 个方面特点:

第一,要针对公众的心理状态。公共关系活动的根本目标是转变公众的观念、态度和行为。因此,策划时必须深入分析公众当前的心理状态,并以此为基础设定活动目标,确保活动能积极引导公众态度,树立组织良好形象。

第二,要针对组织的公关现状。随着组织发展阶段和历史时期的变化,以及面对不同公众对象所采取的行为方式差异,公众对组织的认识和态度也会不断变化。因此,策划时必须紧密围绕组织当前的公关状态展开,确保策划方案与实际情况相契合,以实现最佳效果。

第三,要针对公共关系活动的目标。公共关系策划的终极目的是推动公共关系活动的有效实施,进而提升组织的知名度、美誉度,塑造组织的良好形象。因此,策划时必须始终围绕这一目标展开,确保所有措施和方案都服务于这一目的的实现。

四、可行性原则

可行性原则强调公共关系策划方案必须务实可行,并且实施后能够产生积极效果。作为策划活动的最终成果,方案的可行性必须通过实际操作来验证。一个切实可行的策划方案有助于塑造组织的良好形象,而脱离实际的方案则可能产生负面影响。为了确保方案的可行性,应充分考虑以下6个具体要求。

第一,合法性分析。确保策划项目遵循必要的法律程序和审批手续,并且其内容和实施结果符合现行法律和政策规定。

第二,严谨性分析。确保策划方案严格按照策划程序制定,有科学理论支持,并经过实际调查和深入研究。

第三,操作性分析。确保策划方案具备可操作性,策划目的能够通过方案的实施而达成。

第四,利害性分析。全面权衡实施策划方案可能带来的利弊得失,包括潜在的风险和危机,确保方案的风险可控。

第五,效益性分析。策划方案应符合以最小的投入获取最大效益的原则,确保方案的经济性和效率性。

第六,应变性分析。预测并分析策划方案在实施过程中可能遇到的各种情况,确保方案具有足够的灵活性和适应性,以应对不可预见的变化。

五、灵活性原则

灵活性原则强调公共关系策划活动应随形势变化而灵活调整。古人云:"时移则势异,势异则情变,情变则法不同。"这意味着公共关系策划必须顺应时势,及时调整策略。灵活性原则具体以下5个方面要求:

第一,强化变化意识。策划者需具备超前意识,敏锐捕捉形势变化,及时调整策划方案。

第二,掌握变化情况。了解并分析策划对象的情况变化,作为修订策划方案的客观依据。

第三,预测变化趋势。预测策划对象的发展变化,掌握其规律,为策划提供前瞻性指导。

第四,修订策划方案。根据变化的情况和趋势,适时修订策划方案,确保方案的有效性和针对性。

第五,把握灵活程度。修订策划方案时需有度,根据变化可靠程度、实际程度和效果预测来决定修订内容和幅度。

以上所介绍的原则都是普遍意义上的原则,公共关系策划人员在真正策划的过程中,还应根据实际情况,灵活运用这些原则,同时还可能涉及一些个性化的原则,应具体问题具体分析,有针对性地去处理。

第三节　公共关系策划的流程

在具体学习公共关系策划的流程之前,有两个重要的概念需要明晰一下:第一个是何为调查,第二个是何为数据。在进行公共关系策划的初期,首要任务是全面细致地分析组织所处的社会环境,以精准定位问题的核心。这基于前期严谨、精确的公共关系调查。

所谓调查,是指通过扎实的实地调研与详尽的案头资料,对大量数据和事实进行深度分析,旨在明确组织当前公共关系工作中遭遇的问题,并深入剖析问题的本质,探寻问题产生的根本原因。这一步骤为后续公共关系策划工作的顺利开展奠定了坚实的基础。

关于什么是数据,很多人认为只有像 1、2、3、4、5 等这样的阿拉伯数字构成的材料才是数据,这是一个误区。事实上,从广义的角度讲,一切资料皆可称为数据。从狭义的角度讲,人们所收集到的一切信息,经过筛选、整理之后,变成对自己的研究和活动有价值的信息,就是数据。

一项完整的公共关系策划活动,不仅包括最开始的深度调查,还包括具体方案制订。制订好方案之后还有精准实施,以及有效评估,如此才是一次完整的公共关系策划。

一、深度调查

(一)调查内容及范围

公共关系策划调查的内容及范围包括组织基本情况、组织形象、公众评价和公共关系活动条件等。

1.组织基本情况调查

公众评价的首要对象是组织的基本情况,公共关系策划人员需对其有深入的了解。组织基本情况调查涵盖2个方面:

第一,组织的经营发展状况。这包括组织的成立时间、长短期经营发展目标、历史上的重大事件、社会舆论反响、对社会的贡献、市场分布与竞争态势、产品或服务特色、价格策略、管理风格,以及组织名称、外观、商标等独特元素。

第二,组织成员的基本状况。这包括成员人数的变动、整体精神风貌、员工的概况(如年龄结构、教育背景、专业技能、兴趣爱好及家庭生活等,以及那些对组织做出突出贡献的员工和劳动模范的成就与经历)。同时,也要关注组织领导层的总体情况。

 实战项目

公共关系策划创业大赛

为加强大学生实践能力和创新能力,促进团队精神的锻炼与培养,搭建高校公共关系及相关专业的产学研平台,以赛促学,发现数字公关与治理类专业人才,特举办经济管理学院首届公共关系策划创业大赛。本次大赛由福建田边厝餐饮管理有限公司以及经济管理学院共同出资赞助,承办单位是阳光学院经济管理学院数字公关与治理系。大赛主题是"数字公关 共创未来",围绕2个具体的选题展开,分别是:

选题1:田边厝·湖南乡野菜:"田间地头的舌尖味道"线上线下整合传播方案;

选题2:阳光学院经济管理学院社会影响力提升线上线下整合传播方案。

田边厝·湖南乡野菜于2020年成立于福建福州,是以福州为根据地向福建省周边地区开展连锁经营模式的一个品牌。田边厝主打"用心服务,诚信经营",将客人"请进来,送出去"的温情服务。一直坚持"老板娘文化、新鲜乡野好食材、匠心好工艺"的品牌经营理念。主要定位是超高性价比、小酒楼模式,采用的战略是农村包围城市。

大赛启动后,学生踊跃报名,积极开展调研活动。他们采用问卷、访谈等方法,对田边厝情况进行详细调查。通过对店内环境、工作人员、用餐人员以及在校学生等群体的调查,学生对田边厝整体情况有了深入的了解,也发现了该组织在经营发展过程中面临的困境,具体表现在:一是流量为王的时代缺乏流量。田边厝的线上流量捉襟见肘,如马尾店的评分很高但流量较低。二是餐饮行业竞争激烈,缺乏年轻客群。对比其他网红餐饮,田边厝作为湖南菜在福州的受众并不多,同时在快餐横行的时代,开拓客群难度较大。三是与年轻顾客沟通偏少,缺乏客户黏性。现有经营模式缺少与顾客的互动沟通,网络平台顾客评论较少,难以收集顾客的建议与意见,导致顾客黏性下降。

针对田边厝的具体情况,各小组展开了精彩的策划,得到了田边厝总经理的高度赞同。好的策划,必须经过认真细致的调查,才能使策划案真正做到入理、入情、入心,才能真正落到实处。同时,通过此次大赛,田边厝扩展了年轻客群,提升了知名度。本次大赛在产教融合中起到了关键作用。

资料来源:笔者根据所在学校举办的活动整理所得。

2.组织形象调查

组织形象调查是公共关系策划的重要环节,即组织的知名度和美誉度。

知名度是衡量公众对组织了解程度的关键指标,包括公众对组织名称、标识、经营内容、历史、规模、产品、服务等多方面的认知。知名度的高低直接影响组织在公众心目中的地位,以及获得公众理解和支持。因此,知名度调查不仅是对组织整体形象的全面考量,也可以针对特定单项因素进行深入调查。这样的调查能够为组织提供宝贵的资料,帮助组织了解自身在公众心目中的影响力。

美誉度是评估公众对组织信任度和赞赏程度的重要标准,包括组织名称、标识、经营方式、产品或服务的喜好和信任程度。美誉度直接反映了组织的信誉和社会形象。美誉度调查通常在知名度调查的基础上进行,深入探索公众对组织的情感态度和价值认同。通过美誉度调查,组织可以明确自身的优势和不足,从而找到改进和发展的方向。如果美誉度调查与知名度调查结果相悖,组织应及时查找原因,消除负面影响,避免潜在危机发生。

3.公众评价调查

公众评价调查,是指通过收集社会公众的反馈和评估公共关系活动的效果,来洞察公众对组织行为的具体看法与建议。

第一,关注公众的观点。公众的观点反映组织在产品、服务、定价、管理策略以及人员素质等方面给公众留下的印象。调研需探寻组织在目标公众心中的形象,以及形成这一形象的内在原因。通常,这一调研过程可通过广泛接触公众或聘请具备专业知识和丰富经验的专家,通过座谈、书面咨询等方式,对组织面临的问题进行深入剖析,并提出相应的解决方案。公众评价调查不仅需考虑不同公众群体的知识水平、理解能力等差异,进行多层次、多维度的调查,还需投入大量精力对收集到的意见进行整理、分析和总结。例如,消费者对某个组织口碑很差、极度不信任,那么就要考虑这种不信任的根源在哪里,即是质量问题还是推广欠缺,是真正因为组织经营能力不足还是偏见。只有找到根源,才能真正解决问题。

第二,关注活动成效。活动成效反映了社会公众对组织所策划的公共关系活动的评价,然而准确评估其实际效果并非易事。由于公共关系活动主要致力于长期树立组织的良好形象,并为组织获取长远经济效益奠定基础,因此它往往难以直接以利润作为衡量标准。因此,在评价公共关系活动时,不能仅依赖数量化的硬性指标,还必须充分考虑其潜在的、长期的效益。然而,公共关系调查仍可以在一定程度上采用定量分析的方法,来评估组织是否以最小的投入实现了信息最大范围的传播。

4.公共关系活动条件调查

活动条件调查,是指在预先对实施活动所需的主客观条件进行深入研析。为确保活动成效,避免盲目行动,公关团队在策划阶段需对支撑公关活动的各项要素进行详尽调研。这样可为组织规避不必要的风险,确保活动的顺利进行。具体包括以下3个方面:

第一,人力资源评估。为达成公关活动目标,组织需考虑参与人员,包括内部人员选拔或与外部公关公司合作,同时评估其专业技能、工作能力、经验及过往业绩,确保团队能够胜任任务。

第二,资金预算分析。这实质上是对公关活动的成本效益进行评估,包括预算投入与预期效益的比例关系,以及资金使用的合理性,确保活动的经济效益。

第三,环境背景调研。环境调研分为宏观与微观2个部分。宏观调研涵盖经济、政治法律和社会文化等外部因素,为公关活动提供社会、政治、经济背景分析,以及市场和公众心理研究。微观调研则专注于具体活动条件,如场地、设备及相关规定,确保活动场地、设备满足需求。微观调研包括室内或露天场地的面积、设施、交通等,以及餐具、茶具、电子设备(电话、电视、音响、扩音器、投影仪、照明设备、话筒、应急电源等)等的数量、质量和效果。

(二)调查程序

公共关系策划调查既是一门科学又是一门艺术。理解并掌握公共关系策划调查的系统流程是提升调查技巧、增强调查效果的关键。

1.确定调查选题

确定公共关系调查选题,即锁定研究焦点。公关人员面对的调查需求繁多,但在有限的时间、人力和调查容量下,全面调查既不可行也无必要。因此,通常需聚焦于某一特定议题,进行有针对性、专题性的调查。确定公关调查选题既需科学性也需艺术性,它要求公关人员精准把握调查的核心目标,同时还需巧妙设计调查方法,以确保调查的有效性和深入性。制定选题时应严格遵守需要性原则、创新性原则、可行性原则及科学性原则,确保选题迫切需要又切实可行。公共关系调查选题的确定需要经过筛选、判断及分析,该过程由一系列具体的环节构成。

第一步,根据组织实际需求,特别是公关决策的要求,明确调查选题的核心定义与范畴,指明调查的方向和期望达成的目标。

第二步,利用历史文献回顾和直觉判断,确定公共关系调查选题的核心要点。公关人员在明确选题概念后,可通过查阅历史文献,了解已有研究成果,为本次调查选题的核心和关键内容提供参考,从而确定调查的可行性。

第三步,借助相关学科理论和方法,构建调查选题的假设性命题。在收集与选题概念相关的文献资料后,公关人员可根据相关学科理论进行逻辑推理。在理论指导下,围绕选题概念,构思本次调查的假设性命题。

第四步,通过对比和判断,对假设性命题进行全面评估。评估标准包括实用性、创新性、可行性、科学性等。若评估结果显示假设性命题对组织当前面临的问题具有实际指导意义,与过往研究相比具有新颖性,且符合组织的人力、物力、财力等资源条件,同时符合学科理论的科学性,则该选题具有价值,应立即据此制定调查问题,展开调查活动。若不满足上述条件,则需重新调整标准,重新确定调查重点,重新构思调查选题。

2.制订调查方案

为了使公共关系调查工作能够顺利、系统地开展,并且确保其有针对性与实效性,需要制订调查方案。作为纲领性、方向性的重要文件,调查方案要明确调查目的、对象、项目以及方法。在启动公共关系调查之初,需要做好以下几方面工作:

第一,明确调查的核心目标。这一目标旨在深入洞察社会民情,广泛听取公众意见,通过解析社会动态和趋势,研究公众的需求和期望,从而找到树立组织信誉、平衡经济效益与社会服务效益的有效策略。调查的核心任务是探寻解决具体问题的方案,明确公众对于某一议题的具体观点、要求和建议,并揭示他们期望解决问题的实质内容,以实现问题解决的根本目标。例如,若确定产品更新换代是企业长期面临的关键挑战,则应围绕此问题深入了解:(1)企业所面临的经济、政治、技术和社会环境的演变趋势;(2)企业应当采取哪些行动来引导公众在产品更新换代上取得积极成果,并适应外部环境的变化;(3)社会公众对产品更新换代问题的关注程度、紧迫性以及他们提出此问题时的考量因素。

第二,明确公共关系调查的对象。作为调查的客体,对象的选择至关重要。在明确了调查目的之后,就需要确定具体的调查对象。这些对象主要是公众,即具有共同特征、受同一关系或问题影响的个人或团体。确定调查对象后,还需要注意以下几点:(1)对目标公众进行细致的分类,以便明确调查对象的类别和组合方式;(2)鉴于目标公众的数量、分布集中度以及背景的多样性,他们对问题的了解程度和参与积极性也会有所不同。因此,需要仔细考虑调查对象的具体构成,包括调查对象的总量、分布地区、涉及的公众类型、涵盖的社会领域,以及他们对问题的知晓度和积极性。

第三,细化公共关系调查的项目。项目是将调查内容具体化的关键步骤,需要明确列出需要调查的具体问题,并按照逻辑顺序进行排列。公共关系调查通常涵盖四大主要内容:组织情况调查、组织形象调查、公众评价调查、公共关系活动条件调查。

第四,选定公共关系调查的方法。这是确保调查工作高效、准确进行的重要手段。选择调查方法时,应基于以下方面考量:(1)是否有助于数据的定量与定性分析;(2)是否能实现公共关系调查的具体目标;(3)是否符合当前的资源和条件限制。公共关系调查常用的方法包括统计分析、社会测量、抽样调查以及民意测验等,这就要求调查前要精心设计统计表格和调查问卷。

3.实施调查方案

实施调查方案,即按照既定计划,在特定范围内和时限内,运用特定的调查手段与方法,从特定公众中收集信息资料。这是公共关系调查的核心环节。以下是调查方案实施过程中需关注的 5 项主要工作:

第一,组织调查对象。由于公众群体庞大且分散,需根据抽样方案选择具有代表性的调查样本,确保调查对象的准确性与代表性。

第二,协调公共关系。选择的调查对象可能与调查组织无直接关联,因此,需积极协调各方关系,争取公众组织、网络和代表的支持与配合,这对调查的成功与否至关重要。

第三,引导问卷填写。为提高问卷可信度,需做好动员和教育工作,使调查对象了解调查意义与填写注意事项,从而主动、规范地完成问卷。

第四,回收并初步筛选问卷。问卷填写完成后,应及时回收并进行初步整理,剔除不符合要求的无效问卷,如填写明显错误、回答不完整或明显随意的问卷。

第五,观察并记录言行。在调查中,调查者需仔细观察公众的言行举止,捕捉其真实的信息资料,并及时记录。这种方式收集的资料往往比问卷更真实、典型,对调查具有更高的价值。

4.整理调查资料

完成资料收集后,紧接着是资料整理,这一步骤对于后续的分析、研究和总结工作至关重要。公共关系调查资料的整理主要包括以下 5 个环节:

第一,核实与清理问卷。公共关系策划人员需要根据本次调查的特点,设定核实问卷的标准和要求,筛选出有效问卷,确保后续分析的准确性和可靠性。

第二,建立分类体系与标准。对收集到的资料进行归类是整理过程中的重要步骤。通过设定合理的分类体系和标准,将资料有序地组织起来,便于后续查找和分析。

第三,资料主题小结。文字类资料,如问卷中的开放题答案、调查人员的观察记录等,往往较为杂乱,公共关系策划人员需要列出主题项目,对这些资料按主题进行小结和归纳,制作"主题登记卡",以便快速检索和参考。

第四,资料统计。对于问卷调查中的封闭题答案资料,统计工作是必不可少的。公共关系策划人员可以借助计算机等辅助工具,计算出公众在每个问题上的意见分布数值,为后续分析提供数据支持。

第五,数据处理与数据库建立。根据问卷的问题设置,公共关系策划人员需要分项目编制表格,将统计得到的数据结果填入相应的表格项目中。这样不仅可以清晰地展示调查结果,还能为后续的数据分析和比较提供便利。同时,建立本次调查结果的数据库,有助于长期保存和随时检索调查资料,为今后的公共关系工作提供参考和借鉴。

5.总结调查工作

总结是公共关系调查工作的最后一环,主要包括撰写调查报告和调查工作总结报告2个方面。

第一,撰写调查报告。调查报告是根据公共关系调查活动所获取的信息资料和分析结论,精心编写的一种应用文。调查报告虽有其基本的文体格式和写作内容要求,但在实际操作中,仍需根据具体情况灵活调整其结构。调查报告应准确反映调查结果,客观分析公众意见和需求,为组织决策提供有力的数据支持。

第二,撰写调查工作总结报告。公共关系调查工作结束后,应及时进行工作总结,即总结经验和教训。公共关系调查工作总结报告,对今后的调查活动具有重要的参考价值。工作总结报告的格式一般包括标题、正文和署名3个部分。标题可以采用公文式的写法,也可以简洁地概括报告内容。正文部分应包含调查工作的基本情况概述、取得的成绩、积累的经验、存在的不足和问题等,以便全面回顾调查过程,明确成果和不足,为今后的工作提供借鉴和启示。

(三)调查方法

为确保公共关系调查任务完成,调查方法必须采用科学调查方法。公共关系调查方法主要有访谈调查法、问卷调查法、网络调查法及媒体研究法等。

1.访谈调查法

访谈调查法是一种通过口头交谈的形式,由调查者直接向被调查者收集公众情况的方法。该方法基于精心设计的问题和主题,调查人员与被调查者进行深入的对话,以探讨相关问题、理解人们的行为特征和内在动机,从而有效收集所需信息。公共关系访谈调查法具有独特的特点,了解其特点并合理运用,对于公共关系调查人员来说至关重要,能够让他们在实际应用中充分发挥其优势,同时规避潜在的不足。公共关系访谈调查法的优势体现在:具有灵活性、调查的范围比较广泛、适用于各种调查对象等;但是也有一些劣势,如具有受到调查者与被调查者两方面的限制,有些问题不宜当面询问,需要的人力、物力、财力和时间较多等。公共关系访谈调查法的实施步骤可以总结为以下4点:

第一，访谈准备。这是调查的基础，需要详细制订访谈计划，包括确定访谈目标、设计问题提纲等。同时，需要了解被调查者的背景信息，以便在访谈中能够更好地沟通。选择适合的访谈时间和地点，准备必要的访谈工具，如调查表格、记录笔纸、录音笔等，以及携带本人证明等文件，确保访谈的顺利进行。

第二，创造良好的访谈环境。在访谈开始时，调查者应以大方有礼、友好的态度与被调查者进行沟通，建立起相互信任的关系。然后，向被调查者说明调查的目的和内容，以及参与调查对他们可能带来的益处，这有助于激发被调查者的积极性。在访谈过程中，调查者需要保持中立的态度，避免对回答做出肯定或否定性评价，以确保访谈的公正性和客观性。同时，尽量使谈话自然、轻松愉快，以减少被调查者的紧张感。

第三，建立共同的意识范围。在访谈中，调查者需要与被调查者就问题进行充分的沟通，确保双方对同一问题的理解一致。这有助于避免答非所问的情况发生，以提高访谈的效率。为了建立良好的沟通氛围，调查者可以从被调查者感兴趣的问题入手，逐渐引导到调查的核心问题。如果被调查者对某些问题不愿回答或不便回答，调查者需要体谅对方的难处，不要施加压力，而是采取耐心温和的态度，以建立更好的合作关系。

第四，做好记录。访谈过程中的记录是获取调查数据的重要手段。调查者需要客观、真实地记录被调查者的回答和反应，避免掺杂自己的意见和态度。在访谈结束后，应立即核实和整理记录，确保数据的准确性和完整性。同时，对于访谈中发现的重要信息或问题，可进一步深入调查分析。

2.问卷调查法

问卷调查法，是通过设计调查问卷并收集公众填写结果来进行调查的一种高效手段。其简便易行的特性，使其在国内外社会调查中备受青睐，成为被广泛采用的方法之一。调查问卷，通常称为调查表，是承载和体现调查内容与项目的关键工具，其在市场调查中扮演着举足轻重的角色。根据不同的问卷投递方式，问卷可被细分为报刊问卷、邮政问卷、送发问卷以及访问问卷等多种形式。公共关系问卷调查法的适用条件明确且具体，具体体现在以下 3 个方面：

第一，当调查范围广泛，不宜进行当面访谈时，问卷调查法便成为首选。然而，如果被调查者文化水平较低，无法理解问卷内容，则不宜采用此法。

第二，当所需收集的材料属于常识性的事实、行为或态度，且回答者不会因顾虑而拒绝回答时，问卷调查法同样适用。

第三，问卷的回收率通常较低，一般达到 65% 以上已属较好水平。因此，在追求高回收率时，建议结合访谈调查法以确保数据的全面性和准确性。

问卷设计是公共关系问卷调查法中的关键环节，要求调查者根据调查目的和要求，将所需问题具体化，以便顺利收集必要信息并进行统计分析。一份完美的问卷，对调查的成功至关重要。这要求问卷设计者不仅具备统计学、社会学、经济学、心理学、计算机软件等多方面的知识，还需掌握一定的设计技巧。科学的调查问卷应满足所有调查要求，同时有利于数据的准确、及时和完整收集，并方便后续计算结果的统计处理。一份成功的问卷应精简高效，避免冗余问题，同时确保不遗漏任何关键信息。问卷设计既是科学也是艺术，需要科学与艺术的完美结合。

3.网络调查法

网络调查法是一种利用互联网和先进软件技术进行的调查方式，具有广泛性、及时性、公众的共享性及经济性等显著优势，能有效解决传统调查中样本采集难度大、成本高、周期长以及调查环节监控滞后等棘手问题。但同时也存在一定的劣势，如网络调查法对人员要求较高、网络安全性问题及同一个人重复填写问题等，这些会影响调查结果，因此要综合考虑之后使用。网络调查法主要有以下 2 种：

第一，在线即时调查。在线即时调查，是指利用计算机语言编写的网站应用程序，随机选择在线用户，自动弹出问卷窗口，邀请其参与调研。这种方式使得用户可以直接将答案输入计算机，极大减少了从纸质问卷到数据录入的烦琐流程与潜在误差。

第二，电子邮件与访客记录。电子邮件和访客记录，是指组织通过互联网与被调查者沟通的调查方式。电子邮件可附带 HTML 表单，用户点击相关主题后填写信息，并直接发送至组织邮箱。访客记录则是一个在线表单，用户填写后提交给组织。通过这些工具，组织不仅可以收集用户的反馈和意见，还能通过分析这些信息，了解用户地域分布、市场偏好等关键数据。

4.媒体研究法

从公共关系的视角出发，媒体研究法的核心内容涵盖媒体环境分析、媒体机构分析和媒介分析 3 个方面：

第一，媒体环境分析是对目标传播区域内媒体的综合研究，旨在发现并选择最具价值的媒体，并据此制定有效的媒体运用策略。这一分析始于对该区域的基本状况研究，包括人口结构、经济发展水平和消费者特征，随后结合该地区的媒体现状，列出所有可利用的媒体资源，并确定其中的重点媒体。接着，对选定媒体的优缺点进行深入分析和总结。在方法上，可采用专项调查、二手数据收集等手段，如委托专业市场研究机构进行目标公众媒体接受习惯的专项调查，或参考权威的市场监测报告，如CMMS(中国市场与媒体研究)报告。

第二，媒体机构分析聚焦于传媒机构的特性，包括其性质、信誉、工作时间、运作规律以及内部工作分工等方面。这一分析有助于了解媒体机构的整体运营状况，为与媒体机构的合作提供有力支持。

第三，媒介分析关注专业化的信息载体，即媒体机构所生产的产品，如报纸、电视台的频道和栏目等。通过对这些媒介的深入研究，可以更好地把握其传播特点和受众群体，为公共关系传播策略的制定提供科学依据。对媒介进行分析主要包括以下5个方面：一是媒介的资信。评估媒介在社会上的层次、重要性、影响力和权威性，通过媒介的级别、发行量、发行范围、收视率、覆盖面等指标进行量化分析。二是媒介的报道动态。研究媒介近期的议题设置和报道趋势，以便组织能够抓住有价值的新闻点，策划有效的传播活动，创造新闻事件。三是媒介的立场。分析媒介对组织活动的态度、关注度和介入程度，为组织制定更有针对性的媒介策略提供依据。四是报道质量。从量和质两个角度评估媒介对组织活动的报道效果。量包括报道的总次数、篇幅、时数等；质则关注报道的媒介级别、版面和时段安排，报道的重点性和正负面倾向等。五是社会舆论反响。评估报道在社会上的影响效果，包括公众的关注度、报道引起的反馈情况（如来电、来信、来访）、政府和其他方面的反应、后续报道情况以及其他媒体的转载情况等。

二、方案制订

公共关系策划方案制订是公共关系策划工作流程的第二步，是指公共关系策划人员在深度调查的基础上，掌握相应的资料和数据的情况下，为实现组织战略目标，在科学的公共关系策划理论的指导下，对各类公共关系活动进行统筹谋划、构思及设计具体实施计划的过程。从某种意义上说，公共关系策划方案的制订，为公共关系策划从业人员开展相应的策划活动提供了纲领和指导，保障了具体公关活动的顺利执行和取得应有的效果。因此，公共关系策划方案的制订是公共关系活动优劣成败的关键。

鉴于公共关系策划方案撰写的重要性，本书第二章将用一整章的内容对其进行介绍，这里不再赘述。

三、精准实施

精准实施是公共关系策划流程中的第三步，是真正将创意带进现实的关键环节。鉴于公共关系策划实施的重要性，本书第三章第一节将对其进行介绍，这里不再赘述。

四、有效评估

开展有效的评估，既可以总结公共关系策划方案实施的经验，也可以发现问题总结不足，有利于对下次公共关系策划的指导。同时，评估的结果还可用于多个方面。鉴于公共关系策划实施的重要性，本书第三章第二节和第三节将对其进行介绍，这里不再赘述。

本章小结

　　本章主要介绍公共关系策划的基本内容,重点介绍了公共关系策划的内涵、特点、意义、思维;开展公共关系策划应遵循的原则,即创新性原则、利益性原则、针对性原则、可行性原则、灵活性原则;开展公共关系策划的流程,即深度调查、方案制定、精准实施、有效评估。本章内容偏理论,是基础知识,但它是学好公共关系策划的基础和前提,务必认真研读学习。

课程交流互动

一、名词解释

　　公共关系策划、思维、调查、创造性思维、数据、公众评价调查、公共关系活动条件调查、访谈调查法、问卷调查法、网络调查法

二、简述题

　　1.公共关系策划有哪些特点?

　　2.社会组织开展公共关系策划工作有哪些重要意义?

　　3.开展公共关系策划需要遵循哪些原则?

　　4.广义的公共关系策划的流程是什么样的?

　　5.大数据时代信息庞杂,对公共关系策划有哪些影响?

三、游戏题

　　1.游戏名称:单向传话。

　　2.开展目的:通过单项一对一传话,学生可以体会单向沟通的失真和双向沟通的重要性。未来在做公共关系项目策划时,要注意保持有效的双向沟通。

　　3.游戏开展及具体要求:

　　(1)由教师编写好一段有时间、地点、人物、事件等要素的话,教师作为第一传话人,将这段话传给第一个学生,依次推进,直至最后一位学生。

　　(2)传话人数6～10人。

　　(3)传话过程中不允许重复确认、交流。听到什么就传什么。

　　(4)最后一位同学传完后,要求将听到的内容大声地向同学们说出来。

　　(5)传话的学生站在教室门外,不允许携带手机等通信工具,以免教室内的同学将正确答案传递出去,造成游戏失败。可由一位同学作为引导员和组织员,保证室外同学安静不影响教学秩序,也保证传话游戏有序开展。

　　4.传递话术示例:××学校将于202×年12月31日晚上六点半在××国际会展中心A520厅举办跨年晚会,感谢一年来全体教师对学校的辛苦付出。届时会邀请×××、×××参加晚会并登台献唱,由小李、小王负责接待。

四、案例分析题

钉钉本钉、天选之钉

2020 年,由于新冠疫情的影响,许多学校推迟了开学时间,并开始使用在线教学工具进行网络授课。钉钉,原本是一款在线办公软件,也因此转变为一个网课平台,响应了教育部"停课不停学"的号召。由于疫情的全球性影响,联合国将钉钉推荐给了世界各国,使得全球的小学生成为"钉选之子",而钉钉也因此被戏称为"天选之钉"。

钉钉的特点包括能够追踪用户是否观看直播、是否阅读消息,以及需要多次签到打卡等,这让学生感觉时刻处于被监控的状态,因此产生了不满情绪。由于应用商店规定,评分低于一定标准的应用程序可能会被下架,学生们便开始在钉钉的评论区集体给予一星评价,以此发泄心中的不满。这导致钉钉的评分在短时间内从 4.9 分急剧下降至 2 分,甚至更低到 1.4 分和 1.3 分。

面对这一情况,钉钉采取了积极的公关策略。2020 年 2 月 16 日,钉钉在哔哩哔哩发布了一则名为《钉钉本钉,在线求饶》的视频,以卖萌和可怜的形象向给予一星评价的用户请求好评,这一策略有效地提升了钉钉在应用商店的评分及网络好感度。该视频不仅进入了哔哩哔哩热门视频 TOP 10 榜单,还帮助钉钉的评分恢复至 2.4 分(苹果端)。

钉钉通过这一事件展示了其公关策略的重要性和有效性。钉钉通过在目标用户群体——以"Z 世代"用户为主的哔哩哔哩上发布官方"鬼畜"视频,用目标受众习惯和喜欢的"语言"完成了良好的品牌沟通。钉钉不仅接受了公众的批评,还通过自嘲自黑的方式,用娱乐化的话题传播,有效地消解了小学生的怨气。这一事件成为一个成功的公关案例,展示了在危机公关中,采用与用户共鸣的沟通方式和渠道的重要性。

资料来源:钉钉本钉,在线求饶[EB/OL].(2023-06-07)[2024-05-20].https://baike.baidu.com/item/%E9%92%89%E9%92%89%E6%9C%AC%E9%92%89%EF%BC%8C%E5%9C%A8%E7%BA%BF%E6%B1%82%E9%A5%B6/24480895?fr=ge_ala.

思考题:

1.钉钉在面对学生群体对其线上教学功能不满并导致应用商店评分骤降的危机时,是如何通过创新的公关策略来挽回品牌形象的?

2.通读案例,钉钉的危机公关有哪些亮点值得公关人学习和借鉴?

公关不是一时一事的行为,而是长期不懈的努力。

——玛丽·凯·阿什

第二章　公共关系策划方案的撰写

学习目标

通过本章的学习,你应该达到以下目标:

一、了解公共关系策划方案的含义及类型;

二、理解公共关系策划方案的特点;

三、掌握公共关系策划方案的基本结构及核心内容,能够独立完成一份格式规范、内容完整的公共关系策划方案;

四、强化团队意识、集体意识、文化自信、数据意识。

知识罗盘图

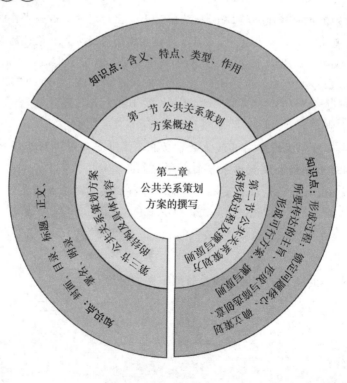

与光同行,坚守为你——伊利冬奥火炬手传播策划

一、项目概述

2022 年北京冬奥会,中国与伊利共铸辉煌,这是伊利人的荣耀时刻! 伊利公关营销深挖火炬手品质故事,展现平凡岗位的不凡坚守,并用典型人物讲述品牌故事,彰显伊利品质。

目标:深入诠释伊利的好品质,深化伊利与奥运的联系,塑造有情怀、有担当、值得信赖的"滋养生命活力"的伊利品牌形象。

二、项目策划

(一)实施策略

利用权威媒体传播,同时深挖人物故事,树立典型,展示企业奥运情怀与品质坚守,以《人民日报》为主阵地,采用系列专题深度解读品牌故事,官方媒体配合扩散传播效应。利用时尚媒体视觉呈现火炬手群像,增强新闻新颖性以此突破火炬营销重围。

(二)核心创意

打造以伊利人为核心的 17 人冬奥火炬天团,共同传递伊利 17 年坚守奥运的情缘。

(三)传播主题

1. 奥运火炬之光·品质之光:与光同行,追求卓越品质。

2."你"是奥运,也是消费者:坚守为你,为奥运与消费者双重坚守。

(四)内容规划

内容深化并从情怀切入,紧扣奥运品质,夯实心智建设。整合权威资源,达到守正出新的效果;以权威媒体为主展开差异传播;同时用时尚媒体造势,形成破圈影响力。

聚焦一个传播核心主题,全域共同发力:与光同行,坚守为你。

三、项目执行

三大核心动作强化火炬传递声量。

核心阵地:《人民日报》专题策划,讲透 10 余年奥运品质坚守,官方媒体配合扩散。

创新内容:跨界时尚杂志,视觉呈现火炬手群像。

即时营销:纪实短视频跟进火炬传递,实时感受风采。

四、项目评估

冬奥正值春节节点,引发了全民关注和讨论,曝光超 4 亿次,互动超 3000 万次。

GQ 实验室头条、GQ 报道头条阅读量超 10 万,激发广泛优质评论及 UGC(用户生成内容)。

资料来源:金旗奖编委会. 2022 最具公众影响力品牌传播案例集[M]. 北京:中国财富出版社,2023:239-240.

本策划斩获 2022 年金旗奖最具公众影响力企业公关传播金奖。伊利品牌享誉国际,战略清晰,并擅借大事之势整合营销传播。此次公关传播口号"与光同行,坚守为你"的寓意深长,既彰显企业成长与品牌价值,又融入强国健民的时代主题,一语双关。借冬奥会火炬传播之东风,巧施事件营销策略,伊利火炬手现场传播,权威媒体《人民日报》报道,GQ 实验室分层传播,叠加时尚海报设计,共同构建了一场高端大气、影响深远的公关整合营销传播盛宴。该策划案是一份已经执行完毕的策划案,因此大家可以看到项目评估是实际的统计数据。而正常在写策划案时,都是对将要发生的活动的预先谋划,因此项目评估部分的写作口吻应是预测性的。同时,该份事后总结的文案内容较为简洁,而正式策划案一般更为丰富和详细,这里要特别注意。

第一节　公共关系策划方案概述

一、公共关系策划方案的含义

公共关系策划方案是指组织为实现特定的公关目标,精心设计和规划的一系列公共关系活动及其实施方案。这些方案通常涵盖了项目背景、项目调研、项目策划、项目执行以及项目评估与预测等方面内容,旨在通过有效的沟通和传播手段,建立或维护与公众之间的良好关系,提升组织形象、增强品牌影响力或实现其他特定的公关目的。

制定公共关系策划方案是组织公关工作的重要组成部分,不仅是对公关活动进行全面规划和布局的过程,更是对公关资源进行合理配置和利用的过程。一份优秀的公共关系策划方案应具有明确的公关目标、合理的策略安排、可行的实施方案以及有效的评估机制,以确保公关活动取得预期效果。

二、公共关系策划方案的特点

(一)目的的鲜明性

目的的鲜明性是公共关系策划方案一个尤为突出的特点,确保整个策划过程始

终围绕核心目标展开,从而提高公关活动的针对性和效果。目的的鲜明性具体体现在以下 4 个方面:

第一,目的的鲜明性意味着策划方案中的目标设定必须清晰明确。公关目标是组织希望通过公关活动实现的具体成果,如提升品牌形象、增强公众认知度、促进产品销售等。在策划方案中,这些目标需要被具体化、量化,以便为后续的策划工作提供明确的指导。

第二,目的的鲜明性要求策划方案中的各项活动都要紧密围绕目标展开。无论是活动策划、媒体传播还是危机应对,都需要与公关目标保持高度一致。这样,整个策划方案才能形成一个有机的整体,各种资源才能得到有效的整合和利用,从而提高公关活动的整体效果。

第三,目的的鲜明性有助于提升公关活动的专业性和可信度。一个有着明确目标的策划方案,往往能够给人留下深刻的印象,让公众感受到组织的专业性和诚意。同时,这也能够增强公众对组织的信任感,为建立良好的公共关系奠定坚实的基础。

第四,目的的鲜明性有助于评估和优化策划方案的效果。通过对比实际成果与预设目标,可以清晰地了解策划方案的执行效果,从而找出存在的问题和不足,为今后的策划工作提供有益的参考和借鉴。

(二)内容的完整性

内容的完整性指的是公关策划方案在制定过程中,全面、详尽、系统地考虑了所有与公关活动相关的要素和环节,以确保公关活动的顺利进行和达到预期效果。一个完整的策划方案,不仅有助于实现公关目标,还能提升组织形象和品牌价值。完整的公共关系策划方案必须涵盖以下 5 个关键方面:

第一,项目背景。重点包括组织的基本情况、组织当前面临的问题或者开展策划活动的紧迫性以及活动举办的具体安排等内容。

第二,项目调研。重点介绍组织环境、传播媒体及传播要素分析。如果项目需要,还应该对政策、法规、同类个案信息进行调查研究以及必要时应该做项目可行性分析。

第三,项目策划。重点定义公共关系项目的问题、目标、受众、策略及解决方案。

第四,项目执行。重点介绍实施管理计划、日程进度计划、管理与控制要点、费用预算等。

第五,项目评估及预测。对项目进行评估并对开展效果进行合理预测。

(三)操作的可行性

操作的可行性指的是策划方案在实际执行过程中能够顺利、有效地进行,达到预期的目标。公共关系策划方案的成功实施,离不开其操作的可行性。这一特点体现在以下 4 个方面：

第一，操作可行性要求方案具有明确的执行步骤和细节安排。这包括活动的具体时间、地点、参与人员等关键要素，以及各环节之间的衔接和配合。

第二，操作可行性要求策划方案具备合理的资源分配和预算安排。在方案制订过程中，需充分考虑组织的实际情况和资源状况，确保各项活动顺利进行。同时要合理安排预算，避免过度浪费或资金不足的情况发生。

第三，操作可行性强调策划方案与实际情况的紧密结合。在制订方案时，需充分考虑外部环境、竞争态势及受众特点等因素，确保方案能够适应现实情况的变化。同时要灵活调整方案，根据实际情况进行必要修改和完善。

第四，操作的可行性体现在策划方案的风险评估和应对措施上。在制订方案时，需充分预见可能出现的风险和问题，并制定相应的应对措施。这包括应急预案的制定、危机管理的安排等。

（四）构思的巧妙性

古人云："出其不意，攻其不备，方为上策。"在今天的商业形象大战中，最妙的公关策划应是其他人还没有想到的计策，最精彩的方案应是其他人还没有想到的行动方案。凡高明之公关人才，皆能察微知著，独辟蹊径，思维独特并以奇制胜。反之，人云亦云，人行亦行，则难以脱颖而出。广告出奇制胜、产品质量卓越、服务质量超越预期、商标独具特色等都会让公众印象深刻并产生信任。

（五）策略的应变性

策略的应变性，是指策划方案在面对不同情境和问题时，能够灵活调整策略，保持与外部环境、受众需求以及实际情况的紧密协调，确保公关活动的顺利进行和目标的有效实现。这一特点体现在以下 4 个方面：

第一，策略的应变性体现在对外部环境的敏锐洞察和快速响应上。公关环境复杂多变，包括政策、社会舆论、市场趋势等多个方面。一个具备应变性的策划方案，能够实时关注这些变化，并据此调整策略，确保公关活动与外部环境保持协调一致。

第二，策略的应变性表现在对受众需求的灵活适应上。受众的需求和兴趣是不断变化的，一个成功的公关策划方案需能紧密跟踪受众的变化，及时调整传播内容、形式和渠道，以满足受众的需求，增强公关活动效果。

第三，策略的应变性要求在遇到问题和挑战时，能够迅速制定应对措施。公关活动中可能会遇到各种突发情况，如危机事件、负面舆情等。一个具备应变性的策划方案，需预先考虑可能出现的风险和挑战，并制定相应的应急预案，以便在问题出现时迅速应对，减轻负面影响。

第四，策略的应变性还强调不断学习和创新精神。公关领域日新月异，新的理念、技术和方法不断涌现。一个具备应变性的策划方案,需不断吸收新知识、新观念,勇于尝试新的公关策略和手段,以保持方案活力和竞争力。

三、公共关系策划方案的类型

从阶段上划分,公共关系策划方案主要有以下 5 种类型:

第一,建设性公共关系策划方案。在组织初创或新产品上市时,以提高知名度和社会关注度为主要目标。

第二,维系性公共关系策划方案。在组织稳定发展阶段,注重维护和加强现有公众关系,保持组织形象的稳定性。

 职场故事　　京东"双响炮"

2024 年春节,京东为在宿迁、成都、武汉等地值班的客服员工的亲属提供了免费春节探亲房,让春节在岗值班员工可以和家人共度美好时光。这些福利政策不仅解决了员工家庭团圆的问题,也增强了员工对企业的归属感和忠诚度。京东这一举措彰显了企业文化的温度和人性关怀,让员工感受到公司的爱和温暖。

同时,京东春节不打烊,客服在线,陪伴用户度过新春佳节。京东持续春节送货12 年,也彰显了对用户的承诺和责任。京东在春节为员工提供免费探亲房和坚持春节正常服务,是对内和对外公关"双响炮",效果显著。而在施行这两项政策之前,都需撰写精细的策划方案,确保项目的有序推进和落地。

资料来源:京东员工免费春节探亲房内景曝光:家电齐全 独立卫浴[EB/OL].(2024-02-07)[2024-05-20].https://baijiahao.baidu.com/s? id=17902563761964440063&wfr=spider&for=pc.

第三,防御性公共关系策划方案。当组织面临潜在危机时,采取预防措施防止组织形象受损。

 职场故事　　**拼多多市值赶超阿里巴巴**

2023 年拼多多市值赶超阿里巴巴,给阿里巴巴带来了很大的竞争压力。在这样的情况下,阿里巴巴需策划更好的产品,以保住市场份额。这就需要撰写详细的公关策划方案,以有力指导实践。

资料来源:拼多多:去年赚了 600 亿,市值赶超阿里[EB/OL].(2024-03-22)[2024-05-20].https://baijiahao.baidu.com/s? id=1794208498523329173&wfr=spider&for=pc.

第四,矫正性公共关系策划方案。当组织出现危机或失误时,采取措施纠正形象偏差,恢复公众信任。

职场故事

宝马 MINI 区别对待中国人

2023 年 4 月,网友爆料宝马 MINI 展台工作人员在车展中对中国访客宣称冰激凌已发放完,却热情款待外国访客,甚至指导其如何食用。这种明显的区别对待令网友愤怒不已,舆论哗然。宝马 MINI 虽迅速作出回应,但仅止于道歉,公章也没有,更无实质解决方案。此时就需撰写相应的策划方案,给出具体、可行、真诚的解决方案,才有可能平息公众的情绪。

资料来源:如何做好公关,从复盘这些案例开始[EB/OL].(2024-01-04)[2024-05-20].https://zhuanlan.zhihu.com/p/675979850.

第五,进攻性公共关系策划方案。在组织市场竞争激烈时,主动出击,提高组织的知名度和影响力。

这些策划方案类型并不是孤立的,而是相互关联、相辅相成的。在实际应用中,根据组织的具体需求和环境变化,可以灵活选择和组合不同的策划方案类型,以实现最佳的公关效果。

四、公共关系策划方案的作用

(一)有助于展现公关策划之精华

公关策划,乃是一项高度智慧的思维活动,其过程隐于策划者的脑海中,外人难以窥见,亦无法听闻。其中包含着构想的磨砺、灵感的寻觅、执着的探索、夜以继日的权衡、逐字逐句的打磨、反复推敲的修正,唯有那些深入其中、亲身参与的人,方能深切体会到其中的艰辛与乐趣。此种独特且富有创造性的脑力劳动成果,若无适当的展现方式,他人难以得知其全貌。

公关策划的展现方式,主要分为口语与书面表达两种形式。以声音为媒介的口语表达,虽能即时传达,但稍纵即逝,通常用于成果的简要汇报;而以文字为媒介的书面表达——公关策划文案,却能长久留存,不仅能全面展示策划的精华,还可作为实施的指南,更可在日后作为评估的参照。因此,精心撰写的公关策划文案,对于公关活动的顺利开展和成果的有效展现,具有不可替代的作用。

(二)有助于提升士气和激发斗志

公共关系策划,实则是为公共关系工作指明前行方向的过程,在公共关系实践中占据着举足轻重的地位,发挥着不可替代的作用。策划文案的撰写,正是一个使策划目标更为明确、内容更为具体、方案更为完善的过程。一份目标明确、逻辑严谨、条理分明、有理有据的策划文案,无疑将具有强大的说服力和深远的感召力。

若将即将进入实施阶段的公共关系活动比作一场激战,那么一份目标明确、前景光明、切实可行、计划周密的策划文案,便是向组织全体成员发出的战前"集结号"。这份文案,具有强大的凝聚力与鼓动力,能够激发全体成员的斗志,让大家信心倍增,为实现共同目标携手并进、奋力前行。

(三)有助于确保策划意图精准实施

策划人员可能单独行动,也可能组成团队;而策划人员与实施人员可能是同一人或同一团队,也可能是各自独立的个体或群体。无论哪种情形,都应当通过文字形式将策划的精髓与结果清晰地呈现出来,确保实施过程中每一步都有明确的指引和依据,从而确保策划的意图能够得到完整实现。

策划书如同航海者的罗盘,在纷繁复杂的商业海洋中为组织者指明前进的方向。也有人将策划文案视为"演出的剧本",既是导演对故事情节、角色塑造、情感表达以及舞台呈现的精心构思,也是演员们演绎角色、展现魅力的基础蓝本。没有罗盘,船只可能因迷失方向而漂泊不定;没有剧本,演员们可能在舞台上无所适从,乱了阵脚。同理,若缺少了详尽的策划方案,策划实施过程中便可能遭遇混乱与偏差,使得策划的目标难以达成。因此,精心编制的策划文案不仅是指导实施的重要工具,更是确保策划意图得以精准实现的关键所在。

第二节　公共关系策划方案形成
过程及撰写原则

一、公共关系策划方案形成过程

公共关系策划方案形成过程主要包括以下 4 个步骤:锁定问题核心、确立策划所要传达的主旨、形成与筛选创意、形成可行方案。

(一)锁定问题核心

公共关系策划的首要步骤是全面细致地审视组织所处的社会环境,从而精准锁定问题核心。这一步骤建立在前期缜密、精确的公共关系调研之上。对于组织而言,潜在的公共关系问题主要集中在以下几个方面。

1.组织信任基石的动摇问题

在企业层面,这体现为消费者与顾客的疑虑,如产品瑕疵引发的投诉、售后服务承诺的落空、服务操作不当导致的伤害事故、员工态度不当引发的纷争等;在政府层面,则显现为公共管理疏漏引发的市民不满,如污染企业处置不力的民众怨声、法律空白地带导致的赔偿难题、行政不作为造成的民众失望等;对于垄断性企业和事业单位,这表现为信息不对称造成的强制附加收费争议、单方面提价冲突、服务滞后或缺失以及事故责任推诿等引发的公众质疑。其他组织同样面临信任考验,一旦信任基石动摇,均需通过精心策划的公关活动来修复。

2.合作伙伴关系的调和问题

任何组织都不可避免地与各类组织发生交互,尤其是那些关系紧密的合作伙伴,如企业的供应商、分销商,政府的上下级、同级单位,业务往来的合作方,事业单位、垄断性企业的常规业务伙伴等。在与这些合作伙伴的交往中,可能会产生误解或摩擦,若处理不当,可能导致关系破裂,进而影响组织的稳健发展。此外,组织还需不断拓展业务,建立新的合作伙伴关系。因此,通过策划公共关系活动,积极主动调和与合作方的关系,显得尤为关键。

3.公众与媒体认知的深化问题

随着商品经济的蓬勃发展及全球一体化进程的加速,组织置身于一个充满变数、难以预测的环境中。组织所面临的目标公众可能随时变化且数量庞大,因此,通过各类活动或事件,利用大众传媒向更广泛的公众传播公共关系信息,变得尤为重要。这些传播活动旨在促进双方的了解,实现更深入的沟通。公关策划的任务就是寻找有效的沟通方式,助力组织与广大公众增进了解、建立认知、构筑信任。

4.内部员工关系的和谐问题

在现代社会,无论是何种组织,都应高度重视内部员工关系。团队建设已成为组织发展的重要议题。若组织内部员工间存在上下级、同级关系不和的问题,无疑会损害组织的健康发展,并影响组织的社会声誉。因此,通过策划温暖人心的公共关系活动,精心打造组织内部和谐的员工关系,是组织管理中不可或缺的重要工作。

在实际的策划工作中,策划团队有时难以准确把握组织面临的公共关系问题的核心。因为组织在某一时期可能面临多个问题,如消费者反映的产品质量问题、媒体持续报道的负面消息、企业股价下跌、政府主管部门的督查要求、高层人员离职、员工情绪波动等。在这种情况下,公关策划的首要任务是明确组织当前最需要解决的公共关系问题是什么,问题的根源何在。若未能妥善解决这些问题,后续工作将可能偏离正确轨道,即使策划再出色,也可能南辕北辙,效果甚微。

在着手进行公关策划之际,切勿简化公共关系问题。不要误以为通过加大媒体宣传力度,一切问题便可迎刃而解;也不要天真地以为,仅仅通过召开新闻发布会向公众道歉,摆摆姿态,就能轻松躲避舆论的风暴。公共关系的基石在于诚信,体现了一个组织在面对社会公众时的真实行为和态度。公共关系工作只有做得扎实，才能言之有物、言之有信。而失去了职业道德的公共关系，无异于一种欺骗手段。

在精准把握问题核心之后，需要通过深入的组织环境分析，清晰地界定公共关系与组织其他方面的问题。这样的界定不仅有助于更准确地理解问题的本质，也能确保公关策划的针对性和有效性。

（二）确立策划所要传达的主旨

在公关策划的征程中，一旦核心问题锁定，接下来便是确立策划所要传达的主旨。这一过程往往需要通过以下 3 个环节精心打磨。

1.揭示策划活动的社会价值

公关策划不仅是组织发展的重要战略手段，更是具有广泛社会意义与公众性的活动。因此，策划的起点必须高远，其蕴含的信息应具备普遍的社会价值和进步意义，而非局限于组织自身的狭小范围。在确定策划主旨时，应首先阐述活动所体现的更高层次的社会价值，如倡导善良、扶危济困、保护环境、促进团结等，可为策划活动奠定坚实的社会基础，明确其基本内涵。这些价值应与组织所要解决的核心问题自然而紧密地相连，并在社会中引起广泛共鸣。

2.确立策划活动主题

如同文章的灵魂在于中心思想，公关策划活动的核心也在于其主题。一个清晰、明确的主题能够引领整个活动的方向，确保所有环节都围绕中心展开。因此，主题的确定至关重要。以某知名品牌的环保公益活动为例，该品牌面临着公众对环保问题的日益关注，以及自身在可持续发展方面的挑战。为回应这些关切并展示其环保承诺，该品牌方决定策划一场以"绿色行动，共创未来"为主题的环保公益活动。在这一主题下，该品牌方设计了一系列活动，包括环保知识讲座、绿色出行倡议、废旧物品回收再利用等。这一主题的确定，既符合品牌自身的发展需求，又呼应了社会热点和公众关切，为活动的成功开展奠定了坚实基础。如果活动缺乏主题或主题模糊、定位不当，则可能导致公关活动的失败。因此，在策划过程中，必须精心构思、反复推敲，以形成既符合组织需求又具有广泛社会共鸣的主题。

3.提炼主题语词

在揭示社会价值、确立活动主题的基础上，还需用简练的语言将主题表达出来。精炼而富有内涵的主题语词，不仅能够增强活动的传播效果，还能提升其在公众心中的影响力。

以历届中国公共关系策划大赛为例，每一届大赛都精心提炼了主题，与大赛的核心理念和宗旨紧密相连。第一届大赛的主题是"开创教育模式，沟通人才供需"，主题简洁明了，直接表达了大赛旨在推动教育模式创新、促进人才供需对接的目标。第二届大赛的主题是"软实力构建和谐社会，公共关系铸造企业品牌"，强调了公共关系在构建和谐社会和企业品牌建设中的重要作用。随着时代的变迁和公共关系行业的不断发展,大赛的主题也在不断演化和深化。比如,第九届大赛的主题是"高质量、新发展、向未来",伴随中国式现代化进程的重大主题,中国公共关系高质量从"新"出发,需要探寻公共关系对品牌化时代社会和经济发展的赋能,关注传播新技术新媒体的创新运用,重视人与人、人与技术、人与自然关系的交互建构和意义生成。人才是第一资源,创新是第一动力,中国公共关系期待向着未来的创新人才。这些主题语词简洁、精练,易于记忆和传播,有效地提升了大赛的影响力和参与度。(附录中收录了目前举办过的九届中国公共关系策划大赛的基本信息)

(三)形成与筛选创意

在开展公关策划的过程中,创意的重要性仅次于主题的确定。创意,作为公关策划的精髓,是指能够以最富吸引力的方式展现公共关系活动主旨的形式或方法。对于任何一项公共关系活动而言,创意的优劣直接关系到活动的成败,因此,公共关系策划人员需要在众多创意中精挑细选,力求达到最佳效果。创意的形成与筛选是一个严谨且系统的过程,需遵循以下程序:

1.创意团队搭建

公关策划部门需组建一个高效协作、作风严谨、素质优良、思维活跃的创意团队。团队的组建需经过精心策划和合理搭配。

(1)创意团队数量要求

公关策划创意团队人数以5～8人为宜。团队成员应相对稳定,经过一段时间磨合,形成默契的合作关系。团队内部应营造一个相互否定又相互包容、鼓励创新又竞争激烈的氛围,以激发团队成员创造力和合作精神。

(2)创意团队结构要求

创意团队在结构上应实现多元化和互补性。团队成员应在年龄、思维结构、知识结构、性格特征等方面进行合理搭配,互相取长补短。例如,团队中既应有擅长形象思维的成员,也应有擅长理性思维的成员;既应有具备人文学科知识背景的成员,也应有具备理工农医知识背景的成员;既应有勇于尝试、敢于冒险的成员,也应有行事稳重、保守谨慎的成员。这样的团队结构有利于激发思维碰撞,产生新颖独特的创意。

(3)创意团队品质要求

开展公共关系创意是一项艰巨的任务,需要团队成员具备坚韧不拔的品质和持续创新的精神。应能不断自我否定、不怕失败,勇于面对挑战,超越自我。同时,团队成员应保持积极乐观的态度,全身心投入工作,在享受创意过程的同时,分享创意成果的喜悦。

（4）创意团队素质要求

创意团队需要具有以下 2 个方面的素质：

第一，文化素养。创意并非凭空产生，而是需要深厚的文化底蕴作为支撑。团队成员应具备较高的文化素养，尤其是人文知识方面的修养。对中国传统文化有深入的了解，同时拥有宽广的文化视野，能够博采众长，为创意提供坚实的基础。此外，团队成员还应具备强烈的学习欲望，对现代文化思潮、文化现象以及国际文化特点有全面的认识，能够迅速更新知识，把握当代国家和国际上的主流理念与政策，对组织所处行业有前瞻性认识。

第二，实践经验。成员应拥有丰富的社会实践经验，对公关策划案例有深入了解。应善于从已有公关活动中提炼创新点，熟悉开展公关活动的基本流程、可能遇到的问题及解决方案。同时，应具备广泛的兴趣爱好和丰富的生活与事业经验，能从不同角度挖掘创意灵感，为创意提供源源不断的想法。

扫描右侧二维码查看团队游戏。 可通过开展此游戏感受团队合作的重要性。

2.开启创意策划征程

（1）创意主题的深度解读

在开始创意之前，首先要对主题进行深入的剖析和解读。这意味着每个团队成员都需要清楚了解主题的起源、调查成果、依据、策划主旨、主题词所蕴含的内涵，以及主题的社会意义等。这样的解读不仅能让团队成员明确创意的核心方向，还能为他们提供一个创意思维的边界和范围，确保所有创意都能紧密围绕主题展开。

（2）创意灵感的自由遐想

在静谧、无干扰的环境中，鼓励每个团队成员放飞思维，开展无拘无束的创意遐想，并设计出独具特色的创意方案。这些点子可能是一个新颖的想法、一个别出心裁的表现形式，或者是一个看似离奇却充满趣味的创意构思。初看之下，有些创意可能显得天马行空，甚至有些离经叛道，但它们很可能是潜在精彩策划方案的雏形。因此，要高度重视每一个创意点子的产生，因为点子越多，说明创意思维越活跃；点子越新奇怪异，越能体现团队成员的创新精神。同时，这也是团队成员知识与信息的一次大整合，优秀的创意点子往往就是从这些丰富的知识和广泛的信息中提炼出来的。如果条件允许，建议正式开展团队创意前，提前将题目和基本要求告知每个成员，让他们有足够的时间进行准备，为后续团队创意活动打下基础。

（3）创意的交流与分享

当所有成员完成各自的创意构思后，接下来是创意分享环节。为了确保创意能够得到有效表达，通常采用以下 2 种形式：

第一，书面表达。团队成员可坐成一圈，如果有大的场地，席地而坐也可以，然后将自己的创意以书面形式记录下来。书面内容要求形象生动，易于被团队成员理解。随后，每个人将自己的创意传递给下一位成员，并在前一位成员的创意下方继续写下自己的新想法。这种形式的创意表达与碰撞有助于激发每个成员的创意思维，但可能影响力还不够强大。

扫描右侧二维码查看实战演练。 通过开展此活动掌握开展创意的交流与分享的形式。

第二，口头陈述。团队成员亦可坐成一圈或者在大的场地席地而坐，成员依次陈述自己的创意思想轨迹、依据以及预期的创意效果。通过这种形式的表达，某个成员的创意往往能为其他成员带来新的启发，从而激发出更多的创意。在这种看似热闹的讨论、评判和表达过程中，整个团队的创意思维能够被充分激活。

3.创意思维的激烈碰撞

随着创意成员思维的自由驰骋与彼此间的分享交流，真正的创意思维碰撞开始了。创意团队成员通过书面或口头形式分享各自的创意，这些创意进入下一阶段的思维激荡与碰撞，即二次创意的过程。他人的创意往往能激发个人新的灵感火花，一个富有创新性的点子能够引领更多人展开联想，或将故事进一步延伸。随后，大家共同评议，弥补原有创意的不足。在这个过程中，有 2 个关键原则需遵循：

第一，畅所欲言，鼓励多元。创意的精髓在于多元化与新颖性。因此，团队内部应营造一种和善、宽容、平等、尊重的氛围，让每位成员都能够毫无顾忌地表达自己的创意想法。无论这些想法看起来多么荒谬、可笑、幼稚或浅薄，都可能隐藏着天才般的创意。只有允许每个人畅所欲言，才能实现真正的思维激荡与交流，从而筛选出最佳的创意。

第二，勇于接受批评，促进思维深化。在二次创意的过程中，每个人不仅有机会分享自己的创意，也有责任对他人的创意点子进行客观评价。这意味着每个人都需要接受他人的批评和建议。通过这种充分的交流，个人的思维将得到进一步深化，优秀的创意将在相互品评中脱颖而出。

二次创意是一个雕刻自己的过程，通过不断否定与修正创意，团队成员才可能实现自我超越。优秀的创意往往经历了无数次的否定与再创新，才最终得以确定。所以,每位团队成员都应具有接受否定的勇气。

4.甄选优质创意

在团队创意思维的激烈碰撞中,很多新奇的想法会涌现出来。因此,选择优质创意成为关键。

(1)打破常规,慧眼识珠

在筛选创意时,需要保持清醒的头脑和敏锐的洞察力。对于看似荒诞或被众人忽视的创意,要仔细分析,认真倾听创意人的构想理由。有时,这些创意可能蕴含着巨大的实用价值和潜在效益。同时,也要警惕那些看似漂亮但缺乏新意的创意,避免被表面的华丽所迷惑。在选择优秀创意时,应敢于打破常规,多数服从少数,让真正有价值的创意脱颖而出。

(2)拒绝平庸,追求原创

在挑选创意时,必须坚守创新性原则,拒绝平庸和模仿。尤其要避免盲目跟风和照搬他人的策划方案,这种行为只会让组织在业内失去信誉,被公众所唾弃。因此,在选择创意时,要有敢于拒绝平庸的勇气与胆识,以高标准、原创性作为衡量标准,筛选出最具创意和实用价值的创意。只有这样,才能在激烈的市场竞争中脱颖而出,实现组织的长远发展。

5.深化与升华创意

当创意团队通过思维的碰撞与激荡,初步筛选出优质的创意后,接下来的关键步骤便是对这些创意进行深化与升华,使其从粗糙的构想变为清晰且可操作的策划方案。

(1)丰富创意内涵

创意的起点往往是一个点子、一个想法,但要形成完整的策划方案,就需要对这个点子或想法进行全方位的丰富与拓展。这包括将点子或想法转化为具有实际操作性的行动计划,其涉及合理配置人员、培训专业技能、细化与拓展活动内容,以及创意如何具体呈现等多个方面。在丰富创意的过程中,可能会遇到一些看似精彩但实际操作困难的创意,这需要根据实际情况进行调整,确保创意的可行性与实效性。可考虑用系列活动的形式拓展单一的创意,或将创意转化为具象的艺术表现形式,也可脱壳于原有创意而激发出更大的创新创意。

(2)提炼创意精髓

筛选出的创意往往只是初步的构想,距离成为具有可操作性的公关策划方案还有一定的距离。因此,需要对这些创意进行去粗取精的完善工作,包括褪去创意中的感情色彩与夸张成分,将其细化为可操作的程序;将粗线条的活动轮廓转化为具有内在联系、环环紧扣的表现内容;同时保留创意时的精彩元素,使创意具更完整的表现力。这一过程中,需要避免简单、生硬地呈现创意,而是要对其进行深度加工与多角度表现,确保创意的精彩之处能得到充分展现。同时,去粗取精的过程也是一个再加工的过程,需要认真对待,不可掉以轻心。

(3)增强创意表现力

公关创意旨在体现策划的主旨和社会价值,引起公众共鸣。然而,要使公众能够轻松理解并接受这些创意,需要将创意以浅显易懂的方式呈现出来。这就要求在完善创意时,具备高超的表现力,将深刻的立意以简单明了的方式传达给公众,使公众能够迅速产生共鸣并积极参与其中。通过从深到浅的加工与深化,可实现对创意的完善。同时,这也体现在创意表现形式的简洁朴实与整体活动的丰富内涵相结合上,让人在回味无穷的同时留下深刻印象。第一届春晚最棒的创意是采取了现场直播、观众电话连线点播节目的形式,且没有固定流程的彩排和台本,亲切随和不做作,因此赢得大众广泛好评,从此观看春晚成为人们春节的必备节目。

6.评估创意实效性

创意思路初具规模后,这时需要主管领导对创意方案进行审核评估,其主要包括以下4点。

(1)技术的可行性

一个独特、精彩的创意,首先要满足技术的可行性,如果技术上无法达到要求,那么只能修改创意方案。优质的创意对技术的要求往往十分苛刻,同时需要时间来进行制作,如果有高科技手段的支持,则创意的精彩表现更有保证。因此,审核创意方案时,技术是首先要考虑的因素。

(2)表现的可行性

好的创意一定有好的表现,但需要团队成员的素质、物质条件的配合作为保障。团队成员的素质是指组织人员能否在一定时间内通过训练、满足创意需要达到的展示标准。如果没有足够的人员和时间的保障、良好的指导培训等条件,那好的创意也难以实现。另外,创意的精彩展示还需要物质条件的配合,如特定的服装、道具、修饰品、化妆术等,这些内容的要求难度也决定了创意的表现是否能够实现。

职场故事

武夷山《印象大红袍》

《印象大红袍》山水实景演出由张艺谋、王潮歌、樊跃共同组成的"印象铁三角"领衔导演,是以双世遗产地——武夷山为地域背景,以武夷山茶文化为表现主题的大型实景演出。它打破了固有的"白天登山观景、九曲泛舟漂流"的传统旅游方式与审美方式,不仅首次展示了夜色中的武夷山之美,同时还创造了多个世界第一。《印象大红袍》突出故事性和参与性,不仅展示了茶史、各种制茶工艺,还借助当下流行的"偷菜、炒房、蜗居"等词语来讲述大王与玉女的爱情故事,讲述大红袍的来历,讲述现代人所有的烦恼,展现一杯茶所带来的幸福和感悟。

导演王潮歌、樊跃接受记者采访时说,《印象大红袍》是借茶说山、说文化、说生活。剧场的表演区域由环绕在旋转观众席周围的仿古民居表演区、高地表演区、沙洲地表演区与河道表演区等共同组成。仿古民居表演区借鉴了武夷山下梅古民居的建筑元素,使得演出现场更像是有着 1988 个座位的巨型茶馆。

座席的视觉半径超过 2 公里,四面舞台相连,绵延出万米长卷的壮阔景象;首创 360 度旋转观众席,每 5 分钟内即可完成一次 360 度平稳旋转。置身其中,不仅可以将武夷山最著名的大王峰、玉女峰尽收眼底,还会有穿着民俗服饰的演员递上一杯大红袍,让观者一品芳茗。

该实景演出依托武夷山自身特色,有山、有水,有茶的故事,同时依托强有力的导演团队,无论在技术上还是表现上都极具可行性,值得每一个到过武夷山旅游的人去观看。

资料来源:印象大红袍[EB/OL].(2024-04-22)[2024-05-20].https://baike.baidu.com/item/%E5%8D%B0%E8%B1%A1%E5%A4%A7%E7%BA%A2%E8%A2%8D/7557569? fr=ge_ala.

（3）政策的可行性

好的创意要考虑遵循法律法规问题。首先,需要确保方案符合国家和地方的相关法律法规。包括广告法、宣传法、消费者权益保护法等相关法律条款。方案中的任何活动、宣传或沟通内容都不应违反法律,也不应侵犯他人的合法权益。其次,需要确保正确的政策导向。评估方案是否与当前的国家政策、行业政策和地方政策保持一致。公共关系策划应符合政策的宏观导向,有助于推动行业健康发展和社会和谐稳定。最后,需要考虑社会稳定影响。评估方案的实施是否会对社会稳定产生负面影响。如,对某些敏感话题或争议性内容的处理需要特别谨慎,避免引发社会不满或冲突。

（4）经费的可行性

公关策划要耗费一定的经费,经费视活动规模的大小有多有少。组织经费现状、事先预算与实际方案的差异均会影响上级对创意的审核。如果组织愿意投入足够的经费,那么,精彩的创意将更有可能形成公共关系活动的方案并投入实施;如果组织经费紧张,且创意需要的人手多、要求的难度大,那么,创意将可能止于文案而不会进入实施阶段。

（四）形成可行方案

经过锁定问题核心、确立策划所要传达的主旨、形成与筛选创意之后,一份完整、可行的策划方案即形成。策划方案的结构应包括:封面、目录、标题、正文、署名、附录。关于公共关系策划方案的结构及具体内容,下一节将进行详细的介绍。

二、公共关系策划方案撰写原则

撰写公共关系策划方案,是公共关系实践中能否达成预定目标的关键环节。方案的构思与撰写质量直接关系到公关活动的成败得失。因此,必须严格遵循一系列原则,确保公共关系策划的顺利推进。

(一)策划方案须与组织战略目标相符

公关活动是组织战略目标的落地实施,公关策划方案必须紧密围绕组织总体目标,确保在策略和行动层面与之保持一致。同时,公关策划人员应在组织目标框架内,充分发挥创意思维,具化公关目标,努力创造卓越公关业绩。

(二)策划方案应具有明确可操作性

公共关系策划方案应包含具体详尽的内容、层次分明的结构以及切实可行的执行步骤。模糊笼统的计划无法指导实际操作,只有制订明确、具体的方案,才能确保公关活动的有序开展和有效实施。

(三)策划须致力于塑造有效形象

有效形象是组织的无形资产,公关部门在策划过程中应充分考虑公众的利益诉求,确保公关活动符合社会价值观和公众期待。只有真正站在公众立场,才能塑造出深受公众认可的组织形象。

(四)策划应凸显中心主题

中心主题是公关活动的灵魂,缺乏主题的公关策划将显得杂乱无章。因此,制订公关策划方案时,应明确并突出中心主题,确保所有活动都围绕这一主题展开,形成统一的宣传口径和视觉形象。

 实战项目

田边乡野情　厝最暖人心

在阳光学院首届"田边厝"杯公共关系策划创业大赛中,"爱拼才会赢"队斩获佳绩。他们围绕"田边乡野情　厝最暖人心"的主题,策划了"三追"系列,即"追溯""追潮""追♥",紧扣主题,创意满满。"三追"系列的活动时间、活动内容、阶段目标及传播渠道如表2-1所示。

表 2-1 "三追"系列活动简介

项目	"追溯"系列	"追潮"系列	"追♥"系列
活动时间	2024年6月—2024年8月	2024年6月—2024年9月	2024年10月持续至今
活动内容	1.抖音线上运营活动； 2.乡野菜主题直播间； 3."田边厝"小农场线上小程序	1."高考季"大学生活动方案（线上＋线下宣传，吸引年轻客户群体、打造"福运田边厝"形象）； 2."今日小福星"活动	1."美食瞬间定格幸福"活动； 2."你出(提)点子我请客"活动； 3.宠物友好乡野菜体验
阶段目标	通过"追溯"系列活动的推广，让广大消费者了解"田边厝"品牌文化，提高对原材料来源的认知，从而增强对"田边厝"的信赖和认可，保证产品的卓越品质，让顾客吃得安心，享受每一口的美味	通过"追潮"系列活动推广，让"田边厝"品牌的知名度、影响度得到"质"的飞跃；通过一些新鲜潮流的、受年轻人喜爱的活动让"田边厝"的受众群体不再局限于主力军——中老年人，而是走出去，吸引更多不一样的年轻群体	通过"追♥"系列活动的推广，打造温馨和谐友爱的"田边厝"形象，从而提升品牌的美誉度；让顾客来到"田边厝"就像回到家一样；让顾客想常常回到"田边厝"，使他们感受到花最值的钱，享受最优质的服务
传播渠道	微信、抖音	微信、抖音、小红书	微信、抖音、小红书、微博

资料来源："爱拼才会赢"队路演PPT。

该队"追潮"系列——"高考季"福运田边厝活动方案中，设计了锦绣前程升学宴菜单，每桌价格985元，别具匠心。另外，还专门设计了大学生会员卡(见图2-1)，大学生可以享受专属折上折。在此基础上，该方案还提出可在未来与经济管理学院合作，在开学季将大学生会员卡以及田边厝基本信息制作成校园卡卡包，随开学材料直接发给学生，这将起到很好的公关效果。该创意得到企业方的充分认可。

图 2-1 "爱拼才会赢"队设计的大学生专属会员卡

资料来源：笔者根据所在学校举办的公共关系策划创业大赛活动整理所得。

(五)策划方案编制应规范化

方案的制定应遵循规范流程且应以书面形式呈现,确保要素齐全、手续完整,并存档备查。此外,策划方案应具有稳定性,但在遇到特殊情况时,也应灵活调整以适应形势变化。

(六)策划方案应预留适度弹性

公共关系策划应避免过于僵化,应预留一定弹性空间以应对可能出现的变化。然而,弹性并不意味着随意性和不确定性,而是要在保证大方向不变的前提下,允许在具体执行过程中根据实际情况进行适当调整。同时,要避免弹性过大导致的短期化行为,影响整体策划目标的实现。

第三节 公共关系策划方案的结构及具体内容

一份完整的公共关系策划方案的结构主要包括 6 个大部分,分别是封面、目录、标题、正文、署名、附录。

一、封面

公共关系策划方案可以设置一个与所策划的主体和主题都高度相关的、精美的策划案封面。封面文字及排列应大小协调、布局合理,纸张厚度大于正文纸张。封面内容一般包括:题目、策划单位或个人名称、策划案完成日期、策划案编号等。

二、目录

目录是公共关系策划方案的导航图。无论是方案的策划者还是执行者,或是其他利益相关者,都可以通过目录迅速找到所需的信息,了解方案的具体内容和细节。这种导航功能大大提高了方案的可读性和易用性,使信息获取变得更为高效。另外,通过目录,读者可以一目了然地看到方案的组成部分和各个部分之间的逻辑关系。这有助于读者对方案进行整体把握,理解方案的构思和逻辑脉络。同时,目录也能够反映出方案的完整性和系统性,使方案更加具有说服力和可信度。一般情况下,目录到二级标题即可,但为了醒目,也可根据具体情况细化到三级标题或者四级标题。如果策划方案内容很少,也可考虑不加目录。

三、标题

公共关系策划方案的核心在于其标题的拟定,这不仅是方案的门面,更是活动主题的直观呈现。标题的拟定有 2 种常见方式:

第一种方式,简洁明了,直接以"××公司××活动策划书"的形式呈现。这种方式直接点明了活动的主办方和主要内容,一目了然。对于初学者或需要快速传达信息的场合,这种标题方式易于把握,不易出错。

第二种方式,采用能够点明活动主题的词语作为主标题,将"××公司××活动策划书"作为副标题列于下方。这种方式能够迅速抓住读者的注意力,引导他们深入了解活动的具体内容。对于追求独特性和创新性的策划人员来说,这种标题方式能够更好地展现其创意和理念。以下分享一些优秀的公关项目策划标题,如表 2-2 所示。

表 2-2 优秀的公关项目策划标题

序号	品牌名称	项目标题
1	蓝牙技术联盟	"无线"畅想 ——蓝牙物联网公关传播项目
2	沃尔沃	生于冰雪 放胆放心 ——沃尔沃新款 S60 全国媒体冰雪试驾会
3	渤健中国	向阳的力量 ——脊髓性肌萎缩症(SMA)患者获益传播
4	拜耳作物科学	看见·生生不息 ——一场人、食物和可持续发展的对话
5	金斯瑞生物科技	爱无界·秘技向善 ——金斯瑞关爱蝴蝶宝贝公益周

资料来源:笔者收集整理而得。

四、正文

正文部分主要包括项目背景、项目调研、项目策划、项目执行、项目评估及预测 5 个部分。

(一)项目背景

项目背景是对策划活动组织方的综合考量以及活动举办必要性的深入剖析,主要包括以下 3 个方面:

第一,需全面介绍组织的背景。这包括组织的基本历史沿革、组织战略、当前的发展态势以及在行业中的竞争地位。

第二,要深入剖析组织当前面临的问题或开展策划活动的紧迫性。在全球化和国内经济环境不断变化的背景下,组织必须敏锐洞察国内外形势,准确判断自身所处的地位。针对组织在发展中遇到的关键问题,提出通过公共关系活动来寻求解决方案的问题,并详细阐述开展活动的必要性与紧迫性。

第三,活动举办的具体安排。这包括活动的具体时间规划、承办机构的选定、执行地域以及参与对象的确定等。

(二)项目调研

项目调研主要包括 4 个部分,具体情况如下:

第一,组织环境。这包括组织内部条件及能力和外部环境。外部环境包括社会或市场环境、竞争态势、公众及其需求,可以通过 SWOT 分析法来分析优势、劣势、机会及威胁。有些情况还会用到 PEST 外部环境分析方法,依具体情况而定。

第二,传播媒体及传播要素分析。

第三,如果项目需要,还应对政策、法规、同类个案信息进行调查和研究。

第四,必要时应做项目可行性分析。(项目调研详细的内容参见第一章第三节深度调查部分的内容,这里不再赘述。)

(三)项目策划

项目策划部分主要包括定义项目的公共关系问题、公共关系目标、目标公众及公众策略、公共关系策略及解决问题方案、传播策略、媒体计划。

1.公共关系问题

通过调查和分析,明确接下来面临的公共关系问题是什么,才能对症下药地去策划相应的活动,去解决目前面临的公共关系问题。

2.公共关系目标

公共关系目标的确立,是公共关系活动成功的关键所在。这一目标可以分解为两个层面:首先是基础层面的组织知名度提升,确保公众对组织有基本的认识和了解;其次是高级层面的组织信赖度追求,这是通过一系列精心策划的公共关系活动,使公众对组织产生深厚的信任感和忠诚度。在信赖度的构建中,信任与忠诚是不可或缺的两个方面。信任是组织通过具有影响力的公共关系活动所追求的目标,旨在构建目标公众对组织的信赖基础;而忠诚则是组织期望通过公共关系活动实现的更高层次目标,意味着公众对组织的坚定支持和长期合作。

公共关系目标的体现,往往通过活动的主题词来展现,这些主题词简洁、凝练,能够准确传达活动的核心意义。它们不仅有助于明确活动的宣传方向,更能有效感召公众,激发其对组织的兴趣与认同。因此,确立明确、有针对性的公共关系目标,对于任何一次公共关系活动的成功都至关重要。

3.目标公众及公众策略

公众是公共关系活动所聚焦的核心群体,目标公众的确定,需要借助深入细致的前期调查来实现。通常,公众可以被划分为3个层次:明确的目标公众、潜在的目标公众以及非目标公众。一旦确立了目标公众,组织必须精准地理解他们的特性,寻找最符合他们接受习惯的传播方式和渠道,以开展公共关系活动,从而达成与公众沟通的最佳效果。

在公共关系活动的实施过程中,组织所面临的公众往往并非单一的群体,而是可能涉及多个不同的群体;同时,这些公众也不仅局限于某一现场或地域,他们可能遍布广泛的地域,甚至包括国内外的公众。因此,精准地把握各个公众群体的特点,选择正确的公众对象,对于组织来说尤为重要。这不仅有助于提升公共关系活动的针对性和有效性,更能确保活动能够真正触及并影响目标公众,实现最佳的公关效果。

4.公共关系策略及解决问题方案

公共关系策略是构建公共关系活动整体框架与行动路线的关键所在,其详尽地阐述了活动的创意构思、系列活动的规划布局、活动实施过程中需遵循的基本原则,以及具体可行的操作方案。在大型活动现场,公共关系策略尤为重要,活动安排不仅要充分展示公共关系的创意与组织的核心理念,更要实现对现场公众与非现场公众的最大影响力。

精心策划的活动创意,能够有效地吸引公众的注意力,并激发他们的参与热情。系列活动的安排需紧密围绕组织目标,确保每一项活动都能为整体目标服务并形成合力。同时,应始终遵守活动的基本原则,如诚信、公正、透明等,以确保公共关系活动的专业性和公信力。

在大型活动现场,公共关系策略还需特别关注如何最大化活动的影响力。通过巧妙的现场布置、精彩的节目安排以及有效的互动环节,可让现场公众深刻感受到组织的魅力和实力。同时,利用现代媒体手段,如网络直播、社交媒体等,将活动的影响力延伸到非现场公众,实现更广泛的传播和覆盖。公共关系策略需注意针对目前存在的公共关系问题来设计,这样可实现逻辑上的呼应,而不是与现实割裂。

5.传播策略

(1)传播策划的设计

策划方案中应当专门规划传播策略,确保信息的有效传递。传播策划主要包含两大核心内容,即人际沟通与大众传播沟通。

在人际沟通方面,需要明确对公众代表与目标公众之间的沟通策略,制订不同的沟通计划。特定活动设计,影响并吸引主要目标公众,与之建立起深层次的互动与联系。

大众传播沟通侧重于选择适宜的传播媒介,确保以最经济且高效的方式将组织信息传递给外围的目标公众。这需要审慎分析各种媒介的特点和受众群体,确保信息的精准投放和有效传播。

传播策划的设计不仅需要与现场活动相互呼应,形成整体协同效应,还需要根据活动的进展和反馈进行及时调整和优化,以确保发挥出公共关系活动的最大效果。

 实战项目

"乡"味"甜"入你心

在阳光学院首届"田边厝"杯公共关系策划创业大赛中,"乡"味"甜"入你心队获得一等奖的好成绩。他们以田边厝餐饮管理有限公司为背景,针对目前存在的痛点,设计了相应的公共关系活动。这里主要介绍他们的传播活动设计,包括以下 4 个活动:

第一,寻味之旅。通过直播、短视频等形式,带领观众走进"田边厝"的田间地头,体验乡村生活的乐趣,感受纯天然食材的魅力。邀请知名美食博主或网红进行实地探访,分享美食制作过程并品尝体验。

第二,绿色生活挑战。发起一项绿色生活挑战,鼓励参与者在日常生活中采用"田边厝"提供的绿色、环保、健康的生活方式。例如,使用环保包装、推广有机种植等。

第三,健康养生讲座。邀请健康养生专家或知名中医,围绕"田边厝"的食材和产品,举办一系列健康养生讲座,传授健康饮食和生活方式。

第四,环保公益行动。结合环保主题,发起一系列公益行动,如植树造林、清理河道、宣传环保知识等,展现"田边厝"对环保事业的关注和支持。

这 4 项传播活动,贴近田边厝实际又具备可行性,因此在决赛中一举夺冠。

资料来源:笔者根据所在学校举办的公共关系策划大赛活动整理所得。

(2)传播形式及方案关键点

在公关策划中,必须明确具体的传播形式,以便有效地传递信息并与公众建立互动。这些形式包括但不限于现场交流、座谈会、专家咨询、冷餐会、专项展览、参观活动以及文艺演出等。每种形式都有其独特的优势,能够针对不同的公众群体和沟通目标,实现有效的信息传递和互动。现场交流能够直接面对公众,即时解答疑问,加深理解;座谈会则更侧重于深度讨论,汇聚各方智慧,共同探讨问题;专家咨询能够借助专业人士的权威意见,提升信息的可信度和影响力;冷餐会则在轻松的氛围中促进人际交往,加深彼此了解;专项展览能够直观展示组织成果,提升公众认知;参观活动让公众亲身感受组织文化,增强归属感;而文艺演出则通过艺术的形式,传递情感,打动人心。

同时,也要考虑到特殊情况下应对记者及处理突发事件。在面对记者时,应保持坦诚、专业的态度,及时、准确地提供信息,确保信息的真实性和完整性。对于突发事件,则要迅速反应、冷静应对,及时启动应急预案,确保公众的安全和信息的稳定传播。

此外,工作提示也是公关策划中不可或缺的一部分。需要根据活动的特点和目标,提前制订详细的工作计划,明确各个环节的责任人和时间节点,确保活动的顺利进行。同时,也要做好风险评估和应对准备,以便在出现问题时能够迅速解决。

6.媒体计划

媒体计划是精心策划新闻稿发布、专题节目制作以及专访活动安排的关键环节。在制订媒体计划时,必须对不同媒体的版面布局、播出时间段、频道选择以及信息重复率等因素进行细致周到的规划。特别是对于组织领导人及新闻发言人的角色和职责,需要给予特别的关注和安排,以确保他们能够充分展示组织的形象和理念,有效实现与目标公众的双向沟通交流。

通过与媒体的深入合作,期望能够建立起稳固而良好的关系,共同推动信息的广泛传播和公众认知的提升。媒体计划不仅要确保信息的准确传达,更要关注信息的呈现方式和传播效果,以吸引公众的注意力和兴趣,增强公众对组织的信任和支持。

(四)项目执行

项目执行部分主要包括实施管理计划、日程进度计划、管理与控制要点、费用预算等。

1.实施管理计划

在策划方案中,要对公共关系活动的前期准备工作、人员选拔与培训、管理队伍整合、方案落实、传播活动开展、公共关系活动工作的有序推进、活动高潮的形成、后期的收尾及其间一些重要细节的把握等作出安排。在这部分内容的陈述中,要特别体现出策划者在执行力方面的要求,明确标准,严格要求完成效果。在精彩的公关策划方案实施中,公共关系人员只有恪守一丝不苟的高标准,才能保证实际的公共关系活动实施完美地展示创意方案的精彩效果,否则公共关系活动可能出现负面效应。

2.日程进度计划

在制订日程进度计划时,需考虑项目的整体目标和具体任务,以及各项任务之间的依赖关系和先后顺序。同时,还需要充分考虑资源限制和可能的风险因素,以确保计划的可行性和有效性。

在实施日程进度计划时,项目团队成员需要严格按照计划执行,并密切关注项目进度。如遇到实际进度与计划进度不符的情况,需要及时分析原因并采取相应措施进行调整,以确保项目能够按计划推进。

此外,还可使用一些项目管理工具和技术来辅助日程进度计划的制订和实施,如甘特图、关键路径法等。有些关键项目,还可列出以分钟为单位的活动程序表。

3.管理与控制要点

在活动方案中还需要说明对策划活动重要节点的控制,如时间上的严格要求、阶段性工作的完成保障、工作质量的监控,以及人员素质、管理干部沟通能力的培训等。这些方面均是保证整个策划执行工作顺利完成的必要步骤。对这一环节的放松,就等于正常进程的失控。

在设计策划方案中,要安排必要的机动调整预案,以应对意外事件,如:天气等自然因素;电力供应、设备故障等技术因素;交通、生病、请假等人为因素;现场效果、公众素质等意外因素。在预警机制较完善的情况下,准备必要的人力、财力、物力等的突发事件应对非常重要。

4.费用预算

活动涉及的全部费用均详细列于表格中,并合理分类,既为后续的公关活动实施打下坚实基础,又便于组织对活动开支总额进行初步评估。同时,经费预算在方案审批中起关键作用,为领导决策提供依据。预算应细致准确,避免不实之报。对经费的有效管控,可彰显公关策划工作的专业水准。

(五)项目评估及预测

项目评估及预测部分主要涵盖:量化目标与策略设定及其评估指标确立;传播资源在策划中如何分配;传播计划阐述与成效预估,含公众对核心传播信息的认受度与传播量预测等;项目影响力展望,包括方案如何增进公众认知、理解,影响公众态度和促进公众的行动。

五、署名

关于署名问题,需根据审查对象和报告接收方的不同来灵活处理。在组织内部进行方案审查时,为体现项目策划组的集体智慧和努力,通常需要署上项目策划组的名称或参与成员的姓名。这种方式有助于明确责任归属,促进内部沟通与合作。当向组织外部客户递交报告时,为展现组织的整体形象和专业性,一般署上本组织的名称。这种署名方式不仅体现了报告的权威性和可信度,还有助于提升组织的品牌影响力和市场形象。

六、附录

公共关系策划方案的附录部分包含的内容丰富多样,可以起到对主体内容的支撑作用。但有的策划案不要求一定要有附录,可根据实际情况来决定。具体来说,附录一般包含以下 4 个方面内容:

第一,补充资料。这部分包括与方案相关的市场调查报告、竞争对手分析报告、公众形象评估报告等,其为方案制订提供了数据支持和事实依据。

第二,数据图表。方案中涉及的数据和统计信息通常以图表形式展示在附录中,这样更便于读者理解和比较。

第三,参考文献。方案制订过程中引用的书籍、文章、报告等文献资料应列在附录中,以体现方案的学术严谨性。

第四,团队成员名单。附录中可以列出参与方案制订的团队成员名单及其联系方式,以便在需要时开展进一步的沟通和协调。

扫描右侧二维码查看完整的公共关系策划方案示例。 该份公共关系策划方案撰写细致、内容可操作,供撰写策划方案时参考。

 ## 本章小结

本章介绍了公共关系策划方案的含义、特点、类型及作用。特点主要表现在目的的鲜明性、内容的完整性、操作的可行性、构思的巧妙性及策略的应变性。公共关系策划方案形成过程包括 4 个步骤:锁定问题核心、确立策划所要传达的主旨、形成与筛选创意、形成可行方案。公共关系策划方案的结构主要包括封面、目录、标题、正文、署名、附录 6 个部分。一份好的公关策划方案是活动执行成功的关键,因此,应认真学习并掌握其撰写技能。

 ## 课程交流互动

一、名词解释
公共关系策划方案、内容的完整性、操作的可行性、策略的应变性、创意

二、简述题
1.公共关系策划方案的含义是什么?

2.公共关系策划方案的类型有哪些?

3.公共关系策划方案的形成要经历哪些步骤?

4.公共关系策划方案撰写的原则有哪些?

5.综合思考,一份完整的公共关系策划方案有哪些重点内容?

三、策划题
B 公司是一家经营牛奶的企业,鲜奶和纯牛奶是主要产品。但由于企业初创,市

场认可度以及知名度都不高,因此产品销量不乐观。公司老总想要通过一些公共关系活动来提升品牌影响力,由你来负责该项工作。请你设置公司背景,该公司可以是你自己模拟创立的公司,也可是现在市面上存在的真实公司,以此来完成一份完整的、可行的、以宣传为目的的公关策划案。

四、案例分析题

以下是 A 公司为 20 周年庆做的公共关系策划方案。这份方案存在大量问题,请在仔细阅读及学习本章内容的基础上,回答后面两个思考题。

（一）项目背景

A 公司 2005 年创建于上海,产品涵盖护肤品、彩妆、面膜、个人护理,在安全性和有效性方面具有卓越品质,能满足各个年龄段不同性别的美与健康追求者的需求。A 公司始终贯彻"天然成分、卓越功效、保护环境、尖端科技、高端品质、不用动物实验"的品牌核心价值。A 公司一直走在数字化改革和创新前列,致力于打造中国人自己的世界级品牌,将世界尖端科技与东方美学艺术完美结合,持续创新研发更多高科技优质产品,激发中国女性的自信之美。2025 年,A 公司即将步入品牌创立 20 年的关键时刻。如何借此契机进一步提升品牌影响力、深化品牌价值？值得期待。

（二）项目调研

1.调研背景

A 公司作为国内知名的护肤品牌,已经走过了 20 年的历程。为了庆祝这一里程碑,我们计划举办一系列活动。在策划这些活动之前,我们需要深入了解消费者的需求、喜好以及对 A 公司品牌的认知情况。因此,本次调研旨在收集消费者的意见和建议,为 A 公司 20 周年活动的策划和实施提供重要的参考依据。

2.调研目的

了解消费者对 A 公司品牌及其产品的认知程度和满意度;了解消费者对 A 公司品牌 20 周年活动的期望和需求;挖掘潜在消费者,拓展市场份额;为 A 公司品牌未来的发展提供方向和建议。

3.调研内容

消费者对 A 公司品牌的认知情况;消费者对 A 公司产品的满意度和忠诚度;消费者对 A 公司 20 周年活动的期望和需求;消费者的购买意愿和购买渠道;消费者的个人信息和联系方式。

4.调研结果

本次调研共收集到 1000 份有效问卷,以下是部分调研结果的简要分析:消费者对 A 公司品牌的认知度较高,大部分受访者表示听说过或使用过 A 公司的产品;消费者对 A 公司产品的满意度较高,其中保湿、美白、抗衰老等产品受到消费者的广泛好评;消费者对 A 公司 20 周年活动的期望主要集中在优惠促销、品牌活动、赠品等方面;大部分消费者愿意通过线上渠道购买 A 公司产品,其中天猫、京东等电商平台是消费者的首选;年龄在 20 到 40 岁之间的女性是 A 公司的主要目标受众,她们注重护肤保养,对产品的品质和效果有较高的要求。

(三)项目策划

1. 项目背景

A 公司作为国内知名的护肤品牌,已经走过 20 年的历程。为了庆祝这一里程碑,我们计划开展一系列的公关活动。通过深入了解消费者的需求、喜好以及对 A 公司品牌的认知情况,我们制订了具体方案和执行计划。

2. 项目目标

提高 A 公司品牌知名度和美誉度;增强消费者对 A 公司品牌的忠诚度和好感度;促进 A 公司产品的销售,提高市场份额。

3. 项目内容

品牌宣传活动:通过各种媒体渠道(电视、网络、户外广告等)进行品牌宣传,展示 A 公司 20 年的历程和成就,提升品牌形象。

线上线下互动活动:线上举办品牌故事征文、产品体验分享等活动,鼓励消费者参与互动;线下举办产品体验会、美妆课程等,让消费者亲身体验产品效果。

会员回馈活动:为会员提供专属优惠、积分兑换、会员日等活动,提升会员的忠诚度和复购率。

公益活动:参与或发起公益活动,如捐款给慈善机构、支持环保事业等,提升品牌的社会责任感。

社交媒体营销:在各大社交媒体平台(微博、微信、抖音等)上发布品牌动态、产品信息等内容,与粉丝互动,提高品牌关注度。

(四)项目执行

第一,制订详细的项目计划和时间表;第二,分配任务和职责给各个团队成员;第三,按照计划逐步实施各项活动;第四,监控项目进度,及时调整和优化方案;第五,项目结束后进行总结和评估。

(五)项目评估与预测

1. 项目评估

销售额与市场份额:在 20 周年庆期间,A 公司的销售额和市场份额均实现了显著增长。

品牌形象与知名度:通过 20 周年庆活动,A 公司进一步提升了品牌形象和知名度。

2. 项目预测

未来销售趋势:基于此次活动的成功,预计未来 A 公司销售额将持续增长。随着品牌影响力的增强,新产品不断推出,市场份额也将进一步扩大。

消费者需求变化:随着消费者对护肤观念的不断升级,未来 A 公司需要更加关注产品研发和创新,以满足消费者日益多样化的需求。同时,针对消费者的反馈,品牌也需进一步优化活动策略,提高消费者的参与度和满意度。

资料来源:笔者根据日常授课中学生提交的作业整理所得。

思考题:

1.研读策划案,指出该份公共关系策划方案存在哪些问题。

2.请你按照规范的模式,改写本策划方案,使之具体、可行。

公关原则:"公众所好"。

——爱德华·伯内斯

第三章　公共关系策划的实施与评估

学习目标

通过本章的学习,你应该达到以下目标:

一、了解公共关系策划实施的意义、特点与原则;

二、理解公共关系策划实施、公共关系策划效果评估的含义;

三、掌握公共关系策划如何精准实施及有效评估,同时能够独立撰写一份合格的评估报告;

四、强化民族自豪感及不畏困难、勇攀高峰的精神,培养担当意识、责任意识和实事求是精神。

知识罗盘图

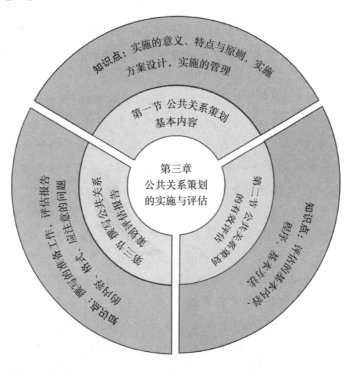

云南倾情打造"有一种叫云南的生活"省级 IP

从网络热词到省级名片,"有一种叫云南的生活"强势"出圈",全网浏览量过百亿,借助"情感"共鸣构筑连接桥梁,通过"双向交流"策略实现多方力量协同合作,拓宽传播路径,助推云南文旅产业蓬勃复兴。

2023 年 3 月,云南省委书记向广大网民发出热情邀请,诚邀他们来感受"有一种叫云南的生活"的独特魅力。短短数日,这一倡议便在网络上引发了热烈反响,全网阅读量迅速攀升至 2.7 亿。云南省委宣传部迅速把握时机,积极打造"有一种叫云南的生活"这一省级文化 IP,向全球范围内追求多元生活方式的群体发出诚挚的邀请。

在宣传策略上,云南省委宣传部巧妙运用"情感"法则,通过深入挖掘云南独特的风土人情和文化底蕴,建立起与受众之间的情感共鸣基础。同时,秉持"双向互动"原则,积极邀请多元主体共同参与,形成广泛的传播合力。通过拓宽传播渠道,借助国际性展会、品牌活动以及海外新媒体平台,将云南的美好生活图景展现给全世界。

这一系列举措不仅提升了云南的文化软实力,也有效推动了云南文旅产业的强劲复苏。如今,"有一种叫云南的生活"已经成为云南省一张亮丽的名片,吸引着越来越多的国内外游客前来体验云南的多样生活。

"有一种叫云南的生活"是跨越文化、满含真挚与温馨的表达,为每一位参与者提供了无限的遐想与创造空间。在这宏大的叙事框架下,娓娓道来发展云南、团结云南、绿美云南、开放云南、温暖云南的动人故事,将中国多元与包容的魅力展示给世界。通过这些故事,向全世界展现了云南乃至中国的独特魅力,让更多人感受到这片土地上的生机与活力。

遵循公关"双向互动"的原则,官方明确基调、指引方向,同时鼓励多元主体踊跃参与。云南省委宣传部精心策划议题走向,在全省 16 个州(市)举办各具风采的新闻发布会,集结中央、省、州(市)、县四级媒体资源,深入开展系列调研采访。同时,在微博、抖音等社交平台发起#有一种叫云南的生活#互动话题和短视频创作大赛,激发全民参与热情。中国日报社等众多主流媒体广泛参与,网络红人如"滇西小哥"等积极助阵,普通网民也踊跃通过 UGC 形式参与,分享云南文化、美食、美景、民俗等内容,总播放量突破 141 亿次,实现了网络空间与现实生活的和谐共鸣。

为拓宽公关传播渠道,云南省巧妙地采取了借筒传声、借船出海的策略。依托云南主办的国际性展会与品牌活动,如中国—南亚博览会、世界媒体峰会暨大象国际传播论坛、腾冲科学家论坛等,精准设置议题,成功争取到了高规格的国际曝光机会。同时,灵活运用新媒体平台,不仅在网站上精心打造多语种栏目,还在海外社交平台积极推送"有一种叫云南的生活"的相关内容,进一步提升了云南在国际舞台上的知名度和影响力。

经过全媒体传播力的精心打造,"有一种叫云南的生活"强势崛起,引起广泛关注。截至 2023 年 11 月,关于该主题的网络信息已超过 90 万条,累计阅读量突破170 亿次,成功被塑造为云南的新名片。这一热潮也推动了云南旅游市场的强劲复苏和持续增长。2023 年 1 月至 10 月期间,云南全省接待游客 9.17 亿人次,实现旅游收入 1.13 万亿元,分别达到了 2019 年同期的 1.3 倍和 1.2 倍,呈现出高开稳走、加速回暖的良好态势。

资料来源:云南倾情打造"有一种叫云南的生活"省级 IP[EB/OL].(2023-12-22)[2024-05-31].http://news.cyol.com/gb/xwzt/articles/2023-12/22/content_NVdKQaI9 Ed.html.

案例思考

该案例获评"2023 年公共关系服务高质量发展优秀案例"。云南打造的"有一种叫云南的生活"省级 IP,在公共关系策划实施上堪称典范,巧妙运用情感法则建立共情,通过双向互动原则吸引多元主体参与,拓宽传播渠道,实现了网络与现实生活的同频共振。这一策略不仅提升了云南的知名度和美誉度,更带动了文旅产业的强劲复苏。该案例高效、精准且创新,为地方形象塑造与文旅发展提供了宝贵经验。

第一节　公共关系策划基本内容

即使是完美无瑕的公关策划方案,如果束之高阁不去实施,也只是没有任何意义的一堆白纸。公共关系策划实施是指组织为达成预定的公共关系目标,充分考量并利用执行环境,对公共关系策略的构思、手段与方法进行精心设计,并付诸实践与管理的过程。公共关系策划实施是实现公共关系目标、解决公共关系问题的关键环节。唯有通过认真、高效的实施工作,方能直接地、切实地、具体地化解难题,推动目标达成。

公共关系策划的实施对公关策划方案创意的落地起着决定性的作用,其实现程度和范围直接影响最终效果。成功的公共关系策划实施,不仅能忠实执行策划创意,更能富有创造性地修正和完善方案的不足之处。在这样的实施过程中,实施人员会展现出他们选择最佳实施路径、手段、方法和技巧的能力。而失败的公共关系策划实施,不仅无法达成策划创意的预期目标,有时甚至可能使原本想要解决的问题变得更为棘手,完全背离了策划初衷。因此,实施环节不仅关系到策划创意能否得到执行,更决定了其实现的效果如何。此外,公共关系策划实施的结果也为后续的公关策划提供了宝贵的参考与起点。任何一次公共关系策划实施的成败，都会在社会上产生一定的影响和反响，而新一轮的公关策划必须以这些反馈为基础，针对新的问题进行新的方案设计，这也是公关精神连续性和传承性的体现。

一、实施的意义、特点与原则

(一)实施的意义

公共关系从业者必须深刻意识到公共关系策划实施的重要性，作为一项富有创造性的任务，其重要性甚至超越策划本身。公共关系策划实施的意义体现在以下 3个方面。

1.公共关系策划的实施是达成组织公共目标的核心步骤

公共关系工作或公共关系专项活动的策划流程，均是以组织的战略规划和公共关系目标为导向，深入剖析当前组织的公共关系现状，进而发现问题并构建解决方案的过程。若组织设定的公共关系目标无法达成，那么无论策划方案多么出色，都将失去实际意义。因此，唯有将精心策划的方案付诸实践，才能有效实现组织的公共关系目标。

2.公共关系策划的实施深度直接决定了公共关系目标达成的程度

一份精心设计的公关策划方案，若得不到有效执行，其效果可能大打折扣；反之，即便策划方案并非尽善尽美，只要实施得当，也有可能达到预期目标。在公共关系策划过程中，策划者固然会力求方案完善，然而与实际情况完全契合几乎是不可能的，因为公关策划的实施环境始终处于动态变化之中。因此，实施并非简单的模仿，而是一项需要不断创新与调整的工作。

3.公共关系策划的实施是检验策划工作成效的试金石

公共关系策划方案唯有通过实施，才能真实反映出公关策划的科学性、针对性和策划方法与技巧的创意性。实施过程不仅是对策划方案的验证，更是对策划工作水平的一次全面检验。

(二)实施的特点

公共关系策划实施的特点，主要表现为艺术性、文化性、情感性、形象性、关系性以及传播性 6 个方面。

1.艺术性

艺术性主要体现在公共关系策划实施过程中的创新精神和攻心策略上。创新是公共关系策划实施的核心动力，要求在实践中不断探索新的方法、新的手段，以打破传统模式，为公众带来新鲜感和吸引力。同时，实施的本质在于攻心，即要通过精心策划和实施,触动公众的情感,引发他们的共鸣,从而达到更好的传播效果和公关目标。

2.文化性

文化性是公共关系策划实施手段与方法的灵魂,要求展现深厚的文化底蕴,满足公众对文化品位的追求,用文化的魅力去触动公众的心灵。缺乏文化韵味的操作手法只能算是低层次的公共关系行为。

3.情感性

情感性强调对公众情感世界的敏锐洞察和巧妙运用,强调情感的投入,以真挚的情感打动人心,以情感的力量赢得公众的认同。在公共关系策划实践中,情感的投入与表达是不可或缺的,是公众情感需求的满足,也是公共关系稳固发展的基石。

4.形象性

形象性体现在公共关系策划实施策略、手段与方法的每一个细节中,要求展现出积极正面的公众和社会形象,以此赢得公众的信赖与喜爱。这是由公共关系的本质属性所决定的,即通过塑造良好的形象来建立与公众的稳固关系。

5.关系性

关系性要求组织在公共关系策划实践中善于运用交际技巧和手段,与公众建立良好的互动关系,确保公共关系任务的顺利完成和目标的实现。建立良好的关系是公共关系策划工作的核心,要求组织在与公众交往中保持真诚、尊重和合作的态度。

6.传播性

传播性是公共关系策划实施的重要特征,要求组织充分利用各种传播媒介和方法,实现信息的有效传递和沟通。人际传播、组织传播、大众传播以及各种综合性传播媒介的有机结合使用,将帮助组织实现公共关系的最佳双向沟通效果,提升公共关系策划工作的效率与影响力。

职场故事

中交集团:讲好"一带一路"故事,展现中国实力与担当新篇章

中交集团,作为世界领先的特大型基础设施服务商,始终秉持大国企业的风范与担当。在共建"一带一路"的宏伟征程中,中交集团巧妙地将企业活动与公关外交融为一体,通过精心策划与精准实施系列传播活动,向世界多维度、深层次地展示中国企业的卓越实力与坚定担当,以负责任的企业形象为国家形象建设添砖加瓦。作为率先走出国门的中国企业代表,中交集团在"一带一路"倡议10周年之际,更是倾力策划了一系列传播活动,致力于讲好中国故事,塑造中国形象,充分彰显了中国企业的责任担当与国家情怀。

作为"一带一路"倡议的坚定拥护者、积极参与者和卓越贡献者,中交集团以"繁华丝路·交筑美好"为核心主题,于2023年精心策划并实施了覆盖全球的传播活动。活动范围广泛,涉及亚洲、非洲、欧洲、北美洲、南美洲、大洋洲六大洲的110余个国

家,海内外媒体争相报道,累计超过 20000 篇,传播量突破惊人的 21 亿次。中交集团针对不同受众群体,量身打造传播方案,成功举办了外国使节、外国媒体、外国青年、外国民众、外籍员工等多维度、多层次的"看中交"系列活动。其中,超过 30 场主题开放日活动更是吸引了 110 余位驻华使节和 370 余位外国记者的热情参与,他们深入中交集团的项目现场,亲身体验并深入了解了中交在"一带一路"建设中所取得的辉煌成果与巨大贡献。

中交集团全球传播"一带一路"佳话,深耕"精致而温馨"的叙事。以"连心桥、致富路、发展港、幸福城、清洁电"等中交集团的优质产品服务为核心,围绕企业社会责任、文明对话、绿色发展以及中华文化的传播等多元主题,通过多角度、多渠道的讲述,将那些"精致而温馨"的故事娓娓道来,进一步塑造自身作为绿色发展引领者和社会进步推动者的形象。例如,在克罗地亚佩列沙茨大桥的建设项目中,中交集团不仅成功完成了大桥建设,更保护了当地的生态环境,使得生蚝产量非但没有下降反而有所上升;而在马来西亚东部铁路的建设中,中交集团填补了马来半岛东西两岸没有铁路贯通的空白,让当地村民热切期盼着铁路通车后,能够乘坐火车前往吉隆坡,开启新的生活篇章。

中交集团全球演绎"一带一路"华章,传播手段不断创新。集团积极运用全球直播、体验式传播等多元化手段,以更生动、更直观的方式向世界传递"一带一路"的故事。在深中通道伶仃洋大桥项目中,中交集团特别邀请澜湄六国媒体高层和资深记者云端漫步,共同挑战世界最高海中猫道,以全新的视角展现工程建设的壮丽景象。同时,在成都锦江绿道,中交集团也邀请拉美地区 13 国的记者体验骑行,共同签下"城市婚书",以骑行的方式感受城市的脉动与活力。在过去的一年里,中交集团成功举办了 6 场大型全球直播活动,通过海内外社交媒体矩阵的同步发布,吸引了众多网友和各国网红博主的关注与热议,进一步扩大了"一带一路"故事的传播范围和影响力。

中交集团精心构筑国际公关桥梁,全球传播"一带一路"故事,有力提升了国家形象。集团以共建国家民众福祉为核心,策划实施"繁华丝路·交筑美好"系列行动,积极推动文明互鉴与融合。十余载坚持不懈地发布社会责任报告,不仅为当地创造了超过 10 万次的就业机会,还培育了数以万计的专业技术人才。这些显著成果赢得了多国驻华使节、交通部门高层的广泛赞誉,更得到了中国外交部等权威机构的点赞与转发。同时,人民日报、新华社、央视等国内主流媒体以及美国美联社、澳大利亚通讯社、日本朝日新闻等海外知名媒体也纷纷报道,充分展现了中交集团的国际影响力。通过影响关键意见领袖,传播有力量的故事,实现了舆论的共鸣与合力,打造了一系列出色的传播案例。这些努力在全球范围内进一步凸显了中国企业负责任、敢担当的卓越形象。

资料来源:中交集团讲好"一带一路"故事,助力国家海外形象建设[EB/OL].(2023-12-11)[2024-05-31].http://www.cpra.org.cn/2023/12/11/content_42630868.html.

（三）实施的原则

公共关系策划实施是一个纷繁且系统化的过程，客观上亟须一套科学的实施原则来指引方向。这些原则不仅是公共关系策划实施的工作准则，更是公共关系管理者和操作者在复杂多变的实施环境中，克服各种实施障碍、顺利推进公共关系各项工作、达成公共关系目标的制胜之道。具体来说，公共关系策划实施应遵循以下原则。

1.目标导向原则

目标导向原则，即确保公共关系计划的实施始终围绕既定的公共关系目标进行，不偏离预定的轨道。这一原则的实施，本质上是一种控制手段，确保所有活动都服务于目标实现。在公共关系策划实施方案的执行过程中，为了有效贯彻目标导向原则，人们常采用线性排列法和多线性排列法。线性排列法，是依据公共关系行动与措施之间的内在联系，将它们按先后顺序有机排列，形成一条通向目标的清晰路径；而多线性排列法则是同步展开多个行动，形成合力，共同推动目标的实现。

2.整体协调原则

整体协调原则，即在公共关系计划实施的过程中，力求各个环节、部门以及实施主体与公众之间达到和谐共生的状态。协调的核心在于减少分歧与矛盾，强化彼此间的配合与协作，确保计划的顺畅推进。在这一过程中，各参与部门需严格履行自身职责，确保在规定时间内高效完成既定任务。

在实际工作中，协调通常表现为两种形式：纵向协调与横向协调。纵向协调主要聚焦于上下级之间的沟通与协作，确保决策与执行的一致性；横向协调则侧重于同层次之间的合作与配合，促进资源共享与优势互补。无论是纵向还是横向协调，都依赖于信息的有效沟通。在沟通过程中，所传递的信息应具备清晰性、一致性、正确性和完整性，以确保信息的准确传递与高效利用。

3.反馈调整原则

反馈，是源自控制论的一个概念，在公共关系策划实施中发挥着重要的指导作用。反馈，即将产生的结果再次输送回来，并对信息输出产生影响的过程。在公共关系策划实施中，常将反馈信息应用于实施过程的整体调整，这一过程便被称为反馈调整。通过反馈调整，能够及时了解实施效果，发现存在的问题与不足，进而对实施方案进行针对性的优化与改进。这一原则的运用，有助于确保公共关系策划实施更加精准、高效，从而更好地实现公关目标。

二、实施方案设计

公共关系策划实施方案，亦称为公共关系行动方案或公共关系策划的执行蓝图。其精髓在于详细规划公共关系策略与创意的具体执行步骤。相同的策略与创意，采用不同的执行方式,其效果可能大相径庭。因此,对于公共关系策略与创意的具体执行方法,同样需要进行深入思考与周密规划,以确保实施过程的高效与精准,从而达到预期的公关效果。

(一)设计实施内容

实施一种公共关系策略或点子,往往需开展众多工作。通常称"一项具体任务"为一个工作项目,即为一级工作项目。一级工作项目可以进一步细化为多个二级工作项目(更为具体的小任务),而二级工作项目亦可继续分解为多个三级工作项目,如此层层递进,直至无法再细分。将无法继续分解的最终一级工作项目定义为工作内容,其代表了具体且可执行的任务细节。

(二)设计实施方法

当公共关系策划实施的工作内容设计完成后,便是对每项工作内容提出的具体要求。这些要求包括各项公共关系策划实施工作内容的操作目标、所应遵循的原则以及需注意的事项。基于这些要求,进一步设计具体的工作方法。需注意:对于工作项目而言,其主要关注的是如何将工作项目分解为更小、更具体的工作项目,即分解方法,而非直接的操作方法。

在策划设计公共关系策划实施的工作方法时,需要遵循以下 6 项原则:

一是设计工作方法时,应确保具体、详尽且切实可行,工作量适中且简洁高效,以便实际操作和执行。

二是工作方法的形象要正面,成本要控制在合理范围内,避免不必要的浪费。

三是确保完成工作任务和实现策略(点子)的可靠性达到高标准,谨防出现"实现功能不足"的情况,确保达到预期效果。

四是在必要时,可以考虑多种方法的组合使用,以提高完成工作任务和实现策略(点子)的把握度。但同时要警惕"实现功能过剩"的问题,避免因此增加不必要的实施成本。

五是针对存在风险的操作方法,务必设计备选方案(B 方案),以应对可能出现的意外情况,确保整体实施过程的安全与稳定。

六是工作方法的设计必须充分考虑目标公众的心理特点,确保与政策法律、社会风俗习惯以及伦理道德相契合。在此过程中,需深入调查并分析组织自身以及实施环境所提供的条件与制约因素,针对目标公众的公共关系心理,探索并策划出多样化的工作方法。通过反复比较与论证,最终确定出能够圆满完成工作任务,甚至超越工作目标的最优工作方法。

（三）选择实施时机

选择实施时机，即确定公共关系策划实施工作开始与结束的最佳时间节点，以期获得最为理想的实施效果。在飞速发展的当今社会，时间就是一切，是金钱、生命，亦是效率。善于把控时机，即可事半功倍，收到极佳的公共关系策划实施效果。公共关系策划实施的最佳时机，有时转瞬即逝，如一刻、一时、一日；有时则绵延较长，如数日、数周乃至数月。这些时机，有的属于日常性规律，有的具有固定性特点，而有的则充满了偶然性。在实施一项公共关系创意时，通常涉及多项工作内容。其中，那些与公众直接互动的工作内容，其实施的开始与结束时间尤为关键。组织必须精准把握这些时机，科学决策，以确保公共关系活动的顺利进行和实现最佳效果。

 职场故事

环球网"中国制造"全球征程直播盛事：海外传播破圈新高度

2023年6月30日上午9时，环球网策划的"在世界第一大港，目送'中国制造'走向全球"主题全球直播活动，在宁波舟山港的梅山、穿山、大榭等港区精彩上演。此次直播活动以全球网友为受众，采取"2小时实时直播＋24小时慢直播"的创新形式，通过环球网国内外短视频矩阵与海外社交平台同步呈现，并吸引了118家各级媒体与央企平台的广泛转播，覆盖抖音、快手、B站、视频号、微博、脸书、推特、TikTok等多元化平台。在国内，相关短视频与直播的总播放量高达2.3亿次，海外平台直播观看次数超过117万次，更得到了中国"外交天团"的热烈推荐。值此"七一"建党节与"一带一路"倡议10周年之际，此次活动不仅深入解读了港口视角下中国对世界经济增长的积极贡献，也生动记录了全球经济复苏的强劲步伐，为党的生日献上了一份特别的礼物。

本次活动在中央企业媒体联盟、宁波市委网信办的精心指导下，由环球网全程直播，并得到了国资小新、中交集团、中国铁塔、上海振华重工、中交三航局、浙江省海港集团、宁波舟山港集团等单位的鼎力支持。

资料来源：环球网"目送'中国制造'走向全球"直播活动海外破圈传播［EB/OL］.（2023-12-22）［2024-05-31］.https://news.cyol.com/gb/xwzt/articles/2023-12/22/content_2bWRnKfoRa.html.

（四）确定实施进度

确定实施进度是在确定公共关系策划实施时机后，对各项公共关系策划实施工作内容所需的时间进行安排，必须保证在所确定的最佳开始时间启动有关工作，在最佳时间完成操作。实施时间进度安排，要充分估计各种因素的干扰，要留有余地。最直观的时间进度安排方法是拟出时间进度表。

（五）确立实施流程

公共关系策划实施的各项工作内容之间存在一种固有的分工与协调关系。这种关系的确立，是确保各项工作得以顺利完成的基石。公共关系策划实施中各项工作内容之间的衔接、协调与配合关系，以及它们有机组合的过程，称为公共关系策划实施流程。这一流程深刻反映了各项公共关系工作内容之间的内在联系规律，是公共关系策划实施作为一项复杂系统工程的直观体现。

公共关系策划实施流程中的时间衔接、分工协调和有机组合关系，可以通过流程图进行直观展示，并辅以文字说明进行解释。流程图中的文字说明，主要用以规定各项工作之间的协作关系、责任划分，必要时还需形成制度规范。因此，可以有效防止因责任不清、相互推诿而导致的"踢皮球"现象，确保实施工作的顺利进行。否则，一旦出现情况，将严重阻碍实施工作的进度，降低工作质量。

（六）编制预算

在公共关系策划的过程中，对所选传播媒介及其他相关操作活动的经费进行总体预算，是确保公共关系策划实施工作顺利进行的关键步骤。基于这一总体预算，将经费合理分配到公共关系策划实施的每一项具体工作内容中，以满足各项工作的实际需求，这就是所谓的公共关系策划实施预算分配。

通常情况下，公共关系策划中的经费预算主要聚焦于一级工作项目，这是因为在策划的初期阶段，具体的工作内容及其执行方法尚未详细策划和设计，因此无法进行更为精细的预算。然而，随着策划工作的深入和实施方案的细化，需要对每一项工作内容进行预算分配，并将结果清晰地呈现在公共关系策划实施时间进度表的相应位置，以便监控和管理。

需注意在进行一级工作项目经费预算（或总体经费预算）时，应预留一定的余地。这是为了应对可能出现的意外工作或由于策划不够周全而遗漏的工作，防止因经费不足而影响整个公共关系策划实施的效果。在预算分配时，同样应坚持留有余地的原则，避免将一级工作项目的预算经费全部分配完毕。

通过科学合理的预算分配，可确保公共关系策划实施工作的顺利进行，同时避免因经费问题而导致的风险和损失。在实际操作中，应根据具体情况灵活调整预算分配方案，以实现最佳的公共关系策划实施效果。一般需留一部分备用经费，通常为 $5\%\sim10\%$。

（七）设置实施机构并配备人员

公共关系策划实施机构，即为达成特定公共关系任务与目标而专门设立的组织机构。对于规模宏大的公共关系活动，其实施机构往往呈现多层级的架构，从基层到高层,人员数量递减,而权力则逐级递增,构筑起稳固的"金字塔"形结构。在构建这样的实施机构时,需遵循精简、统一、节约、高效的原则。

一般而言,公共关系策划实施机构应以领导中心机构为核心,辅以智囊机构、执行机构及监督反馈机构。领导中心机构作为决策中心,其人员应精选且高效,确保决策迅速而精准;智囊机构则扮演参谋角色,其成员需具备科学分析问题的能力,拥有开阔的视野和长远的战略眼光;执行机构负责方案的具体实施,其成员应具备出色的指挥、协调、组织、交际及操作能力;而监督反馈机构则负责确保实施过程的顺利进行与结果的检查,其成员需拥有敏锐的洞察力、实事求是的科学态度及强烈的责任感。公共关系策划实施机构的设置程序应遵循以下5个步骤:

第一,明确指导思想。这是组建机构的前提和基础,需清晰界定机构的目的和任务,确保其与整体公共关系战略保持一致。

第二,制订详尽的编制方案。这一步骤需根据领导机构的具体任务和工作量,科学合理地设定部门、职务和人员数量,并明确每个岗位的职责和权限,确保机构内部的职责分工明确、合理。

第三,确立清晰的领导体系。这包括明确纵向的隶属关系和横向的协作关系,确保机构内部的信息流动畅通,各部门之间能够协调配合,形成合力。

第四,报批编制好的机构方案,确保方案的合理性和可行性得到认可。

第五,任命领导人员和安排工作人员。在这一过程中,要特别注意将每一项工作内容具体落实到个人,确保责任明确、任务到人。当一项工作需由多人共同完成时,应明确一个负责人,并进行合理的分工,以确保工作的顺利进行。若某个工作人员负责多项工作,则要考虑这些工作之间的内在联系和依赖关系,以实现高效、便捷的工作运作。同时,应在公共关系策划实施时间进度表中详细列出各项工作的实施人员姓名,以便管理和监督。

(八)建立规章制度

在制定公共关系策划实施工作进度时,必须以公共关系职业准则、组织内部的规章制度及公共关系策划实施的特定情况为依据。无论是组织的公共关系部,还是公共关系公司、公共关系社团,都应建立一套通用的公共关系人员行为准则和公共关系策划实施制度,确保每一次公共关系活动都能有序进行。

对于某一项特定的公共关系活动来说,其实施往往具有独特性和特殊性。因此,除了遵循通用的行为准则和制度外,还需根据具体情况,制定出特殊的工作制度作为补充。这些特殊的工作制度应涵盖以下7个方面:

第一,职业道德,这是公共关系人员的基本底线,必须严格遵守。

第二,信息保密,确保在公共关系活动中涉及的敏感信息不被泄露。

第三,经济关系和行政关系的处理也是重要一环,需明确各方的权益和责任。

第四,分工协调则是确保活动顺利进行的关键,需要明确各部门的职责和协作方式。

第五,交际形象与礼仪规范则代表了组织的形象,需要精心设计和执行。

第六,请客送礼、奖罚机制等则是对公共关系人员行为的引导和规范。

第七,紧急情况处理和差旅出勤等细节问题也需考虑周到,确保活动的顺利进行。

(九)开展人员培训

在公共关系方案付诸实施之前,对执行人员进行专业的培训显得尤为重要。培训的核心内容主要涵盖2个方面:一是对实施工作制度的深入解读,二是对操作方法的细致学习与研讨。

在制度教育方面,除了向执行人员全面阐释各项规定及其背后的意义,还需特别针对那些特殊或容易被忽视的规定进行重点解释和强调。同时,结合制度教育,需不断地灌输组织的核心文化与理念,以提升执行人员的思想境界和道德素质,增强他们面对外界诱惑时的抵抗力。

在操作方法的学习与研讨方面,要求执行人员深入学习和理解公共关系方案中的每一个实施细节。这需要通过讲解、讨论、答辩、模拟训练等多种形式,使执行人员正确掌握操作方法,确保实施过程中不出现模糊和误解。特别是对于那些存在一定风险的操作方法,更要加强模拟演练,确保执行人员能够熟练掌握,将失误的可能性降至最低。

很重要的工作内容的实施,除了A方法外,还需配有B方法甚至C方法,作为A方法失败时的备用方法。如果重要工作内容的A方法是由两种或多种方法组合而成,那么这些方法之间的相互配合关系也是学习研讨的重点。执行人员需要理解各种方法之间的内在联系和逻辑关系,掌握它们之间协调配合的技巧,确保在实施过程中能够充分发挥各种方法的优势,实现最佳效果。

(十)办理审批手续

根据《中华人民共和国行政许可法》第29条规定,公民、法人或者其他组织从事特定活动,依法需要取得行政许可的,应当向行政机关提出申请,待取得相关部门批准后方可实施。一般常见的活动,需要报批的行政机关主要有文化、公安、环卫和消防,其他的行政机关也有可能出现,但通常机会比较少。文化、公安、环卫、消防具体情况如下:

第一,向地方文化主管部门申报。申报材料应包括活动申请书、与活动相关的各类合同文本、活动内容的具体材料,以及文艺表演团体的相关资质证明。

第二,向公安机关申报。为确保活动的安全有序进行,活动主办方需向县级以上公安机关提交申请。申报材料应包含活动方案及说明、安全保卫工作方案、场地使用证明、申请人身份证明及无犯罪记录证明等。对于需经其他部门批准的活动,还需提交相关批准文件。其中,安全保卫工作方案应详细阐述活动的时间、地点、参与人数、规模、内容以及组织方式,明确安全工作人员的配置、任务分配和识别标志,确保场地建筑和设施的消防安全,制定入场票证的管理和查验措施,明确场地人员的容量限制,以及制定紧急疏散预案。

第三,报环卫部门审批。环卫部门主要负责对户外横幅、竖幅等与市容环境相关的宣传内容进行审批。具体的审批标准和流程,可向环卫部门咨询。

第四,报消防部门审批。消防部门主要对活动场所的消防设施和措施进行检查,包括户外的空飘、气球等物品。此外,活动中的舞台或展位搭建方案,包括效果图、平面图、电路图等,也需经消防部门审批。

同时,部分申报手续可能需要提供场地、人员等相关合同,因此在实际操作中,可根据实际情况灵活调整审批程序的先后顺序。为确保活动顺利进行,并依法保护各方权益,在联系相关事务时,务必签订正式合同。

三、实施的管理

公共关系策划实施的管理涉及对实施过程中各核心要素及其阶段性目标的全面把控,主要包括人员管理、沟通管理以及进度管理。

(一)人员管理

在公共关系策划实施中,人员管理至关重要,涵盖以下 3 个核心内容:

第一,通过明确且合理的分工安排,结合合作与竞争并行的机制,旨在提升整体工作效率。

第二,借助完善的规章制度和有效的激励手段,旨在激发团队成员的工作热情与积极性,同时对其工作方法和成果质量进行严密监控,确保工作的高效与精准。

第三,营造团结、和谐且高效的工作氛围,使团队成员能够齐心协力,共同创造卓越业绩,成功实施公共关系活动。

(二)沟通管理

公共关系策划实施的本质在于信息的传播与沟通。当传播沟通渠道畅通无阻时,实施效果自然显著。然而,在实际的传播沟通过程中,往往会出现各种障碍,这些障碍会对实施效果产生不利影响。常见的公共关系沟通障碍包括机械故障、语言差异、习俗冲突、观念分歧、角色混淆、舆论误导、心理障碍以及组织内部的摩擦等。

公共关系活动的核心目的是通过信息的传递来影响公众的思想或行为,但这一过程往往会受到来自不同方面的干扰。因此,在公共关系策划实施的过程中,必须深入研究目标公众的生活方式、价值观念以及他们使用大众传播媒介的习惯,尽可能减少主客观因素的干扰。同时,还需针对障碍产生的具体原因进行及时的疏通工作,努力消除不良影响,确保信息能够完整、客观、清晰地传递给接收者。

(三)进程管理

进程管理主要包括以下 3 个部分:

第一,严控时机与进度。确保流程顺畅、环节紧密,活动启动时机精准。时间、任务与计划进度需同步,若有偏差,立即分析原因并调整。

第二,精细资金物品管理。经费开支与器材使用需严控成本,专人专责,及时登记。经费管理既要满足公关需求,又要避免浪费与损坏。

第三,应对突发危机。预先制定危机管理方案,密切关注实施中的矛盾与风险,如环境障碍、媒体不利报道、工作风险及竞争对手对抗等,及时化解,避免恶化。

第二节　公共关系策划的有效评估

公共关系策划成效评估乃是根据既定的标准,对公共关系策划活动所取得的成果进行全面的梳理、衡量与评判。其主要作用在于,通过多种途径和方法,深入剖析和评估公共关系策划活动的效果,从而提炼出宝贵的经验教训,为未来工作的开展提供有力的参考;同时,向决策层报告公共关系策划工作的实际完成情况,充分展示公共关系策划工作的成效,以此激发组织内部成员的积极性和工作热情,进一步推动组织的发展。

一、评估的基本内容

一般而言,公共关系策划评估的基本内容包括组织形象评估、工作成效评估、传播效果评估和目标效果评估等。

(一)组织形象评估

当公共关系策略付诸实践后,组织形象的转变与提升需要再次进行全面评估。此次评估依然采用公共关系组织形象调研的核心方法。首先,对公众进行详尽的调查与分类,进而对组织的知名度与美誉度进行深入剖析,以此来准确衡量组织形象的新定位。同时,利用"语义差别分析法"对组织形象的内涵进行细致分析。公共关团队需明确组织目标形象与当前实际形象之间的差异,深入探究组织目标形象未能完全实现的原因,并针对这些问题提出改进策略,确保同类问题不再重现,从而持续优化组织形象。

(二)工作成效评估

公共关系策划工作成效的评估,通常涵盖日常、专项及年度 3 个层面。

日常公共关系策划工作成效的评估,紧密围绕组织设定的评估内容与标准进行。这一过程通过日常的工作总结、公共关系人员的座谈交流、员工的评议以及公众的日常反馈等方式进行。由于日常公共关系工作本身就包含总结的成分,因此通常无须进行专门的评估。

专项公共关系策划工作成效的评估则更为严格,必须紧密结合具体活动的内容与特点,确定评估的具体内容与标准。这一评估工作由负责该专项活动的公共关系人员负责实施。通过深入的调查,了解专项活动对社会舆论的影响,以及这些影响对组织产生的实际效应。

年度公共关系策划工作成效的评估,则是以年度的公共关系计划与预算为基础,全面比较一年来的工作成果与预先设定的目标和计划。对于各层次计划的实现程度与存在的差距,需提出详尽且具有说服力的总结报告。在一个组织内,年度的公共关系报告往往与调查报告相结合,既对过去一年的工作进行全面回顾,又客观反映调查的内容,为新一年的计划制定提供有力的依据。

(三)传播效果评估

传播效果评估,即基于丰富的信息传播调研资料,对其中所含的情报与数据进行深入剖析与评估,确认其是否达成公共关系信息的传播目标。通过传播目标的达成,进一步验证公共关系计划方案的执行情况。此评估涵盖组织内部与外部信息传播成效的双重考量。

职场故事

百度世界 2023 重塑 AI 原生时代,全球媒体共襄科技盛宴

在历经半年热烈讨论后,"大模型"热潮逐渐转向"AI 原生应用"这一新发展重心。2023 年 10 月,百度于首钢园盛大举办"百度世界 2023"大会,这场科技盛宴不仅是对创新科技的展示,更是 AI 原生时代重塑的重要标志。此次大会迅速占据各大平台热搜榜单达 40 余次,相关话题阅读量突破 10.6 亿。

在这场"热驱动"的盛会中,也不乏"冷思考"的声音。百度世界 2023 为众多中小企业提供了宝贵的借鉴,助力它们快速融入原生 AI 生态,紧握生成式 AI 时代的机遇。大会整体传播声量超过 80 万篇,其中深度报道 18 篇(不含央媒报道)阅读量均突破 10 万次,而爆款视频数量更是达到 15 条,播放量均超过百万。

新华社、新华网、《人民日报》、央视网、《中国科学报》、交通强国等国内权威媒体均对此次大会进行了深入报道,多篇报道阅读量轻松突破 10 万。此外,全球三大通讯社——美联社、路透社、法新社亦纷纷给予关注,彭博社、《华尔街日报》、CNN、福布斯等国际知名媒体亦广泛转载相关报道。香港媒体的报道总触达率高达 1.3 亿,进一步扩大了大会的影响力。

资料来源:重构百度世界,打样"AI 原生应用"[EB/OL].(2023-12-22)[2024-05-31].https://news.cyol.com/gb/xwzt/articles/2023-12/22/content_nyWMWVSWKn.html.

(四)目标效果评估

在公共关系策划方案实施过程中,通常会设定一系列明确、具体的目标。针对这些目标的成果进行细致评估,是判断其是否达到预期效果的关键环节,对于总体目标的评估具有至关重要的意义。在进行此类评估时,必须遵循严格规定的定量分析与定性分析指标,确保评价过程客观公正。评估工作应依据公共关系调查所获取的最新资料以及计划方案的实际执行结果,确保评估依据的准确性和可靠性。同时,将社会公众的满意度及其程度作为评估指标实现的重要标准,以此衡量公共关系工作的实际成效。在评估过程中,务必保持实事求是的态度,既不随意提高标准,也不降低要求,确保评估结果的客观性与准确性。

二、评估的程序

对于公共关系策划工作而言,有效的评估绝非仅仅是对结果的简单回顾,而应深度融入整个公共关系活动的每个阶段。因此,可将公共关系策划评估精准地理解为社会组织对其公共关系策划活动及其所取得成果的系统分析、客观评价及全面总结。这一评估过程不仅有助于深入检查公共关系策划工作的实际成效,更能对公共关系策划活动进行精准控制,进而提升公共关系策划工作的科学性与系统性。

通过评估,可以更好地向组织领导展示公共关系策划工作的价值,争取更多的重视与支持。同时,评估也是总结经验、吸取教训、提升公共关系策划工作水平的重要途径。通过深入剖析评估结果,能够更加明确未来公共关系策划工作的发展方向,为工作的顺利开展奠定坚实基础。

为确保公共关系策划评估工作的有效性与准确性,必须遵循科学的程序进行。评估程序可以理解为从评估启动到结束的一系列有序步骤与安排。合理的程序安排能够确保评估工作的有序进行,避免遗漏与偏差。整体来看,评估工作必须安排以下一些具体步骤。

(一)明确评估的目的

在进行公共关系策划评估时,首要任务是明确评估的目的。因为公共关系策划评估本质上是对公共关系活动及其成效的深入检查、细致分析和客观评价,这使得每次评估的对象和内容都可能有所不同。需确定是仅针对某一具体项目的评估,还是对整体公共关系策划工作的全面审视;是聚焦于个别关键过程的评估,还是涵盖整个活动流程的评估。这些选择均须紧密围绕公共关系策划评估的目的来决策。

如果评估目的不清晰,评估工作便可能陷入盲目,导致收集大量无关紧要的资料,既浪费了宝贵的时间和精力,又影响了评估的效率和质量。因此,明确评估目的是确保评估工作顺利进行的关键。一旦目的明确,就能精准地确定评估的对象、内容、重点,选择合适的资料收集方式和方法,并提前预见到可能需要注意的问题。由此就能确保评估工作有条不紊地进行,最终得出准确、有价值的评估结果。

(二)确定评估的主持者

公共关系策划评估通常包括自我评估、组织评估和专家评估3种形式。自我评估基于工作人员的主观感受,虽能反映真实状况,但也有不可靠之处。组织评估由组织内部各部门负责人参与,能全面反映组织成员对公关工作的看法。专家评估则聘请外部公关专家或顾问,提供更客观的评价及宝贵建议。评估主持人的选择应根据评估目的和具体情况确定,可以是内部公关人员、组织领导人或外部顾问和专家。

(三)选择评估的标准

进行精确、高效的公共关系策划评估,关键在于选取恰当的评估标准。鉴于公共关系策划评估的对象是公共关系策划活动及其成效,因此对不同对象应运用不同的评估标准进行深入分析和衡量。如,对于公共关系策划活动的评估,可以依据事先制订的公共关系计划,考察活动是否按计划有序进行;而对于公共关系策划成效的评估,则应以设定的公共关系策划目标为基准,通过进一步细化并具体化这些目标,来判断活动成果是否达到预期的组织目标。因此,社会组织需结合公共关系策划评估的具体目的、对象和内容,精心挑选合适的评估标准,以确保评估工作的顺畅进行,并最终保证评估结果的精确度和可信度。

(四)确定收集评估资料的方法和途径

社会组织公共关系策划工作受到众多复杂因素的影响,组织形象的提升和公众态度的转变往往是多方面协同作用的结果,因此,精确评估公共关系策划工作的成效颇具挑战。为确保评估结果尽可能客观、公正和准确,不能仅依赖公共关系部门及其人员的个人感受与认知,而应结合科学的计量方法,实现定性分析与定量分析的有机结合。为了增强评估的可行性和结果的可信度,在搜集评估资料时,必须根据评估目标和所需资料的具体内容与范围,审慎选择适当的调查途径和方法。对于某些评估项目,建议采用与公共关系调查阶段相同的渠道和方法来搜集资料,这样不仅可以提高资料的连贯性和一致性,还有助于增强现时与过去公共关系状态及组织形象地位的可比性。

(五)开展评估

经过各种途径和方法搜集而来的资料往往数量庞大且内容繁杂。其中,部分资料可能显得散乱无序,甚至存在片面和不真实的情况。为了确保能够获取公共关系策划活动结果的准确信息,需要根据评估的目标和内容,对这些资料进行系统化的整理与分析。只有经过处理,筛选出的材料才能作为评估的可靠依据。

在此基础上,将进一步对比公共关系策划的实际活动情况与预先设定的计划或目标。通过这一对比分析,能够明确公共关系计划、目标的完成情况及其背后的原因。这样才能对整个公共关系策划活动的过程及其最终成果进行全面而准确的评估。

(六)评估结果的汇报

经过采用多种方法对公共关系策划工作进行全面评估后,需将各种评估意见进行系统的整理、深入的分析和全面的总结。紧接着,以书面报告的形式,将公共关系策划的评估结果翔实、准确地呈现给社会组织的管理层和决策层。

评估报告的核心内容应涵盖工作的详细过程、目标的完成情况、预算的实际执行状况、取得的显著成绩、仍待解决的问题及存在的差距,以及针对这些问题所采取的相应对策。此外,报告还应包括下一阶段的工作任务、工作重点以及评估的程序和方法等关键信息。

通过评估结果的汇报,不仅能够充分展示公共关系策划工作的重要性,还能确保领导层及时、全面地掌握相关情况。这将有助于领导层对组织进行更为精准和有效的管理与控制,进而推动组织的持续发展和进步。

(七)评估结果的有效应用

社会组织的领导层与公共关系人员应充分认识到公共关系策划评估结果的重要性,并予以高度重视与合理利用。除了利用总结性的评估来展现公共关系策划工作的作用、影响及效果外,更重要的是将这些评估结果融入决策过程。由于公共关系策划评估是持续、动态地贯穿于整个活动过程,因此,它能够及时发现并解决公关工作中出现的问题,从而调整和优化工作策略与活动安排。

通过对评估结果的深入分析,可进一步完善已设定的目标与计划,并在实施过程中减少偏差,确保工作的高效推进。此外,评估结果还能为下一阶段的公共关系策划活动提供宝贵的背景资料,使得对社会环境的分析更为精准,对问题的识别更为明确,进而确保公共关系计划与目标的设定更加贴合社会组织的实际发展需求与方向。

三、评估的基本方法

(一)公共关系策划活动评估的方法

公共关系策划活动评估是对公共关系策划实施过程进行监控与反馈的关键环节,旨在确保活动按计划进行,并助力实现既定目标,防止活动偏离预期。其评估内容细分为公共关系调查、计划与传播 3 个大方面。相应地,评估方法也针对性地分为3 类。

1.公共关系策划调查评估的方法

在公共关系策划调查活动进行期间或结束后,对调查过程及其所搜集的资料进行详尽的验证与分析至关重要。这一评估环节有助于识别调查中尚未明确的问题,并提供及时采取补救措施的可能性。为了确保调查计划和方案的可行性,主要依赖以下 3 种方法:

第一,逻辑分析法。运用逻辑学的原理和方法,对调查计划和方案的逻辑结构进行严密检查,确保其合理性和可行性。

第二,经验判断法。凭借以往的实践经验,对调查计划和方案进行深入的剖析和评估,判断其在实际操作中可能遇到的挑战和机遇。

第三,试验分析法。通过在小范围内进行实地调查,对调查计划和方案的可行性进行实证检验,以获取宝贵的实践经验,为后续的全面调查提供有力支持。

在对搜集的资料进行准确性和完整性衡量时,主要依赖信度评价和效度评价两种方法。信度评价旨在衡量调查结果反映调查对象实际情况的可靠程度,而效度评价则关注调查结果反映调查所要说明问题的正确程度。

在信度评价方面,主要采用交错法和重复检验法。交错法通过设计表面不同但实质相同的两种调查手段,对同一调查对象进行验证;重复检验法则通过重复使用同一调查手段,对调查结果进行多次验证。这些方法共同确保了所收集资料的可靠性和稳定性。

在效度评价方面,关注表面有效度、准则有效度和构造有效度 3 个方面。表面有效度衡量调查手段在表面上是否能够有效反映调查目的;准则有效度则通过与已知准则进行比较,验证调查结果的准确性;构造有效度则关注调查手段是否能够有效测量想要了解的概念或构造。

2.公共关系计划评估的方法

公共关系计划评估是确保公关活动顺利进行的关键步骤,涉及对公关目标、活动项目及计划编制等内容的深入评价和分析。这一过程旨在预先识别潜在问题,对计划与战略进行进一步的审定或调整,从而优化方案的实施过程,增强信息的说服力,避免产生负面宣传效果,并提高计划的可行性。

在公共关系计划评估中,主要采用以下 2 种方法:

第一,经验判断法是一种常见的方式,即依赖于过去的实践经验,对公关计划和方案的可行性进行检验与分析。如,可根据过往经验来评估公关计划中语言文字的运用、图表的设计以及图片和展示方式的选择是否恰当、新颖,是否能够达到吸引公众注意力、留下深刻印象的效果。然而,需要注意的是,经验判断法并非完全客观,其结果可能受到评估者主观因素的影响。

第二,试验分析法是一种更为科学和系统的方法,即通过在小范围或样本公众中实施计划和方案,并通过对公众进行调查或利用剪报、广播录音或录像等方式对信息资料进行内容分析,从而获取宝贵的实践经验。在获取这些经验后,可对计划进行必要调整,以确保其在大范围内实施时能够达到最佳效果。在公共关系计划评估中,应优先采用试验分析法,以确保评估结果的准确性和可靠性。

3.公共关系策划传播评估的方法

公共关系策划传播活动结束后,对其效果的评价至关重要。

第一,对制作并发送信息数量的衡量,涉及所有信息资料的制作、发送情况及其他宣传活动的执行状况。这一环节的核心方法是进行详细的清点与统计,确保每一项信息资料的数量都准确无误,从而反映出传播活动的规模与力度。

第二,对信息曝光度的衡量是关键一环,旨在了解信息资料被新闻媒介采纳的数量以及真正接触到这些信息的公众数量。为实现这一目标,通常采用多种方法:一是收集剪报,检查报刊索引和广播电视记录,从而精确统计信息被新闻媒介采纳的次数;二是结合新闻媒介的发行量,推算可能接触到信息的公众人数,以此评估信息的传播广度;三是统计展览、演讲、专题活动等的次数与规模,进一步反映组织活动的影响范围。

第三,信息准确度关注的是目标公众接收信息的真实状况以及信息的传播是否准确无误。在这一环节,常采用以下几种方法:首先是内容分析,通过系统分析新闻媒介的传播内容,了解哪些信息资料被采纳,以及这些资料在哪些重点地区得到传播;其次是组织目标影响的检测,即评估新闻媒介传播的信息在多大程度上推动了组织目标的实现;再次是受众调查,通过小组座谈、个人访问、电话访问或问卷调查等方式,深入了解公众对信息的理解程度;最后是公众出席率的统计,通过展览、会议、演讲等活动的出席人数,直接反映信息的接收情况,为评估宣传工作效果提供有力依据。

(二)公共关系策划结果评估的方法

公共关系策划结果评估作为一项综合性的总结评估,其核心在于深入检测与评估公共关系策划活动对目标公众所产生的影响程度,以及整个公共关系策划目标的实际达成情况。这一评估过程的主要目的在于全面了解公共关系策划工作实际成效,因此也被称为公共关系策划效果评估。在进行公共关系策划结果评估时,主要可采用以下 3 种方法。

1.接收信息的公众数量的评估方法

评估接收信息公众数量的核心方法是事前事后测验法。该方法的核心步骤是在公共关系策划活动前后对公众对组织的认识、了解和理解等关键变量进行调查与比较。具体执行时,可以采取 2 种形式:一是针对同一组公众,在公共关系策划活动前后进行重复测验,以观察其认识和理解的变化;二是在 2 组公众中分别进行不同的处理,一组开展公共关系活动,另一组则不开展,然后将 2 组的测验结果进行对比分析。这样便能更为准确地评估公共关系策划活动对公众信息接收数量的影响效果。

2.转变态度的公众数量的评估方法

衡量公众态度转变的数量相较于单纯的信息接收确实更为复杂。在实践中,事前事后测验法通常被用作评估态度转变的有效方法。这种方法的核心在于对比公共关系策划活动前后公众态度的变化,具体而言,是在图表上清晰地标注出活动前后公众态度变化的百分比,以便直观地展现变化幅度。进一步地,还会运用方差分析来深入探究公众态度变化与公共关系策划工作之间的关联。通过方差分析,能够更准确地理解哪些因素导致了态度的转变,以及公共关系策划工作在其中的作用和影响。

3.产生行为的公众数量的评估方法

公共关系策划工作的核心目标是引导并改变公众行为,进而实现组织的整体目标。在评估公众行为时,常采用以下 3 种方法:

第一,自我报告法。该方法要求公众对象自主描述其行为变化的方向、程度和背后的原因。然而,这种方法存在一定的局限性,特别是当涉及敏感性问题时,部分公众的回答可能不够真实或准确。

第二,直接观察法。该方法是指在公共关系策划活动期间,公共关系策划人员会围绕既定的主题,对公众的行为进行直接的观察。这种方法要求公共关系人员具备敏锐的观察力和深入的分析能力,以便准确捕捉公众行为的变化。

第三,间接观察法。该方法是指公共关系策划人员会借助各种仪器或相关部门的记录,对公众行为进行间接的观察和分析。这种方法虽然相对客观,但也需要公共关系策划人员具备相应的数据处理和分析能力。

第三节　撰写公共关系策划评估报告

公共关系策划评估报告作为组织内部的一种正式文体,以其独特的形式和内容,充分展现了公共关系工作的成效、经验、教训及建议等评估成果。这份报告不仅业务性强,而且兼具理论性和经验性,为组织提供了宝贵的参考和决策依据。

撰写公共关系策划评估报告的意义重大,不仅是评估成果的集中体现,更是为成果的运用提供了有力的支撑。评估小组精心编写的报告,旨在向管理层展示公共关系策划工作的全貌,帮助他们更好地统筹管理、制定新的决策。报告还有以下用途:(1)送达各职能部门,作为各部门改进工作、提升效率的重要参考;(2)提供给全体员工,以利于员工了解外界评价,提高士气;(3)公开发表,供同行或其他社会组织参考借鉴。通过撰写公共关系策划评估报告,社会组织可以总结过去、积累经验、扬长避短。目前,我国许多社会组织仍然不太重视公共关系策划评估工作,能见到的公共关系策划专业评估报告甚少;也不太注重评估成果运用,常常使公关工作盲目而被动,丧失了许多机会。

一、评估报告撰写的准备工作

公共关系策划评估报告,作为一种针对特定公共关系策划工作进行评价的研究报告,其评价对象具有多样性和灵活性,既可以全面审视某一项公共关系策划工作的整体流程和效果,也可以深入剖析其中的关键环节,比如策划方案的合理性、准备阶段的充分性、实施过程的顺畅性、操作规范的严谨性以及传播效应的广泛性等。在实际操作中,评估对象的选择往往基于特定的需求或委托方的要求。

从公共关系策划实践的角度来看,整体评价一项公共关系策划工作的评估报告更为常见。这种报告形式不仅需要对工作的各个方面进行细致入微的分析,还需站在宏观的角度对整个工作进行综合性的评价,因此其撰写难度相对较大。

为了确保评估报告的准确性和客观性,撰写之前必须做好充分的准备工作。具体来说,应包括以下 3 项前期准备工作。

(一)评估标准的最后确定

在评价一个事物时,确立一个参照系数是至关重要的,否则评价的结果可能会陷入混乱和无法比较的境地。同样地,对于公共关系策划工作的评估也需遵循这一原则。如,某组织在公共关系活动开展一年后,其社会知名度达到了 80%,美誉度达到了70％。那么,如何评价这一成果呢?这就涉及评估标准的选择问题。如果以该组织一年前的社会知名度70％和美誉度65％作为参照系数,那么组织在这一年内知名度提升了10个百分点,美誉度提升了5个百分点,无疑是相当有效的提升。然而,如果以该组织本年度设定的公关工作目标,即社会知名度达到90％、美誉度达到80％来衡量,那么当前的成果就显得有些不足,还有进一步提升的空间。

在对一项公共关系策划工作进行状态评估时,需要考虑的因素是多元化的,这就需确定多方面评估参照系数。这些参照系数之间应具有内在的逻辑联系,形成一个相互补充、相互印证的评估体系。这样,才能对公共关系策划工作的各个方面进行全面、客观、科学的评估,从而得出准确、有价值的结论。如果评估体系不能有效确立,那么评估工作也无法开展,撰写评估报告更没法推进。

在确立评估标准时,需综合考虑多个要素。首先,要明确组织公共关系策划工作和形象建设的中长期目标,并判断当前工作是否作为关键环节推进了这些目标的实现。其次,要回顾以往同类工作的实施情况和效果,对比本项工作是否在前期计划、实施和效果上有了显著提升。同时,还需参考其他社会组织类似工作的实施情况,比较本项工作在同额费用投入下是否取得了更好的效果。此外,还需考虑规范的公共关系策划工作应如何运作,以及本项活动是否达到了这一规范水准。这些要素的综合运用应根据实际情况灵活掌握,不必过于拘泥。评估标准的确定在制订评估方案时即应予以考虑,但在实际评估过程中,可能会根据实际情况进行技术性的修正。因此,在撰写评估报告时,应对评估标准进行最后确定,并将其明确写入报告中。这样,评估报告才能更加准确、全面地反映公共关系工作的实际情况和效果。

(二)有关信息的全面收集

为了确保对评估对象作出准确而全面的评价,根据评估的具体目的和要求,全面收集相关信息至关重要。对于一项公共关系策划活动的整体评估,通常需要收集以下5个方面的信息:

第一,了解该社会组织的基本情况、发展规划以及公共关系策划形象建设的目标;

第二,查阅该社会组织以往公共关系策划工作的相关文献资料;

第三,还需掌握其他社会组织类似工作的概况;

第四,收集本项公共关系策划工作的设想、策划方案和实施方案,记录本项工作各环节的具体实施情况和现场反应,掌握信息传播的实际情况和覆盖面;了解内外部对本项工作的评价,观察和分析本项工作引起的公众舆论变化;

第五,还需掌握本项工作的经费预算和实际使用情况。

当然,如果评估对象仅限于公共关系策划工作中的某一环节,那么信息收集的范围可以相应缩小,只需关注与该环节直接相关的信息。

这些基本信息的收集方法,与公共关系策划调查中常用的方法相似,如文献调查、访谈调查、问卷调查等。评估所需的信息资料,部分可由评估项目的组织者或实施者提供,部分则需要评估人员自行收集。此外,对于组织者或实施者提供的信息资料,评估前务必进行甄别,确保其真实性和准确性,以避免在评估过程中出现偏差。

(三)对评估对象的客观分析

在完成前期准备工作并全面深入了解评估对象后,接下来便是撰写公共关系策划评估报告的关键阶段。但正式动笔之前,确保评估报告撰写者立场的公正性极为重要。撰写者必须客观分析评估对象的成败得失,避免因个人偏见或特定考虑而迎合或打压被评估项目的执行机构或人员。此外,评估报告不能仅凭主观印象随意臆测和判断,而应紧密结合相关数据资料进行深入分析。

在评估某项公共关系策划工作的成功与否时,不能仅停留在表面的热闹程度上。撰写者需要认真考虑该工作是否真正推动了组织形象建设和管理目标的实现,是否展现出新颖的创意,是否遵循了规范的操作流程,是否达到了预期的传播效果,以及投入产出比是否合理。同时,进行评价时还需充分考虑客观环境的变化因素。如,某项公共关系策划工作从策划到实施均表现出色,但由于战争、政府人事变动、病毒流行等不可预测的突发事件,导致未能取得预期效果。对于这类情况,实际评估时也应予以充分考虑。

二、评估报告的内容

公共关系策划评估报告旨在达成特定的目标,这些目标的不同直接影响了评估的范围和对象,从而使得每一份评估报告的内容都独具特色。基于公共关系策划评估实践的总结,可将评估报告的内容主要归纳为以下 7 个方面。

(一)评估目的及依据

评估目的及依据,即为什么要进行公共关系策划评估,通过评估解决什么问题,以及评估所依据文件或相关会议要求之精神等。

(二)评估的范围

公共关系策划活动涉及方方面面。为了突出重点,缩短篇幅,利于评估结果的运用,报告书必须明确公共关系评估的范围。

(三)评估标准和方法

在报告书中,应说明评估的标准或具有可测量的、具体化的目标体系,以及评估过程所采用的方法。比如,直接观察法、问卷调查法、比较分析法、文献资料法、传播审计法等。

(四)评估过程

简要说明评估过程如何进行、分哪些阶段。从阅读报告书的过程和采用的方法等可以判断评估是否科学、系统、规范、完整等。

(五)评估对象的基本情况

在公共关系策划评估报告书中,必须明确评估对象本身的情况,包括活动或项目名称、具体开展的时间、实施基本情况与特点等。

(六)内容评估、分析与结论

在评估报告书中写明被评估的公共关系策划活动、工作或项目的内容,对运行与执行以及效果、效益进行分析,进而得出客观、公正的结论。

(七)存在的问题及建议

评估人根据掌握的实际材料、相关情况,有针对性地提出问题,并提出有利于解决问题的建设性意见。

三、评估报告的格式

公共关系策划评估报告书在结构格式上并非一成不变。根据评估的具体目的和要求,报告的结构可以灵活调整,以更好地服务于内容的表达。一般而言,公共关系策划评估报告书可以遵循以下结构格式进行撰写。

(一)封面

封面的主要内容包括评估书或项目的题目、评估时间、评估人(单位名称)以及保密程度、报告书编号。题目要反映出评估的范围和对象。排版应较为醒目、大方美观。

(二)评估成员

该项要反映参加评估工作有哪些人,具体的负责人是谁。

(三)目录

目录是为了方便阅读评估报告书。

（四）前言

前言反映评估任务或工作的来源、根据,评估方法、过程以及其他特别需要说明的问题。也有的报告会把评估方法、过程等写进正文部分。

（五）正文

在撰写公共关系策划评估报告的正文时,需特别关注其作为报告主体的核心地位。这包括对评估的原则、方法、范围、分析、结构、存在的问题以及建议等方面的详细阐述。

评估报告撰写过程中应特别注意以下 5 个方面:

第一,一篇高质量的公关策划评估报告应鲜明地展现出其个性特点,即准确地对组织所实施的公共关系策划工作进行评价和判断。与调查报告相比,评估报告在主观评判上可能更为突出,结论性意见也更为丰富。

第二,公关策划评估报告在分析和评判时,必须根据评估对象的工作阶段进行有序展开,避免混淆不同阶段的内容,确保结论的准确性和针对性。在全面分析的基础上,再给出总结性的整体评价。

第三,公关策划评估报告应以相关数据资料作为主要批判依据,包括评估者所观察或收集到的反馈。通过巧妙运用数据和资料的对比分析,可以作出更为客观、科学的评价。当然,在某些情况下,评估者的逻辑分析和经验判断也可以对结论提供有力的支持。

第四,尽管公关策划评估报告的结论性意见可能带有一定的主观色彩,但仍应努力保持其科学、客观和公正性。特别是在对某些工作环节缺乏绝对把握时,下结论时应注重用词委婉,避免过于绝对,给自己留有余地。

第五,公共关系策划调查报告篇幅长者可达数万字,与其相比,评估报告的正文通常篇幅不长,更加注重言简意赅。因此,在行文时,应更加注意表达的简明扼要,避免冗长和拖沓,确保报告内容精练且易于理解。

（六）附件

附件内容是对正文内容的详细说明和补充,是正文的证明材料。附件主要包括附表、附图、附文 3 部分。

（七）后记

撰写公共关系策划评估报告时,需要关注报告书的传播范围、致谢参加人员及相关单位等问题,并在报告中充分体现专业性、客观性和准确性,以提供有价值的参考信息,促进公共关系策划工作的进一步发展。

(八)评估时间

鉴于公共关系策划活动的动态性质,其在不同时间节点的评估结果不同。因此,在撰写评估报告时,务必明确标注评估具体时间或评估工作所处的阶段。

四、撰写公共关系策划评估报告应注意的问题

撰写公共关系策划评估报告是一项复杂且要求严苛的任务。执笔人不仅需要确保内容的客观、公正与全面,还需追求报告的可读性与简洁性。除遵循既定的格式规范外,在撰写过程中还需特别注意以下 4 个关键点。

(一)定性与定量相辅相成

评估报告虽以定性结论为主,但离不开定量指标的支撑与解释。在撰写时,应确保定性与定量信息的紧密结合,使报告更具说服力。

(二)策略建议切实可行

提出的建议与策略必须紧密结合实际情况,具有高度的可操作性,能够为相关决策提供有效参考。

(三)语言精准且简练

在表达上,应力求言简意赅,用最精练的文字传达最核心的信息。避免使用过于专业的术语,确保报告的阅读者能够轻松理解。

(四)结论客观且具体

评估结论应建立在客观事实的基础上,既要展现成果与效益,也要坦诚面对缺点与不足。在撰写结论时,应杜绝模糊性语言,如"可能""大概""也许""差不多"等,确保每个结论都有充分的材料作为支撑。

扫描右侧二维码查看完整的公共关系策划评估报告示例。

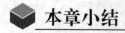 **本章小结**

　　本章主要介绍公共关系策划实施的意义、特点与原则,实施方案设计及实施的管理;公共关系策划的有效评估,具体包括评估的基本内容、程序及基本方法;撰写公共关系策划评估报告,具体包括评估报告撰写的准备工作、评估报告的内容、评估报告的格式及撰写公共关系策划评估报告应注意的问题。本章内容偏理论,是基础知识,但是学好公共关系策划的关键和核心,务必认真研读学习。

 课程交流互动

一、名词解释

　　公共关系策划实施、目标导向原则、整体协调原则、反馈调整原则、公共关系策划实施方案、选择实施时机、公共关系策划实施流程、公共关系效果评估、传播效果评估、信度、效度

二、简述题

　　1.公共关系策划实施的特点有哪些?

　　2.公共关系策划实施的方案如何设计?

　　3.公共关系策划有效评估的基本内容有哪些?

　　4.开展公共关系策划有效评估的程序是怎样的?

　　5.请分析:一份优秀的公共关系策划评估报告有哪些作用。

三、实训题

　　以你所在学校成立××周年为背景,策划开展一系列的传播活动,要求以小组形式完成一份相应的公共关系策划方案的撰写。最后,对所撰写的方案进行评估,完成一份公共关系策划评估报告。

四、案例分析题

中国人寿携手新浪微博打造"30岁一切才刚开始"公关传播典范

　　中国人寿携手新浪微博精心策划"30岁一切才刚开始"的话题活动,通过一系列创意海报、TED演讲以及主题视频等多元化传播内容,传递出迎难而上、勇往直前的积极力量,成功打造了企业与媒体联手打造的公共关系现象级传播实践典范。

　　2023年8月,为了进一步提升国寿品牌在消费者及年轻受众中的影响力与认可度,中国人寿紧扣其上市20周年的重要时刻,并携手知名篮球运动员易建联担任品牌形象代言人,携手新浪财经共同发起并成功实施了"30岁一切才刚开始"微博话题活动。该活动精心制作了五期TED演讲系列视频——《30+,平凡也是力量》,同时辅以一系列创新的AIGC海报等多元内容,深入阐述30岁的人生新起点理念,传递出30+人生的积极向上态度。在品牌大使易建联的引领下,4位国寿营销精英也分享了他们

各自的 30＋人生奋斗故事,激励广大受众勇往直前,迎接人生的每一个新起点。

本次活动有三大亮点:一是通过运用新浪微博这一社交平台,中国人寿成功提升了其品牌的公众亲密度,达成了预期的公关目标。活动所打造的深具传播性的社会性话题和内容,有效缓解了公众对年龄的焦虑情绪,激发了网友们的参与热情,促成了大量的话题讨论与用户生成内容的产出,从而在广大 C 端用户中建立了对国寿品牌的好感与认知。二是中国人寿巧妙利用微博平台的大曝光资源,显著提升了话题的热度。通过微博热搜、新浪蓝 V 账号矩阵、国寿官方微博账号以及头部意见领袖对系列视频的集中宣传和推广,活动成功实现了破圈效应,吸引了大量关注和讨论。三是本次传播活动中,中国人寿注重弱化营销属性,使得品牌内容更具传播价值。无论是系列视频、海报还是创意图组,都采用了纯品牌、纯情感的内容表达方式,使得网友们在欣赏高质量内容的同时,自发地对国寿品牌产生了认同感。

本次活动的效果也是非常明显的,体现在:

一是舆论效果显著。本次微博话题活动"30 岁一切才刚开始"成功两次登上微博热搜榜,话题阅读量飙升至惊人的 11.9 亿人次,讨论量也突破 17.3 万人次,互动量更是超过 44.3 万人次。其中,《30＋,平凡也是力量》系列视频深受观众喜爱,总播放量一举突破 3526 万人次。特别是易建联的 TED 演讲视频《篮球明星的时间之旅》,播放量达到了 1874 万人次,而国寿精英系列视频也取得了 1652 万人次的播放量,充分展现了活动的广泛影响力和深度传播效果。

二是企业效果卓越。在国寿企业内部,本次微博话题活动产生了深远的积极影响。易建联及 4 位国寿精英所倡导的"30 岁一切才刚开始"的理念,如同一股清流,深深激荡着中青年国寿人的心灵。这一理念不仅成为他们积极寻求职业突破的风向标,更激发了他们面对挑战、勇攀高峰的勇气和决心。

三是社会效果深远。本次活动在社会层面引发了广泛的热议和关注,成功传递了人生任何阶段都应保持迎难而上的积极心态这一重要理念。这一积极信息对于正处于人生低谷的群体而言,如同一束明亮的光芒,为他们带来了正面的激励和力量,鼓励他们勇敢面对挑战,积极追求更好的未来。同时,这也进一步提升了国寿品牌在社会中的正面形象和影响力。

资料来源:♯30 岁一切才刚开始♯微博话题助力中国人寿品牌创新[EB/OL].(2023-12-22)[2024-05-31].https://news.cyol.com/gb/xwzt/articles/2023-12/22/content_nyWMOOcWKn.html.

思考题:

1.请分析:中国人寿联合新浪微博策划的活动为何会如此成功。

2.通读案例,请阐述你认为公共关系策划活动的精髓是什么。

公共关系可以推动社会正向改变。

——詹姆斯·格鲁尼格

第四章　专题型公关策划

学习目标

一、了解公关新闻的含义、新闻发布会的含义、公关广告的含义。

二、理解公关新闻特点,公关广告与产品广告区别,公关广告的类型和作用。

三、掌握公关新闻的策划、新闻发布会的策划、公关广告的策划、领导人形象塑造的内在塑造、语言和行为塑造及仪表塑造;能完成公关新闻的策划、新闻发布会的策划、公关广告的策划,同时学会塑造领导人形象。

四、强化自信、举止从容、洁身自好、尊重他人、培养审美艺术,加强文化修养,提高审美鉴赏能力。

知识罗盘图

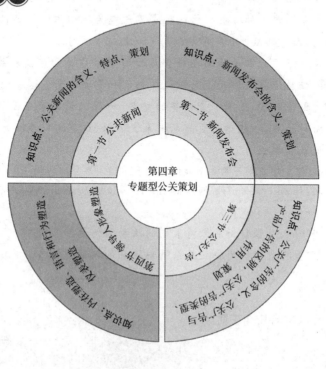

山东淄博烧烤圈粉晋身超级网红城市

自 2023 年起,消费领域涌现出诸多新变革,不仅催生了多个消费热点,还在大众中得到了广泛传播,与消费相关的新词、热词层出不穷,同时各地也涌现出一批独具特色的消费 IP 和政策热点。2 月 2 日,人民网研究院发布的《2023 年度消费热点观察报告》(以下简称《报告》)从消费者关心的热点出发,深入剖析了全年的消费趋势,并展望了未来的发展方向。《报告》总结了 2023 年的十大新兴消费趋势,详细解读了如乡村篮球比赛、特种兵式旅游、精致露营等流行词语,并列举了六大具有地域特色的消费热点,其中"山东淄博烧烤圈粉晋身超级网红城市"也被纳入其中。

2023 年 3 月起,得益于短视频的推动,山东淄博迅速崛起为"顶流"网红城市,"组团到淄博吃烧烤"登上微博热搜和抖音同城榜的前列,使淄博烧烤成为新的城市美食代表,吸引众多食客慕名而来。对于淄博烧烤的火爆,《报告》指出,这得益于淄博市相关部门"顺势而上、主动作为"的策略,通过推出烧烤高铁专列、上线"智慧淄博烧烤服务"小程序、进行道路改造、加强市场价格监管等多种措施,规范了市场秩序,优化了公共服务,从而极大地提升了消费者的体验。同时,以烧烤为突破口,淄博巧妙地推广了其文旅品牌和城市特色,充分展示了城市的文化内涵,成功打造了一张富有底蕴的城市名片。

《报告》显示,虽然下半年淄博烧烤的关注度和客流量逐渐回归常态,但相较于往年,淄博的旅游热度仍有显著提升。与 2019 年相比,淄博的酒店预订量增幅高居山东省第一。总体来看,经过 2023 年的网络热议,烧烤已成为淄博的标志性特色,使其能够与泰山、济南等山东著名旅游目的地齐名,成为游客行程和攻略中的必打卡之地。

资料来源:《2023 年度消费热点观察报告》发布 山东淄博烧烤圈粉晋身超级网红城市[EB/OL].(2024-02-04)[2024-04-14]. http://sd.people.com.cn/n2/2024/0204/c166192-40738365.html.

这份《2023 年度消费热点观察报告》不仅是一份详尽的市场分析报告,更是一次成功的公关策略展示。它将淄博烧烤等地方消费热点、消费新潮流以及热点消费政策举措等多维度内容整合在一起,通过人民网这一权威媒体平台发布,既提升了报告的可信度,又扩大了其影响力。从公关的角度来看,淄博烧烤之所以能够火出圈,离不开淄博市相关部门精心策划和执行的公关策略,通过政府支持、新媒体传播、文化内涵提升和危机处理等方面的努力,成功地将淄博烧烤打造成为一个具有独特魅力和广泛影响力的地方消费 IP。这些策略有效地提升了淄博烧烤的知名度和美誉度,吸引了大量消费者和媒体的关注。

第一节　公关新闻

一、公关新闻的含义

公关新闻(public relations news),也称新闻公关或媒体关系新闻,是指组织通过精心策划、设计并发布的,旨在提升品牌形象、增强公众好感度、促进产品或服务销售、构建良好社会关系或应对危机等目的的一类新闻信息。这类新闻并非传统意义上的硬新闻,如时政、财经、社会新闻等,而是更加侧重于展示组织正面形象、传递价值观、解释政策或活动,以及回应公众关切等内容。

在当今信息时代,社会组织作为公共关系的核心,其形象的塑造和知名度的提升离不开社会舆论的助力。若仅依赖常规手段来让公众认识组织,其知名度会受到限制。因此,利用并引导公众舆论,特别是纠正不利于组织的舆论,使正面舆论在更广范围内传播,是提升组织名声的高效方法。新闻媒介具有强大的舆论影响力,通过巧妙策划和新闻创造,结合新媒体,可以为组织营造有利的舆论氛围,既扩大知名度,也提升美誉度。公关新闻作为一种高效的宣传手段,成本低而效果显著。在众多免费宣传性质的公关活动中,制造新闻是最具主动性且效果最佳的传播策略。

二、公关新闻的特点

公关新闻一般具有以下 4 个特点。

(一)超越常规新闻的新闻价值

为了吸引新闻界和公众的注意,活动必须展现出比常规新闻更高的价值。只有当新闻具有显著的价值,各大新闻媒体才会积极深入地了解、采访、报道,甚至进行连续的追踪报道。这种非凡的新闻价值,是制造具有影响力新闻的核心要素。

(二)深思熟虑的策划

公关新闻并非自发或偶然出现,而是公共关系团队精心策划和安排的结果。在策划过程中,团队会深入挖掘真实事件中的新闻亮点,以吸引新闻媒体的关注并促成报道。因此,公关新闻往往带有明显的人为设计痕迹,展现了高度的计划性和策略性。

（三）独特的创新思维

在制造新闻时，需要展现出独到的创新思维，避免落入俗套。事件本身应该是新颖且少见的，通过创造超出常规的做法来吸引公众的注意力。这样的事件应该比一般新闻更具戏剧性，更能引发新闻界和公众的兴趣，从而激起公众的好奇心。同时，为了产生更好的效果，在传播新闻的时机上需要讲究艺术性，善于把握新闻发布的最佳时机，以最大限度地提升和发挥新闻的价值。

（四）积极的社会效应

"制造新闻"是一种高度创造性、计划性和组织性的活动，其目的在于通过精心设计的行动来吸引公众注意并影响公众舆论。因此，这类活动的主题必须是对社会和公众有益的，并能够广泛激发公众的兴趣。在整个活动过程中，需要始终把实际的社会效益放在首位，确保活动具有典型意义。这样，当事件的报道传播出去时，能够引发积极的社会效应，显著提升组织的社会知名度和美誉度。

三、公关新闻的策划

公关新闻的策划与制造在当今已不再是一个争议的问题。尽管"制造"新闻曾受到新闻界的质疑，并引发对新闻职业道德的担忧，但实际上，无论是"制造"还是"策划"新闻，都是在恪守新闻职业道德的基础上，力求实现新闻的价值。使用"策划"或"制造"这样的词语，旨在强调组织对新闻的极度重视和强烈的新闻意识。正如爱德华·L.伯内斯在100多年前所言："公共关系顾问不能仅仅提供新闻，更重要的是制造新闻，这才是公共关系顾问的主要职能。"对于组织而言，公关新闻的形成确实需要经过精心的策划。

（一）公关新闻主题的确定

策划新闻首要之务是设计好主题。时事屡见不鲜，然而缺乏洞察力，将会导致新闻迅速消逝。倘若带着强烈的公关意识去观察组织的日常动态，并筛选出那些能够塑造组织环境、促进与公众交流的新闻点，便会发现新闻无处不在。一般情况下，新闻主题主要有6种，具体见表4-1。

表 4-1　新闻主题

序号	名称	解释
1	组织变革	组织变革是指组织根据内外环境变化,及时对组织中的管理理念、工作方式、组织结构、人员配备、组织文化及技术等要素进行调整、改进和革新的过程。组织变革往往会对组织、行业乃至整个社会产生深远的影响,这也是很好的公关新闻主题。公关新闻能够准确传达这些变革的影响,包括对组织战略、市场定位、产品服务等方面的调整,以及对员工、客户和合作伙伴的影响
2	组织实力	组织实力主要指组织的历史底蕴、发展优势以及所掌握的资源等方面的新闻动态。例如,组织实力的最新排名更新,或组织与国际知名机构的合作、交流及兼并等重要消息,都是体现组织实力的关键信息
3	组织技术创新	组织技术创新,包括组织的技术研发、创新者的个人事迹以及他们的创新成果,已成为组织不可或缺的重要新闻亮点
4	组织英雄	组织英雄的宣传,主要是集中展示组织领导、劳动模范、抢险勇士以及节能标兵等杰出人物的风采
5	组织花絮	组织花絮是通过捕捉组织内的一些奇闻趣事,将其作为新闻线索来形成吸引人的新闻。例如,将组织的独特地域特色、标志性建筑、季节性植物等元素转化为新闻,以此让公众通过这些生活趣事对组织产生好感
6	组织开展社会公益	面临社会的贫困、疾病与灾害,组织积极承担社会责任,策划并实施慈善公益活动,并将这些活动作为新闻事件进行广泛宣传。若活动涉及大额资金投入,则需进行更为周密的策划。另外,新闻主题的设定是可以预先规划的,以确保活动信息的有效传播

资料来源:笔者整理而得。

新闻主题的选择还可以紧密结合社会热点等问题,其核心目的是服务于组织的公共关系目标。此外,在需要的情况下,精心策划人物专访、系列新闻报道、报告文学,以及编辑出版组织的发展史等,都是极具吸引力的新闻主题。

(二)公关新闻发布时机的选择

公关新闻发布时机的选择至关重要,其可以直接影响到新闻的传播效果和组织形象的塑造。在选择发布时机时,应考虑多个因素以确保新闻能够最大限度地触达目标受众并产生预期的影响。以下是公关新闻发布时机选择策略:

1.避开重大新闻事件

当国家或地区有重大新闻事件发生时,如政治会议、社会重大活动等,公众和媒体的注意力往往会被这些事件占据。因此,组织应尽量避免在这些时期发布重要的公关新闻,以免被淹没在更大的新闻潮中。

2.利用重大新闻的余波

如果组织的新闻与某些重要新闻事件有关联,可以选择在这些大事件关注度稍减时发布新闻。这样既可以借助大事件的影响力,又不会与其直接竞争,从而提高新闻的曝光率。

3.紧跟社会热点或季节性话题

社会热点和季节性话题往往能引发公众的广泛关注和讨论。组织可以结合自身的特点,将这些热点话题与公关新闻相结合,以吸引更多的关注和讨论。

4.选择新闻淡季发布

在新闻相对较少的时候发布组织的独特新闻内容,可以更容易地吸引媒体和公众的关注。这种策略适用于那些具有新颖性和趣味性的新闻,能够给公众带来新鲜感。

5.考虑受众的活跃时间

根据目标受众的生活习惯和上网时间选择发布时机。例如,如果目标受众主要是上班族,那么在工作日的早晨或傍晚发布新闻可能更为合适,因为这些时间段他们更可能浏览新闻。

6.与媒体编辑日程相协调

了解媒体机构的编辑日程和截稿时间,避免在媒体最繁忙的时候发布新闻,以确保新闻能够及时得到处理和报道。

7.预定发布时间

对于一些重要的公关活动或产品发布,可以提前与媒体协商预定发布时间,以确保得到足够的关注和报道。

(三)新闻媒体的选择

在公关新闻策划中,新闻媒体的选择是一个至关重要的环节,其不仅直接影响到公关新闻的传播效果,还能体现组织对目标公众的关注和尊重。以下是在选择新闻媒体时需要考虑的4个关键因素。

1.目标公众的偏好

不同的媒体覆盖不同的受众群体。因此,了解目标公众对媒体的偏好至关重要。例如,年轻人可能更倾向于通过社交媒体获取信息,而中老年人可能更习惯于阅读报纸或观看电视新闻。选择目标公众偏好的媒体,可以确保公关新闻能够触达预期的受众。

2.媒体的特点和传播方式

各种媒体都有其独特的传播方式和优势。例如,报纸可以提供深入的文字报道,电视则擅长传递视觉和听觉信息,而互联网则具有互动性和即时性的优势。根据公关新闻的内容和目的,选择最能体现新闻价值的媒体类型也非常重要。

3.媒体版面或栏目的选择

在确定了媒体类型之后,还需要进一步考虑组织新闻在媒体中出现的具体位置。例如,在报纸中选择显眼的版面或专栏,或者在电视节目中选择高收视率的时段,都可以增强公关新闻的传播效果。同时,也要注意与媒体保持良好的合作关系,以确保新闻能够在最佳的位置和时间发布。

4.新闻的真实性和准确性

无论选择哪种媒体,公关新闻都必须遵循新闻职业道德,确保信息的真实性和准确性,这不仅是对公众负责,也是维护组织声誉的关键。因此,在策划公关新闻时,务必对信息进行严格的审核和把关。

 职场故事

总台直播孟晚舟归国

北京时间 2021 年 9 月 25 日 10 点 29 分 05 秒,总台央视新闻客户端全网首发第一条稿件《独家视频|孟晚舟即将回到祖国》。随后,央视新闻客户端与总台新闻中心、北美总站、广东总站密切配合,用 17 条全网首发首推的独家快讯,记录下这场归途的每一程、每一步。

为了迎接这一刻,早在飞机抵达深圳宝安机场的 4 小时前,总台就开启了独家直播。25 日晚,《新闻联播》播出“孟晚舟即将回到祖国”的动态消息。21 点 40 分,总台新闻频道打破常规编排,推出“孟晚舟,欢迎回家!”直播特别节目。新闻中心派出报道团队赶赴深圳,与广东总站协调配合,迅速搭建直播系统,为总台各平台提供公共信号。机场塔台与包机的空中通话“祖国永远是你最强大的依靠”,走出舱门的孟晚舟与国旗同框,“那一抹中国红”的国旗飘扬,直播中,每一句话语都含情,每一个画面都走心。总台演播室特约评论员实时解读评论,用有力的核心观点为直播画面写下注脚。在飞机抵达深圳的 4 小时前,总台新闻新媒体中心早早开启直播特别节目《总台独家直播|晚舟,欢迎回家!》,整场直播持续 5 小时。

有了总台新闻中心和广东总站的独家直播信号,有了塔台内、核心停机坪上的记者连线,即使飞机还在归途,公众也可以随时从直播画面看到停机坪的迎接人群,从航路图上看到飞机此时身处何地。截至 25 日 23 时,《总台独家直播|晚舟,欢迎回家!》总观看量近 4.3 亿人次。其中,在央视新闻新媒体平台观看量近 2.75 亿人次,刷新央视新闻各平台最高观看人次、最高同时在线人数等多项纪录。央视新闻微博根据直播内容设置的多个话题,冲上热搜榜单。其中,#欢迎孟晚舟回家#阅读超 3.8 亿人次,#孟晚舟抵达深圳#阅读超 4 亿人次,#孟晚舟回到深圳#阅读超 1.8 亿人次。

9 月 26 日,中宣部副部长、中央广播电视总台台长兼总编辑慎海雄披露,孟晚舟回家的央视直播报道,引发了全国网民的热烈反响,仅中央广播电视总台下属的央视频、央视新闻客户端、央视网等新媒体平台上,点赞总人次就达 4 亿,超过了美国和加拿大的总人口。这就是民心所向,是人民的力量!

资料来源:大事看总台!“孟晚舟回国”直播及话题点赞超 4 亿,阅读超 36 亿[EB/OL].(2021-09-27)[2024-06-10]. https://1118. cctv. com/2021/09/27/ARTIwbI3T36BNkH8wOdv9Pof210 927.shtml.

第二节　新闻发布会

一、新闻发布会的含义

新闻发布会又称记者招待会,是组织为了宣布关键信息或阐释核心战略规划而专门邀请媒体人员出席的一种信息传播活动,是组织推广多元信息、吸引媒体界进行公正报道、优化与传媒关系的重要渠道。组织借助新闻媒体的力量,传递其理念和动态,明确事实真相,以此更好地影响公众观点,塑造或提升组织的公共形象。

近年来,随着信息公开的逐渐普及和塑造积极形象的需求增加,媒体见面会作为一种高效直接的传播策略,在人们的日常生活中正展现出越来越大的影响力。比如,过去政府机构在推行某项政策或决策时,常依赖于领导人的演讲、内部文件的层层传达或党报的宣传报道,而如今,我国各级政府都更倾向于利用媒体见面会的形式来传达各类信息,从而更有效地与公众进行双向交流,同时也塑造了政府亲切、透明的公众形象。不仅是政府机构,企业的媒体见面会也日益受到人们的关注。与政府机构不同,企业的媒体见面会不仅是一个信息传递的平台,更是其整体市场推广和品牌宣传活动的重要组成部分,尤其在企业遭遇信任危机时,媒体见面会常常成为其恢复公众信任的关键手段。除此之外,一些社会知名人士也开始利用媒体见面会的形式来推广或修复个人形象,这种形式的交流不仅增加了公众人物的透明度,还加强了他们与粉丝和公众之间的互动与沟通。

新闻发布会的举办,旨在通过吸引媒体的关注,让组织的信息有效传递给公众。同时,新闻发布会也是媒体所热切期待的。在全国范围内的媒体调研中发现,新闻发布会是媒体获取新闻资讯的重要途径之一,几乎所有参与调研的媒体都将其视为最常参与的新闻活动。新闻发布会上,重要人物和事件汇聚一堂,信息更新迅速,且具有高度的时效性。此外,参加发布会还能省去预约采访对象、安排采访时间等诸多烦琐环节。

 **职场
故事**　　　　　　**梅大高速塌方灾害已致 48 人遇难！发布会现场全体默哀**

在 2024 年 5 月 2 日 15 时 30 分举行的梅大高速茶阳路段塌方救援新闻发布会上,会场的气氛庄重而肃穆。随着主持人的宣告,全体人员为这场塌方灾难中逝去的48 位生命默哀。他们的离世给众多家庭带来了无尽的悲痛,也给整个社会带来了深深的反思。

梅州市委书记马正勇，市委副书记、市长王晖等领导分别通报了救援的有关情况。他们表示，事故发生后，各级政府和相关部门迅速响应，全力以赴开展救援工作。同时，他们也向遇难者表示深切的哀悼，向受伤者及其家属表示诚挚的慰问。

发布会上，广东省公安厅技术专家及梅州市应急管理局、梅州市卫健局有关负责人也通报了有关情况，并就社会关切回答了记者的提问。他们表示，目前救援工作仍在紧张进行中，将尽最大努力搜救失踪人员，同时做好受伤人员的救治工作。

截至2024年5月2日14时，梅大高速茶阳路段塌方灾害已导致48人死亡，还有3人需要DNA进一步比对确认；30人受伤，目前均无生命危险。

资料来源：已致48人遇难 梅大高速路面塌方灾害救援救治全力进行中，发布会详情［EB/OL］.（2024-05-02）［2024-06-10］.https：//mp.weixin.qq.com/s？__biz＝MzA4Mz I5NzQwOA＝＝&mid＝2652959685&idx＝1&sn＝50e62291d9086db482655a0521d0e314.

二、新闻发布会的策划

新闻发布会的关键特性在于其信息的传递方式——并非直接面向公众，而是通过两级传播机制——信息首先传递给媒体，再由媒体传达给公众。正因如此，要想提升新闻发布会的整体效果，必须进行细致入微的策划工作。

（一）确定标题

新闻发布会的主题和内容对于组织而言通常具有深远意义，同时也能够激发媒体的极大兴趣。每一场新闻发布会都会有一个独特的名字，这个名字将贯穿于发布会的各个方面，包括邀请函、会议资料、会场布置以及纪念品等。在选择新闻发布会的标题时，需要考虑以下几点：

第一，标题应清晰地传达发布会的核心内容，让人一目了然。

第二，通常情况下，标题中应注明主办方以及活动的具体时间、地点等关键信息。

第三，对于企业举办的新闻发布会，为了达到更好的传播效果，可以选择富有感染力的标题。例如，采用主题加副题的形式，其中副题负责阐释发布会的具体内容，而主题则突出企业想要传达的主要信息和品牌价值。通过这样的策划和构思，标题不仅能够吸引媒体的关注，还能有效传递企业的核心信息和理念。

（二）确定时间和地点

在时间规划上，为了避免与节假日或重大社会活动的时间冲突，新闻发布会的召开应慎重选择日期，以确保记者的参与率。同时，由于多数平面媒体习惯在获取信息的次日发布新闻，因此，建议将发布会定于周一、周二或周三的下午进行。会议时长应控制在一小时以内,这样既可以确保发布会的现场效果,也可以保证新闻能够及时在媒体上发布。

在选择发布会的地点时,应着重考虑为记者提供便利的采访条件,包括录像和摄影所需的灯光、视听设备以及播放设施等。除此之外,场所的环境布置应与发布会的主题内容相契合,且地点应选在交通便利的区域,以便各方参与者的到达。

(三)准备材料

主办方应精心准备与会议相关的稿件和资料,以供媒体使用,主要包括:详细的会议流程、新闻通稿、精心准备的发言稿、新闻背景资料,以及相关图片、影像等辅助性材料。若新闻发布会是由企业主办的宣传类活动,还需额外准备公司的宣传册、产品介绍资料和精美的纪念品等。

(四)确定新闻发言人

新闻发布会也是组织同媒介打交道的一个很好的机会,代表组织形象的新闻发言人对公众认知会产生重大影响,如其表现不佳,组织形象无疑也会受到损害。因此,新闻发言人一般应具有以下 4 个方面的素质:

第一,拥有良好的表达能力。发言人的知识要丰富,要有清晰明确的语言表达能力、倾听能力及反应力。

第二,拥有良好的外形。良好的外形则指着装整洁、大方得体。

第三,拥有执行原定计划并加以灵活调整的能力。

第四,拥有现场调控能力,可以充分控制和调动发布会现场的气氛。

另外,对一些具有重大意义的新闻发布会,最好由组织的高层领导或专职发言人担任新闻发言人,使得发布的信息具有较高的权威性,更令人信服。

(五)邀请相关媒体记者及出席嘉宾

媒体邀请的策略十分关键,既要能吸引记者的兴趣,又要保持新闻的神秘性。在邀请媒体的数量上,需要把握一个适中的度,既不过于拥挤,也不显冷清。一般来说,提前 3～5 天发出邀请是较为合适的,而在发布会的前一天,可以再次进行温馨的提醒。对于经常合作的媒体记者,可以直接通过电话邀请;而对于那些不太熟悉或新闻内容较为正式、严肃的媒体,则建议采用书面的邀请函形式。

为了激发记者对新闻的兴趣,适当地保留一些悬念是很有必要的。一个有效的方法是在发布会前不透露具体的新闻内容,给记者们一个意外的惊喜。记者们往往怀有"我要第一个报道这条新闻"的心态,因此如果新闻提前泄露,他们的热情可能会大打折扣。所以,无论与某些报社的记者关系多么亲密,重要的新闻内容在发布会前都应当严格保密。

新闻发布会的嘉宾无疑是活动的核心,他们的参与对于新闻发布会的成功具有举足轻重的作用。因此,精心策划并确定受邀嘉宾的名单是筹备新闻发布会的关键环节。理想的嘉宾应具备以下特质:

第一,紧密相关性。嘉宾应与发布会主题紧密相关,可能是直接负责的主管领导、关键决策者,或是事件的直接参与者,他们的出席能够深化发布会的内容。

第二,高层权威性。嘉宾应是在其领域或事件中具有较高级别的管理者或负责人,他们的参与不仅体现了组织对新闻媒体的尊重,也彰显了组织对公众的责任和担当。

第三,广泛代表性。受邀嘉宾应在相关领域具有显著的代表性和权威性,他们的观点和信息具备强大的说服力,能够为公众提供满意的解答和指引。

(六)展开新闻发布会

1.要确定新闻发布会的会场布置风格

不论是在外部租用的酒店,还是在组织内部举办,都需提前规划会议布置的风格。在此过程中,应着重关注以下几点:

第一,标语与大屏幕内容。新闻发布会通常都会悬挂标语或使用多媒体大屏幕,标语内容需提前敲定。例如,"××组织新闻发布会",或者简洁地用投影仪打出"新闻发布会"五个大字。但需注意,大屏幕的背景颜色和图案选择需慎重,因为它们对于营造发布会的气氛和格调至关重要。

第二,主席台的布置。主席台的布局反映了新闻发布会的内容和性质。在常规情况下,主席台会摆放一排桌子,且桌布的颜色应与发布会主题相契合。如重大喜庆事件的发布会,桌布宜选用红色或红黄相间;而重大伤亡事故的发布会则可能选择黑色或白色等。对于重大科技创新发明的新闻发布会,主席台甚至可以不设桌子,仅摆放椅子,便于嘉宾自由发言。可根据场合摆放鲜花或松柏,并确保每位嘉宾前都有话筒,茶杯则按需摆放。

第三,会场其他布置。除了主席台,会场的其他布置也应与发布会内容相呼应。可在会场两侧或上空悬挂标语或装饰物。会前可播放暖场音乐,会后则可安排告别音乐,为出席的记者营造温馨、舒适的氛围。此外,必须确保会场有足够的座椅,以及在可能的情况下配备充足的现场报道和上网设施。

2.要周密安排新闻发布会前后的接待与参观工作

这包括前期的电话反馈、服务值班电话的值守、信函的寄发、出席人数的核定、接车安排、参会牌的制作与发放、新闻稿的配送等。这些琐碎却重要的工作,正是对一个组织公共关系管理能力的全面考验。

(七)发布新闻通稿

通常情况下,新闻发布会的核心内容需要整理成书面文字。这样做有两方面的目的：首先，为新闻发言人提供事先准备材料，确保其在发言时能够有的放矢、语言表达准确无误，避免出现明显的语病或不当言辞；其次，这些书面材料将作为新闻通稿的初稿，为后续送达新闻媒体做好准备。新闻发布会结束后，将对这份书面内容进行细致的修改和润色，然后交给记者进行正式发布。

（八）后续报道追踪

在策划新闻发布会之初，就应充分考虑并规划发布会后的追踪报道工作，同时需指定专门人员进行持续跟进。这一环节不仅是对新闻发布会效果的检验，更是实现发布会举办初衷的关键。组织方需对发布会后的相关报道保持高度关注，并积极与主流媒体记者保持紧密沟通，共同商定报道的角度、时间安排以及版面、栏目或频道的安排。通过这些细致入微的后续工作，可以确保新闻发布的各项内容得到有效传播，从而最终实现发布会的既定目标。

第三节 公关广告

一、公关广告的含义

现代广告业是随着商业广告的兴起而逐渐发展起来的，商业广告主要以宣传产品和服务为核心。然而，随着企业间竞争的加剧和生产技术的不断进步，生产相似产品的企业在质量、外观设计、成本和定价等方面逐渐趋于同质化。在此背景下，消费者对产品的选择空间变得越来越广阔，除了产品价格、质量、外观和售后服务等传统的考量因素外，消费者更倾向于选择那些他们熟悉并且有好感的企业所生产的产品。因此，企业的形象和品牌知名度在产品销售和服务推广中起到了至关重要的作用。这也使得企业更加重视那些能够提升其知名度的广告宣传。同时，为了塑造企业的良好形象，公共关系策略开始被广泛地融入广告中，公关广告应运而生。公关广告的直接目的就是树立组织积极正面的社会形象。

所谓公关广告，是指组织通过购买大众媒体的使用权，向公众传递组织的信誉信息，进而塑造和提升企业形象的一种特殊广告形式。

二、公关广告与产品广告的区别

公关广告与产品广告的区别主要表现在以下 8 个方面：

第一，广告内容不同。公关广告主要聚焦的是与企业形象有关的信息，产品广告主要侧重于产品及相关的技术、劳务等内容。

第二，广告对象不同。公关广告的对象是公众与舆论，产品广告的对象是顾客及潜在消费者。

第三，广告目的不同。公关广告的目的是"欣赏我，喜欢我"——可以和我交朋友，树立良好形象；产品广告的目的是"购买我，推销我"——卖出产品，做大生意。

第四，广告效果不同。公关广告的效果是产生长远的社会影响，产品广告的效果是达到短期的市场销售效果。

第五，营销功能不同。公关广告的营销功能是间接促销，产品广告的营销功能是直接促销。所以说，公关广告也具有营销效应。

第六，传播色彩不同。公关广告的公众色彩浓，产品广告的商业色彩浓。

第七，影响模式不同。公关广告的影响模式是先公众，再企业，最后到产品；产品广告的影响模式是先公众，再产品，最后到企业。

第八，表现形式不同。公关广告的表现方式客观性强，报喜也报忧；产品广告的表现形式主观性强，只报喜。

从以上内容可以看出，公关广告聚焦推销企业，树立形象；而产品广告聚焦推销产品，促成成交。

 职场
故事

公关广告示例

用实际的公关广告案例，更有助于理解公关广告和产品广告的区别。示例如下：

1. 华为广告：华为，引领未来科技潮流。

2. 小米 SU7 广告：人车合一，我心澎湃。

3. 格力广告：让世界爱上中国造。

4. 范思哲广告：你是我明目张胆的偏爱，也是我众所周知的例外。

5. 香奈儿广告：世界上最牢固的感情不是我爱你，而是我习惯了有你。再多人喜欢你，也比不上你喜欢的人刚好喜欢你。

资料来源：笔者收集整理而得。

三、公关广告的类型

公关广告的类型丰富多样，根据公关广告所要展现的不同目的，具体介绍 12 种类型，见表 4-2。

表 4-2　公关广告的类型

序号	名称	定义	举例
1	实力广告	实力广告是指用广告的形式向公众展示组织机构的实力。作为企业,主要是展示其生产、技术、设备和人才等方面的实力	王老吉:怕上火就喝王老吉
2	理念广告	理念广告是宣传某种观念或价值观念的广告形式。理念广告并不直接宣传某个具体产品或服务,更多的是通过传递某种价值观念来提升广告主的形象和声誉	苹果:Think Different
3	信誉广告	信誉广告是一种宣传组织的信誉和良好形象最直接的公共关系广告形式	戴森(Dyson):颠覆传统
4	声势广告	声势广告是以宣传组织的大型活动为内容的一种广告形式,旨在创造声势,扩大影响。这种广告形式常用于庆祝组织的重要时刻,如新厂房落成剪彩、庆典等	福州数字峰会"云上峰会":直播 2023 数字峰会
5	商标广告	商标广告是一种公共关系广告形式,其核心内容聚焦于宣传和推广产品的独特商标,旨在通过强化商标的识别度和影响力,进一步提升品牌的知名度和公众认知度	安踏:爱运动,中国有安踏
6	庆贺广告	庆贺广告的核心在于传递喜悦与祝福,旨在广泛地向社会公众传递这份美好的情感。这类广告常涉及企业赞助新开张单位的广告费,并署名祝贺,以表达支持,同时新开张单位也会以某种形式表达感谢	可口可乐虎年广告:有你,就是好年
7	致歉广告	致歉广告旨在坦诚承认错误、澄清误解,并表达深深的歉意,以期获得公众谅解与宽容	胖东来发布致歉信:《致顾客信》
8	致谢广告	致谢广告是一种在特定时机,如节日、活动结束等,向消费者、公众或社会各界表达衷心感谢的广告形式	香港市民:投放户外广告致谢疫情中援港人员
9	解释广告	解释广告(声明广告)旨在公开声明组织或品牌对特定事件、情况或话题的立场,通常用于回应公众关注、质疑或误解,通过提供清晰信息来澄清事实、解释原因,并增强公众对组织或品牌的信任和理解	奥迪:就主题"人生小满"的广告视频涉嫌抄袭发表声明
10	响应广告	响应广告是以广告形式回应社会生活重大主题,展示组织与社会生活的公共性和关联性,以获得公众理解和支持	娃哈哈 AD 钙 2024 春晚广告:懂你酸酸甜甜,陪你可可爱爱
11	公益广告	公益广告展示组织对公益的热心,内容与公共事业相关,但与组织无必然联系	攀枝花市自然资源和规划局公益广告:禁烟控烟,从你我开始
12	创意广告	创意广告是组织发起的新颖运动或倡导的有益理念	创意广告:发生在菜鸟驿站的《1 分钟》的故事

资料来源:笔者整理而得。

除了表 4-2 中的 12 种类型,公共关系广告在实际应用中还涵盖诸多其他形式,并会不断涌现出新的类型。然而,值得注意的是,公共关系广告往往不局限于某种特定类型,而是常呈现多种类型的混合,尤其是在与商品广告的融合日益加深的情形下。因此,在实际应用中,应灵活应用公共关系广告,以便其能够发挥最大的效用。

四、公关广告的作用

公关广告,作为广告领域的一种关键形式,正日益受到组织的关注和重视。这背后的原因,主要在于公关广告所具备的多方面且无法被替代的重要作用。

(一)塑造组织良好形象,推动各项业务发展

第一,在销售业务方面,公关广告在树立企业形象及推动产品销售中扮演着举足轻重的角色。如前所述,公关广告的产生,正是基于企业形象在产品销售中的决定性作用。因此,从诞生之初,公关广告的核心目标就是促进企业产品的销售。众多企业甚至将公关广告与产品广告相融合,共同推动市场营销。

第二,在人才吸纳方面,公关广告同样发挥着重要作用。人才是现代企业竞争力的核心要素。通过公关广告塑造企业良好的社会形象,对于吸引和留住人才具有显著效果。在公众心目中,频繁进行公关广告的企业往往实力雄厚、前景广阔,为人才提供了更多发展机会和空间。因此,这样的企业更容易吸引优秀人才加入。公关广告就像是企业融入社会的先锋,搭建起企业与消费者、投资者、政府及合作伙伴之间沟通与理解的桥梁,同时也是增强企业内部凝聚力的重要手段。通过将企业价值观、方针和精神巧妙结合,公关广告对社会和公众产生深远影响,使企业形象深入人心。

(二)增强组织信誉口碑,吸引社会资金流入

在一个资金市场健全、投资来源多样化的环境下,企业声誉成为影响公众投资决策的关键因素。公众会依据企业的声誉来决定是否投资以及投资的额度。对于一家信誉卓越的企业,其吸引力对投资者而言是不言而喻的;反之,一个声誉受损的企业则很难激起投资者的热情。有人曾预测:如果可口可乐公司遭遇火灾,那么全球各大银行巨头争相向其提供资金援助的消息,将成为次日新闻的头条。这一预测实际上揭示了公关广告在吸引投资方面的巨大潜力,确实能够为企业引来大量的资金支持。

(三)营造组织的和谐环境,促进其长远发展

无论是企业内部还是企业外部,都存在若干复杂的关系,这些复杂的企业内外部环境由众多复杂的关系网构成,既包括企业内部的员工互动,也涵盖企业与外部供应商、合作伙伴、销售渠道、金融机构及政府部门的交往。公关广告在这些关系的协调

与优化中扮演着关键角色。

从企业外部环境来看,公关广告不仅能够吸引社会各界的投资,从而改善企业的外部经济条件,还能通过塑造积极的企业形象,增强与原材料供应商、分销商、零售商之间的业务联系。当这些合作伙伴看到一个稳定、可信赖且有着良好声誉的企业时,他们更愿意与之建立长期稳定的合作关系,从而为企业的发展提供坚实的基础,确保稳定的经济效益。

对于企业内部环境而言,公关广告同样发挥着不可替代的作用,不仅能够加强企业与员工之间的联系,提升团队的凝聚力,还能作为一个沟通平台,让员工更深入地了解企业的成就与挑战。例如,日本丰田汽车公司通过其公关广告传达的"丰田人"精神,以及那句脍炙人口的广告语"车到山前必有路,有路必有丰田车",都极大地激发了员工的归属感和自豪感,进一步加强了企业的内部团结和向心力。

五、公关广告的策划

一则简短的广告,一幅精致的画面,几行凝练的文字,要想触动公众的情感,产生深深的共鸣,实现塑造组织形象和推广产品的目标,其任务之艰巨,好似要挑起千斤重担。公关广告的构思与设计,便是完成这项重任的核心所在。在创作广告之前,需要深入了解当前的市场环境,精准锁定目标受众,进而明确广告的主题、表现手法和传播媒介。唯有经过周密的策划与选择,公关广告才能发挥出其应有的影响力,达到预期的宣传效果。

(一)开展组织环境分析

常言道:"知己知彼,百战不殆,"这句话同样适用于公关广告的运用。组织在策划公共关系广告时,也应从深入了解自身状态出发,进行组织处境分析。这一分析的核心在于探究公众对组织的看法,进而借助公关广告的力量,转变公众对组织的负面印象或澄清模糊认知,同时巩固并提升组织在公众心中的正面形象。

要进行组织处境分析,首要任务是洞察公众的真实态度。这可以通过 2 种方式来实现:一是通过调查和访问来直接获取公众的意见;二是通过分析本组织产品的销售情况以及与同行业产品的对比来间接推断。前者虽然成本较高,但能提供更为准确的数据;后者成本较低,但结论的精确度可能稍逊一筹。

在了解了公众对组织的态度后,接下来的步骤是深入探究公众对组织持负面态度的根源,并寻求有效的解决方案。公众对组织的不了解可能源于多种因素,而通过精心策划的公关广告,可以有效地将组织的信息传递给公众,从而使他们由陌生到熟悉,由误解到理解。在明确了组织处境之后,便能更精准地确定公关广告的目标和任务,实行有针对性的传播策略。

(二)确定目标对象

组织若欲借助公关广告来转变公众的不利看法并塑造良好形象,在策划公关广告活动时,必须精准选择目标受众。换言之,组织必须明确其广告的宣传对象,即希望影响哪一类人群。为此,对公关广告的受众进行细致分类显得尤为重要。与产品广告的目标群体不同,公关广告的受众可以细分为 8 个类别。通过这样的细分,组织能够更精准地制定广告策略,从而达到更好的宣传效果。

1.政府

政府既涵盖中央的政权机构,也涉及各级地方政府。在全球视野下,政府对组织所发挥的作用同样不可忽视,这一作用主要体现在以下 2 个层面:

第一,政府是法律的缔造者,特别在反垄断法的制定与实施上扮演着关键角色。对于规模庞大的组织而言,这些法律具有不可忽视的约束力。在组织蓬勃发展之际,通过精心策划的公关广告,展示其持续增长和扩张对国家经济的积极影响,如解决就业、推动产业升级等,可以有效避免政府以反垄断之名对其发展进行干预,甚至避免被强制拆分为多个小型组织。反之,在组织遭遇经营困境时,通过公关广告揭示组织破产可能带来的失业潮、市场垄断加剧以及经济发展受阻等连锁反应,往往能够促使政府在财政、政策等方面给予必要的支持,帮助组织渡过难关。

第二,政府作为最大的公共产品采购者,其采购决策对组织具有深远影响。组织通过精心设计的公关广告,可以巧妙地影响政府的采购决策,从而为自己的产品或服务创造更多商机,实现组织与政府的共赢。

2.社区居民

任何组织都扎根于特定的地域空间,这里的社区居民是即指那些与组织相邻而居的公众。组织的日常运营往往会对社区居民的生活产生一系列的影响,这些影响既有正面的,也有负面的。然而,负面影响如废气排放、废水废渣对环境造成的污染,以及噪声对居民日常生活的干扰,甚至将原材料随意堆放在厂区外的街道上给附近居民带来的不便,都容易引发公众的强烈反响和不满。

扫描右侧二维码查看职场故事。

3.雇员

雇员,无论是高层管理人员还是一线员工,都是组织大家庭中不可或缺的一部分,也是组织公关广告所瞄准的重要目标。对他们进行公共关系广告宣传,旨在深化员工对组织历史的理解,展示组织当前的规模和辉煌成就,同时描绘组织未来发展的宏伟蓝图。这样的宣传旨在凝聚员工的力量,使他们心往一处想、劲往一处使,共同致力于打造一个现代化、竞争力强劲的组织。

 职场故事

任职家书

某高校在人员任命正式下达后,会同时送上一封写给家属的感谢信,突出在职员工的出色、努力、成绩,同时感谢家属的支持。这种做法在一定程度上激发了员工的工作积极性和家属的支持和认同。很多人都将家属转发到社交媒体上,起到了很好的公关效果。"任职家书"举例如下:

亲爱的××同志的家属:

您好!

春风送暖,喜讯频传。我们怀着满心的喜悦,向您传达一个令人振奋的消息。××同志在工作中展现出卓越的创新能力和担当精神,凭借出色的工作成绩,为学校一流应用型大学标杆建设贡献了宝贵的智慧和力量。因此,我们荣幸地宣布,××同志已于2024年5月19日正式被聘任为××学院副院长。

在此,我们衷心感谢每一位家属对××同志的关心与支持,正是这份无私的爱与支持,使他能够在工作岗位上取得如此显著的成绩。我们向您表达崇高的敬意,并对您的默默付出表示衷心的感谢!

让我们共同为××同志的晋升喝彩,也期待他在新的岗位上继续为学校的发展贡献更多力量。再次感谢家属们的支持与理解,祝愿您家庭幸福、安康!

此致

敬礼!

××大学

2024年5月20日

资料来源:笔者根据工作实际情况整理而得。

不仅在对内公关上注重对员工的公关,在对外宣传上,很多组织也非常重视员工的认同感、归属感的提升。例如,IBM公司创始人、美国著名组织管理天才沃特森曾经说过:"你可以接管我的工厂,烧掉我的房子,但只要留下这些人,我就可以重建IBM。"从这句话中就可以看到人才的重要性。同时,更体现出 IBM 人才至上的理念。这样的表述不仅向外界展示了企业的实力和团队精神,同时也让员工感受到自己的价值和重要性,从而激发他们的工作热情和创造力,使他们更加愿意为企业的发展贡献自己的智慧和力量。

4.供应商

供应商,作为企业经济链条中不可或缺的一环,主要负责提供原材料、能源以及协作服务,其与企业之间的经济联系紧密且深远,对于企业的稳健发展和持续成长具有举足轻重的作用。作为企业的利益相关者,供应商不仅是合作伙伴,更是企业成功的关键要素之一。因此,将供应商纳入企业公关广告的重要对象,是建立和维护良好合作关系的重要策略。通过精心策划的公关广告,可以向供应商传递企业的核心价值和愿景,展示企业的实力和信誉,进而增进彼此的了解和信任。这样的广告不仅有助于加强双方的合作,还能激发供应商的积极性和创造力,共同为企业的发展贡献力量。

5.财务公众

财务公众,涵盖企业股东、银行以及与之建立信贷关系的各类金融集团和机构,是企业资金流动的重要支柱,更是企业持续发展的生命之源。因此,确保财务公众对企业的财务状况有清晰且深入的了解,是企业至关重要的任务。为了向财务公众展示企业的稳健和前景光明,许多大型企业都会精心准备年度报告,并将其分发给股东和金融界。这些年度报告不仅内容丰富、数据准确,而且设计精美,让股东们深感其投资的价值与回报,同时也让金融机构在全面了解企业后,更加愿意在资金上给予支持。

除了年度报告外,许多企业还会在年终结算后,积极利用各类宣传媒介,如电视、报纸、网络等,发布公关广告。这些广告不仅传递了企业的财务健康状况,还展现了企业的战略规划和发展蓝图,旨在赢得更广泛的财务公众的支持和信任。对于股份制企业来说,这种策略更是吸引潜在投资者、扩大股东基础的重要手段。

6.消费者和用户

消费者和用户是企业公关广告的核心受众,是企业产品和服务最直接的体验者,他们对企业形象的态度直接关联着企业的兴衰成败。在当下竞争激烈的市场环境中,消费者更倾向于选择那些他们熟悉并信赖的品牌。因此,企业公关广告的首要任务,便是精心构建并维护在消费者和用户心中的良好形象。这要求企业不仅要在产品质量上精益求精,还要在品牌形象、企业文化、服务体验等多个方面下足功夫,确保消费者和用户能够在与企业的每一次互动中感受到积极、正面的价值。

7.经销商

经销商是企业商品流通链中的关键一环,如同企业连接市场的坚实桥梁和可靠纽带。企业与经销商之间的合作关系,直接影响着企业产品能否高效、顺畅地进入市场,实现销售目标,特别是在企业开拓新市场、寻求新合作伙伴的重要时刻,与经销商之间的关系更是至关重要。这种合作关系的建立与巩固,往往需要借助公关广告的力量。通过精心策划的公关广告,企业可以向经销商传递其独特的品牌理念、产品优势和市场前景,吸引他们的注意并激发合作意愿。同时,公关广告还能加强企业与经销商之间的沟通和交流,增进彼此的了解和信任,为双方的合作奠定坚实的基础。

8.关键意见领袖(key opinion leader,KOL)

关键意见领袖是指那些在社会各领域中具有显著影响力的人物,他们的演讲、文章和评论能够深深触动公众的情感,从而引导舆论走向。这些 KOL 可能来自不同的领域,包括报刊的新闻记者、评论家、文艺体育明星,甚至一些政界人士。由于KOL对公众影响力巨大,他们的观点和态度往往能够左右一大批人的决策。对组织而言,KOL对组织的印象、态度和好恶更是具有举足轻重的意义。当KOL对组织的产品或服务表示赞赏和推荐时,将为组织带来巨大的正面效应,提升品牌形象,吸引更多潜在消费者。相反,如果评价不佳,负面舆论将迅速传播,对组织造成不可估量的损失。

所以,组织应当充分重视与KOL的关系,将他们视为公关广告的重要对象之一。通过与KOL建立积极的合作关系,可更精准地传达品牌信息,扩大品牌知名度,增强消费者对品牌的信任感。同时,还可通过KOL的影响力,及时发现并解决潜在的问题和危机,维护声誉和形象。

每一种公众都有其独有的特征和影响力,组织需根据自身的处境和发展需求来制定策略,确保公关广告和活动能够精准地触及目标群体,并产生最佳效果。

(三)明确公关广告定位

组织在制作公关广告时,应避免过度美化,而应专注于展示其某一方面的优势;同时,制定广告时需要进行准确的定位,以更好地在竞争市场中塑造组织的品牌形象。

1.组织实力

组织实力是组织在经济、技术等方面所具备的综合能力以及在行业中的相对地位。在制定公共关系广告时,组织实力的展示是重要一环。对于在行业中处于领先地位的组织,其公共关系广告的一个核心内容便是强调自身在技术上的领先地位和经济上的雄厚实力,通过展现创新能力、研发成果、市场占有率和经济规模等,塑造组织作为行业先锋形象,其有助于巩固市场地位,提升品牌影响力和消费者信任度。然而,当组织在行业中并不处于绝对领先地位时,可考虑采取"甘居第二"的策略。这种策略并不是简单地承认自己不如他人,而是通过强调自己在某些特定领域的优势、专注的服务或者创新的理念,来赢得消费者的青睐,其有助于组织在竞争激烈的市场中找到自己的定位,吸引目标受众的关注。同时,一些小型或者新兴组织,可能会选择运用"反向宣传"的方法,即把自己描述为最差的、最坏的。这种策略看似冒险,但在某些情况下却能产生出奇制胜的效果。

职场
故事 ──────────────────────────────────────
破店——闽菜酒馆

1996年,张建海在福州水部开了一家大排档,主打连江海鲜菜肴。大排档名叫"桃花村",但因为资金有限没有装修,被食客笑称为"破店"。因为菜肴口味好,口口相传,"破店"的名气越来越大。大排档拆迁后,张建海的新店选址朱紫坊,名字就叫"破店"。2002年,他申请注册了"破店"商标。经过多年的发展,"破店"已成为有近

40家门店的现代化餐饮连锁企业。由于"破店"的叫法,引起很多人的兴趣,想去尝试,目前已经是人气很高的老店了。

资料来源:刘珺.张建海:制作蹄膀入选鼓楼非遗[EB/OL].(2022-06-22)[2024-06-10].https://baijiahao.baidu.com/s? id=17362943461534790073&wfr=spider&for=pc.

2.公众心理

公众心理是公关广告的核心考量因素,包括公众对组织评价的固有标准和价值观。这些标准受文化背景、社会观念和个人经历影响。了解公众心理是制定有效公关广告策略的基础。在中国,公众对国有组织有较高信任度,认为其可靠稳定。因此,国有企业的广告可强调国有背景以增强信任。年轻人对体育事业热情高,组织可借此展示对体育的支持,吸引年轻消费者。公众对合资企业的认知存在误区,组织应展示自身技术实力而非过度强调合资背景。公众普遍认为关心公益的组织值得赞赏,因此组织可展示其公益贡献以提升好感度和认同度。

(四)确定公关广告主题

广告定位明确后,确定公关广告主题至关重要。主题是广告的灵魂,通过精练元素传达中心思想,树立企业形象,把握主题是公关广告成功的关键。确定主题后,表现广告主题要在新、烈、远、美4个方面下功夫。

1.主题新

公关广告的主题新颖,意味着在设计和推广广告时,要突破传统框架,采用创新、独特的方式来呈现组织的信息,以此吸引公众的注意力和兴趣。新颖的主题不仅能够有效传达广告信息,还能在竞争激烈的市场中脱颖而出,帮助组织树立独特的品牌形象。要实现公关广告主题的新颖性,可从以下方面着手:

第一,深入洞察公众需求。了解目标受众的需求、兴趣和期望,从他们的角度出发,寻找能够引起共鸣的创新点。

第二,突破传统思维。避免使用陈词滥调和俗套的广告元素,通过独特的视角和创意来呈现组织的特色和优势。

第三,运用新技术和媒介。借助新兴的数字技术和社交媒体平台,以更具互动性和创新性的方式展示广告内容,吸引年轻一代的受众。

第四,强调组织文化和价值观。通过广告展现组织的核心价值观、文化理念和社会责任,塑造组织的良好形象,增强公众对组织的认同感和好感度。

第五,结合时事热点和趋势。关注当前社会的热点话题和流行趋势,将广告内容与这些元素相结合,提高广告的时效性和吸引力。

2.主题烈

当谈及公关广告的主题烈时,追求的是那种能够瞬间震撼心灵、留下深刻印象的效果。要求广告创意独特、对比鲜明，能够在众多信息中脱颖而出。例如，关于酒驾的广告主题"白酒红酒不如生命长久，碰杯干杯就怕肇事后悔"，通过强烈的对比和鲜明的观点，立刻吸引了公众的注意力，同时也传达了拒绝酒驾的重要性和价值，从而有效地达到了公关广告的目的。

3.主题远

主题远强调了在确定公关广告主题时，需要深思熟虑、提炼升华，使得主题富有深远的寓意，能够引发公众的联想与启发。通过这种方式，广告不仅传递了产品的信息，更传达了一种哲学思考或人生智慧。

 职场故事

珀莱雅——"性别不是边界线，偏见才是"

在庆祝"三八"国际妇女节之际，珀莱雅携手《中国妇女报》匠心策划了一场名为"性别不是边界线，偏见才是"的系列主题活动。此次活动以日常生活中频繁出现的言辞为起点，深刻剖析并质疑那些以性别为名的偏见。尤为值得一提的是，珀莱雅展现出了别具一格的洞察视角，不仅聚焦于"女性偏见"的解构，更将社会对男性的误解与偏见也纳入了讨论范畴。这一举措旨在打破传统观念中"女性应当如何"和"男性应当如何"的刻板印象，挣脱性别刻板印象的桎梏，深入探讨性别平等的核心意义。强调在定义"女性"或"男性"的身份之前，更应当关注作为"人"的共性与尊严。这一深邃的理念引起了社会的广泛共鸣，呼唤社会各界共同努力，构建一个更加平等、包容的社会。

资料来源：珀莱雅×中国妇女报：性别不是边界线，偏见才是[EB/OL].(2021-03-07)[2024-06-10].https://m.thepaper.cn/baijiahao_11595550.

4.主题美

在广告创作中，追求"主题美"是一种艺术境界，要求广告不仅传递商品信息，更要给公众带来美的感受、美的享受和美的印象。这种美，不仅体现在视觉上的华丽，更在于触动人心的力量和深远的文化内涵。例如，斯沃奇手表的公关广告主题"Time is what you make of it(天长地久)"。"天长地久"是非常美好的词语，给人力量感和幸福感，更具有美感。

（五）选择公关广告的媒介

企业的公关广告要有效地触达公众，必须借助恰当的媒介作为关键纽带和桥梁，将广告信息从发布者传递到目标受众，因此，需要选择适当的公共关系广告媒介。这不仅直接关联着广告效果的好坏，也深刻影响着广告费用的高低。一个明智的媒介选择策略能够确保广告信息以最高效、最经济的方式传递给目标受众，从而达到广告效益最大化。

1.选择媒介的标准

在评估一种媒介是否适宜承载公关广告时,通常需要深入剖析其独特的优势与潜在局限性。这一过程是基于一个核心标准展开的,而这个标准应当紧密贴合并服务于广告宣传的终极目的。通过分析和评价,能够更准确地判断媒介的适用性,确保广告信息的有效传达。选择媒介的标准如表 4-3 所示。

表 4-3 选择媒介的标准

序号	标准名称	解释
1	普及性	媒介普及性越高,广告效果越佳;反之,则受限
2	媒介和广告对象一致性	应寻找与广告对象高度匹配的媒介来增强广告效果
3	吸引力	媒介吸引力影响广告效果,关键在于选择最能吸引目标受众的媒介及其位置或时间
4	广告反复性	若某一媒介能够确保广告对象多次接收到广告信息,那么相较于无反复性的媒介,这种媒介将更具选择价值
5	采购考量	购买条件主要考量的是获取广告时间或版面的难易程度,以及这些资源是否能够满足广告宣传活动的特定要求
6	时效性	时效性指的是广告计划中的预期发布时间与实际发布时间之间的吻合程度或差异大小
7	阐述力	阐述力衡量媒介能否详尽展示复杂广告内容的能力
8	保存性	保存性涉及广告受众是否能够长期持有或保存载有广告的媒介载体
9	制作水平	制作水平涵盖了媒介在广告制作中的硬件技术实力(如设备、仪器等)以及软件技术水准(如创意风格、表现手法等)
10	购买费用	实现广告费用的最小化同时保证广告效果的最优化,始终是广告发布者追求的理想目标

资料来源:笔者参考相关文献资料整理而得。

2.具体媒介分析——互联网

广告媒介有很多种,比如报纸、杂志、广播、电视、组织对外刊物、互联网等,前 5 种属于主流的传统媒介。全民自媒体时代,互联网应用十分广泛,传播速度既快又好,因此这里重点介绍互联网这一媒介。

互联网是通过一系列先进技术相互连接的计算机系统,使信息在全球范围内自由交流。这一庞大的信息网络系统涵盖了世界范围内的海量资源,将现代通信技术与计算机技术完美结合,实现了计算机间的信息共享与交流。互联网的诞生在人类传播史上具有划时代的意义,不仅引发了一场深刻的媒介革命,更改变了人们的思维与工作方式,为现代公共关系提供了创新性的策划思路与传播渠道。

(1)互联网作为公关广告媒介的优势

第一,传播速度快、范围广、互动性强。互联网信息传播迅速,能够在短时间内覆盖全球范围,打破时空限制,为公关广告提供了高效的传播渠道。无论是大型品牌还是初创组织,都可通过互联网迅速将信息传播给目标受众。互联网具有强大的互动性,组织可通过各种在线平台与受众进行实时交流。例如,通过举办线上活动、发起话题讨论或邀请用户参与产品测试等方式,组织可以激发用户的参与热情,增强品牌与用户之间的情感联系。这种互动不仅有助于增强品牌形象,还能及时获取用户反馈,以便调整和优化公关策略。

第二,成本相对较低、效果可量化。相比传统公关广告方式,互联网公关广告的成本更低。组织可以通过社交媒体、博客、视频平台等渠道进行免费或低成本的宣传,有效节省广告费用。此外互联网公关广告的效果可通过各种数据分析工具进行精确测量。例如,组织可以追踪广告的点击率、转化率、用户留存率等指标,从而评估广告效果,为优化策略提供依据。

第三,个性化营销、创新性强。互联网允许组织根据用户的兴趣、行为等特征进行精准营销。通过数据分析和用户画像,组织可以制定更具针对性的公关策略,提高广告效果和转化率。互联网不断涌现出新的技术和应用,为公关广告提供了丰富的创新空间。例如,利用虚拟现实、增强现实、人工智能等技术,可以打造出更具吸引力和互动性的公关广告内容。

第四,多媒体融合、灵活性和实时性高。互联网能够融合文字、图片、音频、视频等多种媒体形式,为公关广告提供丰富多样的表现形式。这种多媒体融合的特点使得公关广告更具吸引力和感染力,能够更好地传达组织的品牌形象和核心价值观。互联网公关广告具有极高的灵活性和实时性,可根据市场变化、用户需求或突发事件及时调整广告内容,确保信息的时效性和准确性。同时,互联网广告可实时更新,随时发布最新的品牌信息或促销活动,以吸引用户的关注。

第五,跨界合作机会多。互联网为公关广告提供了更多的跨界合作机会。组织可与不同领域的合作伙伴共同开展活动,通过资源共享和优势互补,实现品牌价值的最大化。这种跨界合作不仅可以扩大品牌的影响力,还可以为组织带来更多的机会。

(2)互联网作为公关广告媒介的弱势

第一,信息真实性难以确认。互联网上信息繁杂、真假难辨,公关广告在传播过程中可能会受到虚假信息的干扰,导致公众对广告内容的真实性产生怀疑。此外,一些不法分子可能利用互联网进行虚假宣传或诈骗活动,进一步损害公关广告的可信度。

第二,信息过载导致关注度下降。互联网上的信息量巨大,人们每天都会接触到大量的信息,可能导致公关广告在海量信息中淹没,难以引起公众的关注和兴趣。即使广告内容有吸引力,也可能因信息过载而被忽视。

第三,目标受众定位不准确。虽然互联网具有强大的数据分析能力,但在实际操作中,对目标受众的精准定位仍然是一个挑战。如果公关广告的定位不准确,可能导致广告投入与回报不成正比,甚至产生负面效果。

第四,网络安全和隐私保护问题。网络安全问题是互联网广告不可忽视的一个方面。黑客攻击、数据泄露等网络安全事件可能对公关广告的传播造成负面影响。同时,互联网广告在收集和使用用户数据时,也可能引发隐私保护问题,损害公众对广告的信任度。

第五,互动反馈难以管理。虽然互联网的互动性为公关广告提供了更多与公众互动的机会,但也带来了管理上的挑战。负面评论、恶意攻击等不良互动可能损害品牌形象,甚至引发公关危机。因此,有效管理互联网上的互动反馈是公关广告面临的一个重要问题。

(3)互联网做公关广告用的主要平台

互联网作为公关广告的重要媒介,有很众多平台供广告主选择。公关广告中较为常用的互联网平台,如表 4-4 所示。

表 4-4　公关广告常用的互联网平台表

序号	平台名称	细分类别	解释
1	社交媒体	微信	作为中国最大的社交媒体平台之一,微信不仅提供了朋友圈广告,还有公众号、视频号、小程序等多种广告形式,使得广告主能够精准地触达目标受众
		微博	微博以其短平快的特点,成为品牌传播和危机公关的重要平台。广告主可以通过微博进行产品推广、活动宣传,并与粉丝进行实时互动
		抖音、快手等短视频平台	这些平台以短视频为主要内容形式,适合进行品牌展示、产品演示等形式的广告,吸引年轻用户的关注
		B 站	B 站以年轻人和二次元文化为核心用户群体,构成了其独特而稳定的用户基础。其用户具有高黏合度和高活跃度的特点,这也是 B 站能够持续吸引和留住用户的重要原因。B 站是一个内容驱动的平台,用户对于创意、有趣、有启发性的内容非常感兴趣。因此,在 B 站做公关广告时,应注重内容的质量和创意性。可以结合品牌故事、产品特点、用户痛点等,创作出能够引起用户共鸣和关注的广告内容
		小红书	小红书的用户群体以年轻女性为主,且注重品质、品味和用户体验。因此,在投放公关广告前,要对目标用户进行精准定位,了解他们的兴趣、需求和消费习惯,以便制定更符合他们口味的广告内容。小红书是一个社交性很强的平台,用户之间的互动频繁,在投放公关广告时,可以设置一些互动环节,如问答、抽奖、投票等,吸引用户参与并分享他们的看法和体验,从而增加广告的互动性和传播范围

续表

序号	平台名称	细分类别	解释
2	搜索引擎	百度	作为中国最大的搜索引擎,百度提供了多种广告形式,如搜索推广、信息流广告等,帮助广告主在搜索结果中展示品牌信息
		搜狗	搜狗搜索引擎也提供了和百度类似的广告服务,尤其在某些特定领域和人群中具有较高的覆盖率
3	新闻资讯	今日头条	作为新闻聚合类平台,今日头条通过算法推荐,能够将广告精准地推送给感兴趣的用户
		腾讯新闻、网易新闻等	这些新闻资讯平台也提供了广告位,供广告主进行品牌推广
4	行业垂直平台	针对特定行业或领域的平台,如汽车、房产、金融等行业的专业网站或App	广告主可以在这些平台上进行有针对性的广告投放
5	视频分享平台	优酷、爱奇艺等	这些视频平台不仅提供了视频广告位,还支持原生广告、品牌植入等多种形式,为广告主提供了丰富的创意空间
6	网络论坛和社区	知乎、豆瓣等	这些平台聚集了大量具有共同兴趣和话题的用户,广告主可以通过在这些平台上发布内容或参与讨论,进行品牌传播和口碑建设

资料来源:笔者整理而得。

 职场故事

四川监狱:实力演绎"纯狱风"宣传片

四川监狱通过短视频平台,实力演绎"纯狱风"宣传片,"无须预约,用人身自由即可换购"。具体的文案如下:"现代极简纯狱风格,双卫竖厅开放布局,标准三条线管理,强迫症者的福音,高清摄像头配合日光灯管,全天候记录你的美,专人开关门设计,安全一觉到天亮,入驻即送条纹套装,无须预约,用人身自由即可换购,此房间一经承租,概不退换。"

"用最温柔的声音讲最狠的话",文案触人心底,发人深省,同时搭配监狱内部的一些视频素材,形成一条符合短视频平台受众特点的视频,震撼又贴近生活,起到了非常好的传播效果。

资料来源:监狱的广而告之[EB/OL].(2023-10-15)[2024-06-10].https://www.douyin.com/video/7290415003440516371/search/%E5%9B%9B%E5%B7%9D%E7%9B%91%E7%8B%B1%E5%AE%A3%E4%BC%A0%E7%89%87?aid=90b16caa-d558-4622-8873-63103e6800bd&modal_id=7289982989008653627&type=general.

2024 年甘肃"天水麻辣烫"走红

在 2024 年 2 月 13 日,一位天水籍大学生在春节期间返乡后,于品尝麻辣烫之际,随手拍摄了一碗色泽诱人的麻辣烫并分享至短视频平台,配以文字"建议全国普及甘肃麻辣烫"。出乎意料的是,这短短 7 秒的视频迅速走红网络,收获了无数点赞和转发,进而激发了众多美食博主的品尝热情,掀起了探访麻辣烫的热潮。随着网络热度的持续升温,秦州融媒于 2 月 29 日迅速跟进,发布了关于"天水麻辣烫"的首条新闻报道,成功吸引了社会各界的关注,天水也因此进入了"麻辣烫"时代。

据央广网 2024 年 4 月 23 日报道,"天水麻辣烫"持续火爆,自 3 月以来,天水实现的旅游花费高达 52.3 亿元。在全民自媒体的时代背景下,结合城市本身深厚的历史文化底蕴,天水成功地迈出了一大步,走进了公众的视野。

资料来源:带火"天水麻辣烫"的博主找到了,原来是她[EB/OL].(2024-03-19)[2024-06-10].https://baijiahao.baidu.com/s? id=1793892175833869943&wfr=spider&for=pc.

在选择互联网平台进行公关广告时,广告主需要综合考虑平台的用户规模、用户画像、广告形式、投放成本等因素,以确保广告能够精准地触达目标受众,并实现预期的传播效果。同时,广告主还需关注平台的广告政策、投放规范等,确保广告内容合规合法。

扫描右侧二维码查看实战演练。

3.每位成员的以身作则就是最好的宣传媒介

每一位组织成员同样可以成为组织的重要广告媒介。他们通过自身的言行举止,传递着组织的文化和价值观,影响着外界对组织的认知和看法。

以身作则不仅要求成员们在工作上勤勉敬业、追求卓越,更要求他们在生活中保持正直诚信、积极向上。当成员们能够真正做到以身作则时,他们的言行就会成为组织最好的宣传。他们的敬业精神、团队合作意识和创新精神,都会被外界所感知和认可,从而为组织赢得良好的口碑和声誉。

成员们的以身作则还能够激发组织内部的凝聚力和向心力。当成员们看到身边的同事都在积极践行组织的价值观和文化时,他们也会受到感染和激励,更加努力地投入工作中去。这种积极向上的氛围和文化,将进一步推动组织的发展和进步。

因此,组织应该注重培养成员的以身作则意识。通过定期的培训和指导,帮助成员们更好地理解和践行组织的价值观和文化。同时,组织还应该建立相应的激励机制,鼓励成员们积极参与组织的宣传活动,为组织的发展贡献自己的力量。

4.广告媒体的选择

在选择广告媒体的过程中,实际上是在进行对不同媒介的综合评价与筛选。虽然最直观的方法是将各媒介的标准化数据进行简单相加后排序,选择得分最高的媒介作为宣传渠道,然而,这种直白的评价方式有其明显的局限性。在广告宣传的实践中,不同的评价指标对宣传效果的影响程度存在显著差异。例如,媒体的覆盖范围、目标受众的匹配度、广告成本以及媒体的品牌形象等因素,都可能在很大程度上影响广告的最终效果。因此,要作出更科学、更合理的媒体选择,必须充分考虑各评价指标的重要程度。通过赋予不同指标以不同的权重,结合实际数据进行加权计算,才能更准确地评估各媒介的优劣,从而选择出最适合组织宣传需求的广告媒体。这样的选择过程,不仅更加科学,也更能确保广告效果的最大化。指标权数的确定有许多方法,这里介绍3种方法。

(1)专家分析法

第一步,选择一批专家,让他们根据企业的情况对10个指标按重要性不同排出位次,然后调整为指标权数来计算每种媒介的总评分。

第二步,计算每个位次值的倒数。

第三步,将所有位次的倒数值相加。

第四步,用每个位次的倒数除以所求得的和,即得权数。

(2)抓大头法

第一步,确定企业关心的主要问题。

第二步,给予主要问题直接相关的指标赋予较大的权数。

第三步,其他次要指标的权数可以小一些或相等。

(3)最小差别法

一般来说,如果某一指标在各种媒介上的评分差别不大,那么该指标对媒介选择的影响就比较小。所以,可根据指标的差别大小确定其权数。

第一步,计算每个指标在每种媒介上的评分值的标准差。

第二步,根据标准差的大小确定权数,标准差越大,权数越大。(可使用 Python 代码来完成)

注意:在实际应用中,权数的确定可能需要结合多种方法,并且可能需要进行归一化处理,使得所有指标的权数之和为1。

(六)投放后的数据跟踪

可考虑安排专人负责跟踪公关广告投放后的数据,发现问题及时解决,有助于最大限度地发挥公关广告的价值。

(七)效果评估

进行公关广告效果评估对于改进和提升公关广告的策划与制作技术至关重要。这种评估主要聚焦于3项核心指标——广告的注意率、记忆率以及经营效果,以确保广告活动能够更有效地达到其预期目标。

1.广告注意率的测评

广告注意率是指公关广告发布后,在公众中产生的被注意到的程度。为了评估广告的注意率,可以采用抽样调查和典型调查的方法。这些方法可以通过随机抽样或针对特定重点群体进行调查来测定公关广告的吸引程度。此外,国外还运用了先进的测量工具,如印象测量器、视力关注仪以及心理测量器等,以科学、精确地评估公共关系广告的注意率。

2.广告记忆率的测评

受众对公关广告的记忆程度是衡量公关广告策划成功与否的关键因素。为了评估这种记忆程度,主要方法包括直接观察、面谈调查、电话调查以及通过调查表格进行的书面调查,这4种方法各具有其优势和局限性,因此,在选择时应当全面了解和分析调查对象的特点,以便选择最适合的方法。

3.广告经营效果的测评

通过关联公关广告的费用变化与经营效果来评估广告效果,可以采用以下3个比率公式来计算公关广告效果比率:

好感公众增加数比率=好感公众增加数/公关广告费用增加数×100%

销售增长比率=销售增加数/公关广告费用增加数×100%

市场占有率增长比率=市场占有率增加数/公关广告费用增加数×100%

适当运用上述方法对公关广告效果进行测评,有助于组织,特别是企业,在公关广告的策划过程中不断改进。这种测评方法有助于使公关广告策划工作更具目的性和计划性,从而持续提高广告效果。

第四节 领导人形象塑造

人格魅力是一个人心理素质和内在修养的直观体现,涵盖道德品质、思想情感、性格气质、学识教养以及处世态度等多个方面。一个人是否能够赢得他人的接纳和尊重,其人格魅力起到决定性的作用。个人形象是人格魅力的外在表现,直接影响他人在人们心目中的印象。一个精明的领导人深知个人形象的重要性,会在言行举止、仪表仪态上做到心中有数、言行有度、仪表合宜。这样的领导人往往能够赢得他人的信任和尊重，建立起良好的人际关系，从而推动团队或组织的发展。

一、内在塑造

为了广泛建立良好的人际关系，领导人需展现自己独特的人格魅力，并在人际交往中精心塑造自己的形象，最重要的是保持精神饱满、神情自然且充满自信。这种旺盛的精力、饱满的热情以及自然大方的神情，是塑造吸引人形象的基石。当领导人在人际交往中展现出这样的状态，不仅能够激发对方的交往热情，还能为交流营造一种积极、活跃的氛围。反之，如果萎靡不振、无精打采或冷漠敷衍，那么对方很可能会觉得索然无味，甚至产生不快。一个精神饱满、神情自然的人，往往能够给人留下自信、乐观、进取和对生活充满热情的印象。而如果表现出神情疲惫、精神不集中或紧张不安，则可能会让人觉得缺乏社交经验、不够成熟、注意力不集中或者态度傲慢。

在社交场合中，应该始终保持对对方的极大热情，对他们的兴趣点表示关注，并随着他们的言谈举止作出自然得体的反应，这不仅是对他人的尊重，也是展示自己人格魅力、吸引对方注意的有效方式。简言之，想要赢得他人的喜爱和关注，首先需要用同样的方式去喜欢和关注别人。

二、语言和行为塑造

(一)语言塑造

谈吐的高雅与真诚，是衡量一个人学识与修养的重要标准。一个人的言谈能直接揭示其是否博学多才，是否接受过深厚的文化熏陶。沉默寡言、不善言辞的人往往难以在社交中脱颖而出。

在社交场合中，作为领导人能够侃侃而谈，用词精准且高雅，言之有物，对问题有独到见解，反应迅速且自如，能够简洁、准确、鲜明、生动地表达自己的思想和情感的人，无疑会展现出非凡的气质和风度。然而，值得注意的是，这种高雅的谈吐并非一朝一夕能够伪装出来的。2024 年 3 月 12 日，俄罗斯总统普京会见"俄罗斯领导者"竞赛的获奖者。其中一名获胜者是来自特别军事行动区的女兵，普京向获奖女兵致意："有人说过这身军装很适合你吗?"女兵的回应把普京逗笑了。女兵说："您不会相信的，每个人都这么说! 所以我还不着急换下这身军装!"普京笑着回应："我也是这么想的"。这段对话轻松、快乐，平易近人的领导者形象瞬间夯实。拥有语言艺术绝对是领导者的实力。

过分追求华丽的辞藻只会显得浅薄浮夸，而过于咬文嚼字则可能让人感到酸腐。

作为领导人,更应注重言谈举止的得体与恰当,不背后议论他人,不搬弄是非,不揭人之短,不谈人隐私,这是基本的道德底线。记住,言语如同利刃,一旦伤人,难以弥补。因此,在开口之前务必三思,避免说出过头的话、刻薄的话、挖苦或讽刺的话,以免给他人带来不必要的伤害。

职场
故事

百度副总裁:员工闹分手提离职我秒批

2024年的五一假期刚结束,百度某副总裁更新了多条抖音内容,主要聊起了职场话题。视频标题包括:"员工闹分手提离职我秒批""谁挣钱多谁买单""公关人春节周末没有假期""职业女性对于家庭的最大遗憾"。这些视频内容并没有提升百度公司的正面形象,反而让其个人陷入了"冷血无情"的舆论争议,同时引发了外界对百度内部职场文化的讨论。

最大的争议主要来自"员工闹分手提离职我秒批"这条视频。视频中表示,公司和员工只是雇佣关系,公司没有义务去了解员工的个人情况。对于其争议言论,网友们纷纷开启批判模式:"百度的文化不就是这样? 看看搜索就知道了,眼里只有钱""百度果然是一家不知人间冷暖的公司""冷冰冰,演都不想演了吗""大公司没有社会担当"。这是典型的因为领导人的言语失当导致的危机公关事件。

资料来源:百度副总裁道歉! 账号内容清空,曾说"员工闹分手提离职我秒批"[EB/OL]. (2024-05-09)[2024-06-10].https://mp.weixin.qq.com/s? __biz=MzI2ODk3NDExMA==&mid=2247810272&idx=1&sn=ac0d6b91523c0561ace4a56c56a0e167&chksm=ebd3cbdfec7b286423a0bc3472a3aee62ae5c42a698a8d95cf75ecb038a4b782b699135952cb&scene=27.

(二)行为塑造

塑造自然大方的形象是每位公关人员追求的目标。具备朴素大方、温文尔雅的行为习惯,举止稳重、文明得体,无论是在坐、立、行时都能展现出优雅的姿态,这样的形象能够凸显一个人的良好教养,给他人留下成熟可靠的印象。相反,粗俗不雅的举止则容易令人反感。

在社交中,掌握适当的交往距离至关重要,能确保双方心理上感到舒适和坦然,过度亲热或过分冷淡都可能引发对方的误解。一个人的行为举止能够自然、洒脱、无拘无束,不仅源于丰富的社交经验,更主要的是基于其坚定的自信心。只有对自己充满信心,相信自己的能力和价值,才能在社交场合中展现出自然大方、挥洒自如的风采。

领导人在塑造自身形象时,更应注重细节和分寸,应该做到"该行则行、该止则止,该坐而坐、该说而说",行事稳重且有度,待人热情而又不失分寸,礼貌周到而不拘泥于小节。这种非规范、非格式的社交艺术需要每位领导人不断琢磨和体会,通过积累经验,逐渐形成自己独特的风格和魅力。

扫描右侧二维码查看实战演练。

三、仪表塑造

仪表整洁,衣着得体,是建立良好人际关系的基石。根据人际吸引原则,一个风度翩翩的人总能轻易赢得他人的好感与亲近。相反,那些不修边幅的人,往往难以在人际交往中占据优势。对于领导人而言,其仪表不仅包含身材容貌、姿态和神情,还包括服饰选择。虽身材和容貌是先天赋予,但领导人完全可通过保持积极神态、谦和态度以及得体的服饰来展现优势,并弥补可能的不足。衣着服饰不仅是个人审美情趣和修养的反映,更是塑造个人形象的重要工具。当领导人的服饰与职业相契合,与形体、年龄相协调,并与场合气氛相匹配时,他们将展现出更加潇洒自信的风采,赢得更多尊重和喜爱。

在人际交往中,人们往往会根据对方的仪表和服饰来形成初步印象,尽管这种认识方式可能存在一定的局限性,但谁都无法忽视这种认知习惯的影响。作为领导人,应注重仪表和服饰,一个优雅的发型、一套考究的长裤和上衣、一双合脚的高跟鞋、一条简洁大方的项链以及恰到好处的淡妆,都能为领导人的形象加分,充分展现其个人风采和组织形象。通过这些细节的把握,领导人可在人际交往中赢得更多信任和支持,为组织发展注入更多活力。

📦 本章小结

本章重点介绍了公关新闻的含义、特点、策划;新闻发布会的含义、策划;公关广告的含义,公关广告与产品广告的区别,公关广告的类型、作用、策划;领导人形象塑造,具体包括内在塑造、语言和行为塑造、仪表塑造。本章属于公共关系策划的实务内容,需以理论为指导,完成相应类别专题型公共关系策划。

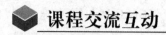 **课程交流互动**

一、名词解释

公关新闻、新闻发布会、公关广告、实力广告、理念广告、信誉广告、声势广告、商标广告、庆贺广告、致歉广告、致谢广告、解释广告、响应广告、公益广告、创意广告、公众心理

二、简述题

1. 公关新闻如何策划？

2. 新闻发布会如何策划？

3. 公关广告如何策划？

4. 公关广告的灵魂是什么？

5. 领导人形象的塑造从哪些方面着手？

三、策划题

A公司是初创期公司，主营产品是女鞋。因为初创，所以公司的品牌知名度较低。老板为了提升品牌影响力，想做一系列的公关活动，请你策划完成一条公关广告，投放渠道小红书、视频号、抖音、快手、B站。

四、案例分析题

新加坡航空公司的极致服务

这些年，航空运输业竞争异常激烈，而新加坡航空公司在国际航空业群雄角逐的激烈竞争中独占鳌头，多年连续被国际民用航空组织评为优质服务第一名。新航的服务有很多独特之处，他们把西方先进技术及管理手段与东方殷勤待客传统有机融合在一起，把"乘客至上"的公共关系思想贯穿于服务全过程，给每一位乘客留下极为深刻的良好印象，来自各国的乘客自然成为新航的义务宣传员，再加上通过新闻媒体做广告宣传，使公司誉满五洲。

新航制定了严格的服务准则是：对所有乘客一视同仁地施以关心和礼貌，在一切微小的服务细节上给乘客留下难忘的印象，并树立公司的整体形象。这些服务准则通过每一位工作人员的良好举止体现出来。新航通过公司设在全球各地的电脑订票系统，可使乘客在任何国家预订任何班次的机票时，能够同时得到飞机上的座位号。公司将订坐某次班机的全体乘客姓名按舱位平面图排列交给当班乘务员，要求每个乘务员事先记住自己所负责的那一舱位所有乘客的姓名，对每一位乘客直接以姓相称呼，使乘客感到宾至如归。这样周到的服务，是世界上任何其他航空公司都不曾做到的。

新航的优质服务，使乘客从进入飞机起就如同是在殷勤的主人家中做客一般。乘客在座位上刚坐定，乘务员就手拿衣架来到乘客面前，和蔼地询问要不要把上衣脱下挂起来，如果要的话，可把上衣连同登机卡一并交给她，下机再把上衣送还。飞机

起飞之前,乘务员又给乘客送来热毛巾,端来饮料,送上插着牙签的小点心。班机起飞不久,乘务员就给每位乘客送上一双尼龙软鞋套和遮光眼镜,供乘客休息时用。同时送上一份印刷精美的菜单,上面以英、法、德三种文字印有全程每餐饭的菜名,并附有飞行各段所需时间,并到座位上登记每位乘客所选用的主菜。公务舱开饭时,乘务员先给乘客小桌上铺桌布,再送上主菜托盘。主菜用完后,乘务员会把托盘中的主菜取走,空出位置再送甜食或水果,以饭店服务的标准在机舱的有限空间内给乘客提供最好的服务。乘客在愉快的旅行后,可得到一包包装精美的盥洗用具,上面都印有新航标记。乘客如需写信,均可由新航免费邮寄至世界各地。

资料来源:经典的公关案例分析[EB/OL].(2018-11-14)[2024-06-10].https://wenku.baidu.com/view/ed1fc7690a4c2e3f5727a5e9856a561252d3210e.html? _wkts_=1735550430859.

思考题:

1.当组织与顾客发生矛盾的时候,顾客未必都是对的,但为什么还要说"顾客永远都是正确的"? 请结合案例进行分析。

2.在提供航空服务方面,新加坡航空公司每个成员的以身作则就是最好的宣传媒介。请从此角度,谈谈本案例给你的启发。

公关不是简单的广告加宣传,而是用真心去传递公司的价值和理念。

——阿尔伯特·拉斯克

第五章 危机型公关策划

通过本章的学习,你应该达到以下目标:

一、了解危机型公关的含义、特征、类型;

二、理解公关危机产生的原因;

三、掌握处理危机型公关的原则及危机型公关的策划步骤;

四、强化危机意识、尊重客观事实、不信谣、不传谣以及要做一个坦诚的人。

知识罗盘图

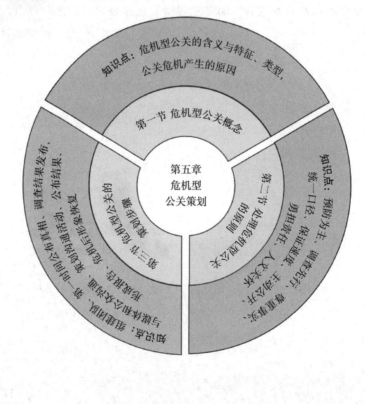

东方甄选"小作文"事件

2023年12月5日,东方甄选"小作文"风波席卷而来,争议的核心在于主播董宇辉的文案归属问题。这一争议迅速点燃了董宇辉"粉丝"与东方甄选之间的战火。风波升级,导致公司近10万名"粉丝"流失,股价也遭受重创。

事件的导火索源自2023年12月5日,东方甄选在官方账号上发布了关于吉林行的预热视频,并在显眼位置附上评论,明确指出多数经典小作文实际上是由文案团队撰写,而非全部归功于主播董宇辉。这一声明随即激起网友的质疑浪潮,纷纷追问:"为何要否定董宇辉对东方甄选的卓越贡献?"这一疑问迅速加剧了董宇辉"粉丝"与东方甄选之间的紧张对峙。

在后续的直播中,董宇辉开玩笑地调侃回应:"自称很了解业务的小编在评论区胡回复,导致很多朋友不舒服,我跟俞老师直接告状了。俞老师让我和东方小孙直接沟通,不要太客气。我和孙老师非常激烈地沟通了,还喝了好几壶散篓子(散装白酒)。"但这并未能平复此次风波。"粉丝"们在社交平台上纷纷评论,认为此次被官号小编公开讨论"小作文"出自谁手是有意为之,是故意让董宇辉难堪。

12月10日,小编再次就该事件回复并置顶操作,"本来就憋屈,这次评论区乌烟瘴气,不能忍"。"小编没有'胡回复'!"随后一一列举每一场小作文到底出自谁手,最后直接把矛盾对准"粉丝"称:"总有所谓'粉丝'打着爱护的名义,来回挑事,甚至网暴我们小编!"

12月10日,董宇辉缺席直播。小编的回复引燃了董宇辉"粉丝"的情绪,大批"粉丝"转而涌入竞品"高途佳品"的直播间,并在评论区喊话高途佳品"要接住这泼天的富贵"。

12月12日,东方甄选CEO孙东旭出面回应此事,批评了小编的不恰当行为,同时提到董宇辉"其本人年薪不止几千万"。此次回应引发"粉丝"的巨大争议。有"粉丝"认为,其在直播中带情绪、"摔手机","给'粉丝'的开会","以训斥态度教育东方甄选'粉丝'"。

2023年12月13日凌晨,董宇辉发表千字长文,坚决反对任何以"饭圈"名义的污名化行为。次日中午,俞敏洪亦就事件发声,坦陈公司管理存在重大疏漏,作为董事长承担领导责任,并向董宇辉致以歉意。12月14日晚,东方甄选CEO孙东旭录制道歉视频,就此前自己在直播中的神态"咄咄逼人"、开会时将手机"摔"到桌面、视频中提及董宇辉薪酬等行为向网友及董宇辉道歉,自称为"不职业"的表现。他同时澄清,自己反对的是"饭圈"文化,并非指东方甄选的"粉丝"。若表达引发误解,亦向公众道歉。12月16日,东方甄选宣布免去孙东旭CEO职务,由俞敏洪兼任,同时俞敏洪发布致歉信,解除直播间所有"拉黑"网友的限制。12月18日,董宇辉获任新东方教育科技集团董事长文化助理,并兼任新东方文旅集团副总裁。至12月22日晚,东方甄选公告显示,孙东旭已辞去非执行董事职务,即时生效。

随着"小作文"事件的持续发酵,东方甄选在短短几天内遭遇了重大挫折。从12月10日至13日,其抖音账号"粉丝"数骤减,累计流失超过12万,仅13日当天就减少了近5万"粉丝"。资本市场也对此事反应强烈,12月11日,东方甄选股价大幅下跌超过7％。12月12日,尽管港股恒指和文化传媒板块均呈现上涨态势,但东方甄选股价却多次波动,最终收盘涨幅为零。而到了12月13日,股价更是大幅下跌12.96％,报收于27.2港元,总市值缩水至276.1亿港元。短短三个交易日,东方甄选股价累计下跌了19.16％,市场信心遭受严重打击。

资料来源:12·5东方甄选"小作文"事件[EB/OL].(2024-01-21)[2024-06-15].https://baike.baidu.com/item/12％C2％B75％E4％B8％9C％E6％96％B9％E7％94％84％E9％80％89％E2％80％9C％E5％B0％8F％E4％BD％9C％E6％96％87％E2％80％9D％E4％BA％8B％E4％BB％B6/63836745? fr＝ge_ala.

案例思考 ···

从危机公关角度来看,东方甄选"小作文"事件无疑是一次严峻的考验。在危机公关的处理上,东方甄选及其管理层展现出了一定的应对能力,但也存在明显的不足之处。首先,东方甄选在事件初期未能及时、准确地回应公众的关切,导致误解和猜测不断蔓延。其次,公司CEO孙东旭在直播中的回应未能平息粉丝的不满,反而使事件进一步升级。这种缺乏有效沟通和真诚态度的做法,显然不利于危机公关的处理。

在危机爆发后,东方甄选也采取了一系列积极的措施来挽回形象。例如,俞敏洪和孙东旭接连公开道歉,表达了对事件处理的失误和不当之处的认识。此外,东方甄选还免去了孙东旭的CEO职务,并由俞敏洪兼任,以显示公司解决问题的态度和决心。这些举措在一定程度上缓解了公众的负面情绪,为公司形象的修复奠定了基础。从中也可看出,危机型公关的复杂性和破坏性。

第一节　危机型公关概述

一、危机型公关的含义与特征

(一)危机型公关的含义

《辞海》对"危机"的阐释为:"暗藏的不稳定因素,是关乎生死、成败的紧要时刻。"

在危机研究专家乌里尔·罗森塔尔的视角下,危机被定义为对一个社会系统的基础价值观念和行动准则构成的严重威胁。在时间紧迫和高度不确定性的环境下,必须迅速作出关键决策的事件。

学者巴顿对危机的理解是:它是一个具有不确定性的重大事件,潜藏着负面影响的风险。这种事件及其后果可能给组织及其成员、产品、服务、资产以及声誉带来巨大的损害。

公关危机作为危机的一种特殊形态,指的是那些突然发生、对组织产生负面影响甚至导致灾难的事件和因素,比如关系危机、舆论危机、形象危机、声誉危机等。应对这类危机,不能仅仅依赖于经济、行政、法律等硬性手段,还需要运用公共关系这种软性手段来妥善处理。

危机型公关是一种专门用于应对组织公共关系危机的策略方法。当组织面临公关危机时,公共关系人员或组织领导会采取一系列手段和方法,旨在遏制危机的进一步蔓延。这些手段主要运用公共关系的技巧,以消除危机给公众带来的负面影响,控制事态的发展,解决冲突,引导舆论走向,并重新树立和维护组织的良好形象。通过危机型公关的有效实施,组织能够积极应对危机,恢复公众信任,进而维护组织的声誉和利益。

(二)危机型公关的特征

1.事后性和迫切性

(1)事后性。与专题型、节庆型、公益型、服务型等公关策划类型不同,这些通常都是事前策划,意味着策划人员会进行长期的思考和准备,公共关系活动都是在组织经过精心策划和安排后进行的,而危机型公关策划却是在事件发生后进行策划与应对的。无论事前做了多少预防措施,这种事后性的特征无疑增加了公关策划的难度,使策划人员面临条件设定和被动应对的不利局面。

(2)迫切性。危机一旦爆发,其破坏性能量便会瞬间释放,并迅速蔓延,若未能及时加以控制,危机将急剧恶化,给组织带来更大的损失。由于危机的连锁反应和信息的高速传播,一旦给公众留下反应迟缓、漠视公众利益的印象,组织势必失去公众的同情、理解和支持,进而损害组织形象。因此,在危机处理中,可供决策者作出正确反应的时间极为有限,这是对决策者能力的严峻考验,也是危机型公关迫切性的根源所在。组织需要迅速而果断地采取行动,以最大限度地减少危机带来的负面影响,并重塑公众对组织的信任和支持。

2.突发性和渐进性

(1)突发性。公共关系危机往往以出乎意料的方式在极短时间内骤然爆发,令组织措手不及。由于其不可预见或难以完全预见的性质,组织的任何一个薄弱环节都可能因偶然因素而失衡、崩溃,进而引发危机。然而,这种突发性并不意味着组织在危机面前毫无应对之策,通过合理的危机管理和应对策略,组织仍有可能化解危机,转危为安。

(2)渐进性。从准备期到爆发期,危机事件经历了一个逐步演化的过程。在这个过程中,矛盾不断累积,逐渐加剧,直至达到临界点。一旦达到这一临界点,外部的任何一个突发因素都可能成为导火索,引发危机的全面爆发。同时,危机爆发后,其影响并不会立即结束,而是会经历一个持续发酵和扩散的过程,对组织和社会造成深远影响。如果在发酵的过程中,能够得到及时有效的控制,也可能会转危为安。

3.破坏性和机会性

(1)破坏性。危机因其"出其不意,攻其不备"的特性,不论其性质与规模如何,都不可避免地会给组织带来不同程度的破坏、混乱与恐慌。由于危机发生时决策时间紧迫且信息有限,往往容易导致决策失误,进而造成无法估量的损失。此外,媒体对危机的报道往往会加速事态的扩大,使其具有连带效应,从而引发一系列的冲击。对于组织而言,危机不仅扰乱正常的工作或经营秩序,更严重的是会侵蚀组织持续发展的基石,对组织未来发展构成严重威胁。

(2)机会性。危机中确实蕴藏着转机,但这样的转机并非自然而然就会降临,而是需要一定的条件。在有限的信息、资源、时间以及缺乏明确指导方针的困境下,必须以人性化的方式直面危机,并迅速作出决策。随着事态的不断演变,拖延只会让危机决策和处理更加被动,选择的余地也会更加有限。因此,必须及时把握机会,积极应对危机,以争取更好的转机。

4.复杂性和聚焦性

(1)复杂性。危机型公关是在组织遭遇突发危机的情况下进行的公共关系活动,这类危机往往超出了组织事前的预料或对其严重程度的预估。危机一旦爆发,组织常常陷入混乱和无序的境地。通过精心策划,帮助组织迅速摆脱舆论的攻击和信誉危机,是一项既复杂又艰巨的任务。组织需要投入大量的人力资源,深入调查问题,厘清事件的来龙去脉,并努力扭转事态,使之朝着有利于组织的方向发展。这无疑是一项极具挑战性的工作,需要细致入微的策划和高效的执行力。

(2)聚焦性。在信息化时代,危机的信息传播速度远超过危机本身的发展。媒体在危机中扮演着至关重要的角色,如同大火借东风般助长了危机的声势。信息传播渠道的多样化、时效性的高速化以及范围的全球化,使得企业危机情境迅速公开化,成为公众瞩目的焦点,并吸引各类媒体的竞相报道。与此同时,危机的利益相关者不仅关注危机本身的发展态势,更关注组织对危机的处理态度和所采取的应对措施。媒体对危机的报道内容和态度直接影响着公众对危机的看法和态度。因此,一些组织在危机爆发后,由于未能有效与媒体沟通,往往导致危机进一步升级。在这种情况下,组织需要具备高超的媒体应对策略,以有效管理和引导危机信息的传播,降低危机对组织形象和声誉的负面影响。

职场故事

假唱质疑风波

2023年11月30日,B站某Up主发布视频,质疑某知名歌手在演唱会中存在假唱行为。该Up主声称对该知名歌手在演唱会上的多首歌曲进行了鉴定,结果发现有5首歌曲的音源为假唱。随后在12月1日,该歌星继续在欧洲举办演唱会。然而,在12月3日,有关"某歌手假唱"的话题突然登上热搜,引发了广泛关注。同日,有记者两次尝试通过该歌手所在的公司的官方电话联系他们,但每次电话接通后,刚表明来意便遭到挂断。紧接着,在12月3日23点,该歌手的经纪公司发布了一条微博,内容提及即将举行的伦敦演唱会,而对于假唱质疑的问题并未给出明确的回应。这种模糊的态度并未能平息网友的疑虑。到了12月4日,新华社和央视新闻分别发布消息,表示该歌手演唱会的音视频资料已提交给相关部门进行科学的测评分析,并承诺将公布调查结果。同一天的晚上,该歌手所在的公司也发表声明,表示会积极配合调查,并呼吁大家相信该歌手。

该歌手及其经纪公司在面对假唱质疑时,反应明显迟缓。根据文娱危机事件的历史规律,公众往往期望相关方能够第一时间进行辟谣或明确回应。然而,该歌手及其经纪公司的模糊态度和迟缓回应,无疑加剧了公众的疑虑和不满。在面对类似危机时,及时、明确、真诚的回应至关重要。

资料来源:周诗浩."假唱"风波之后,某歌手首度发声回应:不必为任何事辩解[EB/OL].(2023-12-07)[2024-06-15]. https://baijiahao.baidu.com/s? id=1784590165003461724&wfr=spider&for=pc.

二、危机型公关的类型

在今天这个充满挑战与变革的现代社会里,危机如影随形,无处不在。一般而言,公共关系危机主要可以归结为以下5种类型。

(一)社会性伤害事件引发的危机公关

突发的社会事件,是指突然发生的自然灾害危机和社会环境所造成的危机。第一类是自然的危机,这些是由突发的、事先毫无预兆的自然灾害所引发的,如地震、海啸、火山爆发、严重的干旱或水灾,以及威力巨大的强台风等。虽然这类危机的发生与组织的管理没有直接联系,但组织在应对危机时的能力、效率、工作方式以及展现出的工作责任心,无疑是对其形象的一次严峻考验。这就要求组织迅速反应,有效减轻灾害带来的损失,并尽力恢复正常的运营秩序。例如,2024年4月台湾莲花爆发7.3级地震,损失惨重。同时,福建多地有强烈震感,且持续时间较久。受地震影响,福建沿海部分列车停运或晚点。

另一类则是社会政治、经济、军事和文化冲突所造成的危机。这些危机包括全球性的经济危机、原材料价格的飞速上涨、恐怖主义活动以及战争导致的难民问题等。这些事件同样超出了组织的控制范围,对组织来说,面临的挑战难度极大。组织需要具备高度的应变能力和前瞻性的战略规划,以应对复杂多变的社会环境,保护自身的利益并维护良好的公共关系。例如,2024 年 4 月,伊朗伊斯兰革命卫队开始对以色列目标发动大规模导弹和无人机袭击。战争的爆发,会给当地的各种组织造成巨大危机。

(二)组织的产品、行为或服务缺陷引发的危机公关

组织的产品质量一旦出现问题,往往会引发消费者的极度不满。产品质量是组织赖以生存的基石,一旦基石不稳,组织的发展必然受到严重影响。如果产品质量存在缺陷,那么组织的品牌形象将遭受严重损害,这不仅会导致消费者信任度的下降,更可能使组织在激烈的市场竞争中处于不利地位。

自身行为不当主要涉及组织内部的管理和决策问题,这些问题可能源自多个方面。例如,组织内部可能存在的贪污腐败现象、严重的经营亏损、劳资双方之间的争议和罢工行动,以及生产过程中的意外事故和安全事故等。这些不当行为都可能对组织造成严重的负面影响。此外,在发展过程中也可能引发社会危机。例如,一些经济效益良好的企业,如煤矿、造纸厂、农药厂和化工厂,在追求经济效益的同时,往往忽视了生产活动对环境造成的污染问题。这些企业排放的废气、废水和噪声严重污染了环境,损害了周边居民的身体健康,引发了公众的强烈不满和社会舆论的谴责。

组织在提供服务时若存在明显缺陷,同样会引起社会各界的广泛关注,进而可能演变为公关危机。这些服务缺陷可能表现为多种形式,如工作人员的服务态度不当,对待客户冷漠、不专业,甚至存在欺诈行为等。这些不当行为不仅损害了客户的利益,也严重破坏了组织的形象和声誉。

 职场故事

A 主播手撕 Z 鲜花商家

2020 年 5 月,A 主播在其直播间上架了一款来自 Z 鲜花的订阅制玫瑰产品,并承诺在 5 月 20 日这个特殊的日子将鲜花送达用户手中。然而,在期待中的 5 月 20 日,A 主播却收到了大量用户的投诉,许多消费者表示收到的礼盒中玫瑰花瓣已经出现了打蔫和腐烂的情况。

面对这一突发状况,A 主播迅速在微博上转发用户投诉,并明确表示"正在严肃追究责任(事先有协议约束),如果他们不及时给大家一个交代,我们也会给,请放心。"他毫不留情地批评 Z 鲜花商家:"Z 鲜花商家居然还在担心品牌影响,可笑,有胆

量发几千份烂花,还害怕品牌影响?"

随着事件的持续发酵,A主播和Z鲜花品牌商都相继发布了致歉声明。5月20日晚,A主播及其团队以带货主播的身份向消费者表达了深深的歉意,"非常不安,也无比愧疚",并决定按照原价再额外补偿一份现金给所有下单的直播间用户,涉及金额高达100多万元人民币。

A主播在微博上郑重承诺,今后将对选品采取更为严格的标准,并告知所有合作方,如果产品好且价格合理,他将提供额外的宣传支持;但如果产品出现问题且商家未能及时真诚道歉和补救,他将代表消费者进行"报复性维权"。

与此同时,Z鲜花的CEO也发文承认了鲜花质量问题的存在,并揭示了问题的根源:由于以牛皮纸盒替代了原有包装盒,并去除了隔水塑料薄膜,导致鲜花脱水腐烂。在道歉声明中,Z鲜花表示将进行全额退款,并额外提供现金或等值鲜花作为赔偿。

资料来源:A主播因"卖烂花"手撕Z鲜花商家,将双倍赔偿消费者[EB/OL].(2020-05-21)[2024-06-15].https://baijiahao.baidu.com/s? id=16672816059916128380&wfr=spider&for=pc.

(三)组织领导人或员工的行为不当引发的危机公关

组织领导人或员工的行为不当引发的危机公关,是指当组织内部的高层管理人员或普通员工在公共场合或私下里表现出违反道德、法律或公司规定的行为时,这些行为被曝光并引起公众的广泛关注和负面舆论,从而给组织带来严重的声誉和形象损害。在这种情况下,组织需要采取一系列紧急而有效的公关措施来应对危机,以恢复公众信任、减少负面影响并维护组织的稳定运营。

(四)新闻媒体的错误报道引发的危机公关

新闻媒体的误导可能导致严重的危机公关问题,而这种误导往往源于多个方面。首先,媒体自身的立场和观念可能导致其以主观或偏颇的视角来分析报道某一事件,从而给相关组织带来形象上的危机。此外,新闻媒体在报道时也可能因为能力和责任感的问题而未能详尽了解事件的全部情况,只看到了局部而非全局,缺乏对事实真相的深入了解和全面报道。这种以偏概全的做法往往会误导公众,对相关组织造成不良影响。

(五)竞争对手的蓄意破坏引发的危机公关

在竞争激烈的市场环境中,竞争对手的蓄意破坏往往成为组织面临的一大危机公关挑战。当竞争对手出于商业竞争、利益驱使或其他不良动机,恶意造谣、捏造事实,试图破坏组织的公众形象时,组织将不可避免地陷入危机之中。这种危机不仅严重损害了组织的市场地位和声誉,更可能导致消费者信任的流失,甚至可能引发法律上的纠纷和诉讼。因此,危机公关的应对策略显得尤为关键。

面对此类危机,组织需要迅速、果断地采取行动。首先,必须尽快查明事实真相,澄清误解,防止谣言的进一步扩散。其次,通过媒体渠道积极回应公众关切,传递组织的正面信息,重塑形象。同时,加强内部沟通,提升员工的危机应对能力,确保团队在危机面前能够保持冷静、专业,共同应对挑战。

三、公关危机产生的原因

明确组织公关危机事件产生的根源,对于制定恰当的预防策略和应对措施具有极其重要的意义。组织危机爆发的原因有多种,可能来自组织内部,也可能来自组织外部。下面就这两方面具体分析危机产生的原因。

(一)组织内部环境的因素

深入分析组织内部环境,是理解并剖析组织公关危机事件产生原因的关键所在,这也为组织公关危机管理提供了坚实的理论基础。导致组织公关危机事件的内部环境原因主要包括5个方面。

1.领导及员工素质不高:公关危机的内在隐患

领导者和员工素质不高是导致组织公关危机事件频发的一个重要内部环境因素。无论是领导者的决策能力、危机应对能力,还是员工的职业道德、专业素养、品德修养,等等,都是组织形象的重要组成部分。一旦这些素质出现短板,不仅可能诱发公关危机,而且在危机发生后,也难以迅速、有效地进行应对和处理。

 职场故事

Q啤酒厂工人被曝在原料仓小便

2023年10月19日13点37分,抖音某用户发布了一条短视频,并配文质疑Q啤酒的质量问题,视频内容暗示Q啤酒厂工人在原料仓小便。这一视频迅速引发公众关注。10月20日,媒体纷纷报道此事,Q啤酒和当地市场监管局迅速作出回应,强调涉事批次的麦芽已被全部封存,以确保产品质量不受影响。同时,Q啤酒厂表示正在积极配合相关部门的调查工作。10月20日12点03分,"小C"发布微博称,他在当天上午采访了当地工商局和Q啤酒三厂,但均被告知未看到相关视频。然而,#Q啤酒厂工人被曝在原料仓小便#的话题已经登上微博热搜,引发了广泛的舆论关注。随着事件的发酵,10月23日有内部人士透露,视频拍摄者与疑似小便的相关人员已被当地市公安局控制。同日,Q啤酒股价开盘暴跌6.77%,显示出市场对这一事件的担忧。

经过一段时间的调查,11 月 1 日晚间,官方发布了情况通告。通告指出,涉事人员为 Q 市智和商贸有限公司(系 Q 啤酒三厂外包业务公司)的装卸工人崔某某。崔某某在货车自动卸货后,因车厢内剩余少量麦芽需进行人工清理,而在车厢内小便。经公安机关调查,崔某某的行为构成故意损毁财物的违法行为。因此,10 月 22 日,当地市公安局依据《中华人民共和国治安管理处罚法》对其予以行政拘留。在官方通报后,Q 啤酒官方微博于 1 日晚上发布了整改情况说明,并向公众致歉。

资料来源:官方通报"工人在原料仓小便"[EB/OL].(2023-11-01)[2024-06-15].https://baijiahao.baidu.com/s? id=1781365013035157352&wfr=spider&for=pc.

2.组织规章制度的缺陷:公关危机的温床

组织规章制度的不完善是导致公关危机事件发生的又一内部环境因素,具体表现在以下 2 个方面:一是组织的基础工作薄弱,管理规章制度存在明显漏洞。由于缺乏明确的工作定额、技术标准、计量规矩和操作规程,组织在日常运营中往往面临诸多麻烦和挑战,这无疑为公关危机的发生埋下了隐患。二是员工行为规范的缺失也是一个严重问题。由于缺乏明确的行为准则,员工在工作中可能忽视质量、服务礼节、商务信誉和职业道德,甚至作出损害公众利益和感情的行为。这些不当行为极易引发公共关系危机事件,对组织的声誉和形象造成严重损害。

3.组织战略决策的偏颇:公关危机的导火索

组织战略决策的失误是导致公关危机事件产生的核心内部原因之一。这些失误通常表现为方向性错误、时机把握不当以及策略选择失误等多个方面。当组织在经营管理中作出错误的决策时,不仅可能直接触发公关危机,而且可能会对社会公众和社会环境的利益造成损害,从而引发公众的强烈不满和抵制,特别是方向性和策略性的失误,往往成为导致组织陷入公关危机漩涡的关键所在。

扫描右侧二维码查看职场故事。

4.法律意识的匮乏:公关危机中的隐形杀手

组织在经营活动中若缺乏法律意识,不仅可能给自身带来法律风险,更可能引发公关危机。守法是组织正常开展经营活动的基石,任何组织都应当具备高度的法律素养,了解并遵守相关法律法规,确保经营行为合法合规。知法守法,不仅使组织能够规范自身的管理行为,还能够树立良好的社会形象,从而赢得公众的信任和支持。例如,某企业在招聘过程中附加约定不允许女员工在 3 年内生孩子的条款,不仅违反了法律关于保护女职工生育权利的规定,也侵犯了女职工的合法权益,触碰法律红线,引爆公关危机。

根据我国的相关法律规定,用人单位在招聘过程中不得限制女职工的结婚、生育权利。例如,《中华人民共和国妇女权益保障法》第 32 条规定,妇女依法享有生育子女的权利,也有不生育子女的自由;《中华人民共和国就业促进法》第 27 条规定,国家保障妇女享有与男子平等的劳动权利。用人单位招用人员,除国家规定的不适合妇女的工种或者岗位外,不得以性别为由拒绝录用妇女或者提高对妇女的录用标准。用人单位录用女职工,不得在劳动合同中规定限制女职工结婚、生育的内容。即使劳动合同中有类似的约定,也是无效的,因为女职工结婚生子不违反劳动合同的约定。

5.公关流程中的疏漏:危机管理的隐忧与应对策略

组织在公关过程中若出现失误,往往容易引发公关危机。这些失误可能表现为多个方面,例如组织策划不当导致损害公众利益,公关活动实施前缺乏充分必要的准备,面对与公众的纠纷时组织不主动承担责任,忽视公关调研从而损害组织声誉,以及在传播沟通方面的疏忽导致与公众信息交流不畅等。鉴于组织外部环境的复杂性,领导者应当具备敏锐的洞察力和预见性,及时感知并应对可能出现的危机,以争取在危机面前掌握主动权。

(二)组织外部环境的因素

1.自然与社会因素导致的伤害:共酿不可预料的危机

一是自然灾害。这类伤害完全超越人类意志的控制,诸如地震、气温波动、海洋与河流的变异等,常常给组织带来不可预测的严重冲击。二是建设性灾害。这类伤害往往源于人类的短视、无知、疏忽或决策失误,没有遵循自然规律而造成的破坏。例如,滑坡、全球气候变化因污染而加剧、水土流失、沙漠化、城市噪声等问题。此外,还包括因组织在规划与设计上的不当所导致的弊端,如组织在动力、热力、供水、污水和垃圾处理等方面的管理疏漏。

2.组织间恶性竞争:公关危机如影随形

恶性竞争,即不正当竞争,是市场经济中的一颗毒瘤。恶性竞争违反国家法规,采用欺诈手段牟利,不仅侵害组织和消费者的权益,还扰乱社会经济秩序。作为组织公关危机的外部诱因,恶性竞争往往源自其他组织的不正当手段,给本组织带来严重的经营和信用危机。恶意散布谣言、盗用名义制造伪劣产品、贬低对手能力的比较广告,甚至恶意扰乱经营秩序等行为,都是恶性竞争的体现,这些行为都可能使社会组织陷入深重的公关危机之中。

3.国家政策变动:灵活适应以防范潜在危机

国家经济管理体制与经济政策作为组织外部的不可抗力因素,深刻影响着组织的经营策略与发展轨迹。理想状态下,组织自然期望这些政策与体制能够为其生存与发展创造有利条件。然而,现实往往并非如此,特定情境下,政策与体制的调整可能并不完全符合组织的期望。一旦遇到体制不畅、政策不利的状况,组织将面临潜在的风险与危机,甚至可能因此陷入困境。

因此,面对国家政策的频繁变动,组织必须保持高度的警觉与敏锐,灵活调整自身的经营策略,以适应外部环境的变化。同时,加强内部管理,提升组织的抗风险能力,也是防范潜在危机的关键所在。

 职场故事

国家双减政策出台后,中小学文化课培训班纷纷倒闭裁员

国家双减政策出台后,中小学文化课培训班纷纷倒闭裁员,这一事件对教培行业产生了深远的影响。具体来说,该政策要求各地不再审批新的面向义务教育阶段学生的学科类校外培训机构,现有学科类培训机构统一登记为非营利性机构,并且不得上市融资和进行资本化运作。同时,政策还限制了培训机构的超标超前培训行为,非学科类机构也不得从事学科类培训,提供境外教育课程或聘请在境外的外籍人员开展培训活动。此外,校外培训机构不得占用国家法定节假日、休息日及寒暑假期向组织学科类培训。

由于这些严格的限制,许多中小学文化课培训班面临转型或关闭的命运。一些机构开始探索新的业务领域,寻找新的生存空间。然而,对于一些小型或初创的培训机构来说,面对突如其来的政策变化可能会感到无所适从,甚至可能需要重新考虑其商业模式和经营策略。

总的来说,双减政策的出台给中小学文化课培训班带来了前所未有的危机,但也促使整个行业开始思考更加健康和可持续的发展方式。

资料来源:中共中央办公厅 国务院办公厅印发《关于进一步减轻义务教育阶段学生作业负担和校外培训负担的意见》[EB/OL].(2021-07-24)[2024-06-15].https://www.gov.cn/zhengce/2021-07/24/content_5627132.htm.

4.新科技带来的负面冲击:防范与应对的双重挑战

科学技术的迅猛发展,既为组织带来了前所未有的创新发展机遇,也潜藏着巨大危机。一方面,新技术运用本身蕴含着风险,一旦出现问题,往往导致重大的技术事故,给组织带来严重的公关危机。另一方面,科技进步带来的技术标准变化,对组织的影响同样深远。随着新技术的不断涌现,技术标准也在不断更新换代,这对那些技术手段或设备相对落后的组织来说,无疑是一个巨大的挑战,不仅可能面临技术落后的困境,还可能因为无法达到新的技术标准而遭到市场的淘汰。

因此,面对新科技带来的负面冲击,组织必须保持高度的警惕和前瞻性思维。一方面,要加强技术研发和风险管理,确保新技术的运用安全可靠;另一方面,要密切关注技术标准的变化,及时调整自身的技术战略和设备更新计划,以适应市场的需求和变化。

扫描右侧二维码查看职场故事。

5.公众对组织的认知存在偏差:需主动沟通释疑

公众对组织的认知往往并不完整。由于信息获取不足或听信片面之词,部分公众可能对组织产生误解,这些误解往往源于服务对象、内部员工、传播媒介以及具有影响力的公众群体等多个方面。因此,组织需要积极与各方沟通,提供准确、全面的信息,以消除误解,维护良好的公众形象。

6.大众自保意识强化:加剧组织公关危机风险

随着现代科技的飞速进步和消费者权益保护机制的日益完善,大众对自我保护的认知愈发强烈。过去组织认为合理且正常的经营行为,如今在消费者眼中可能已转变为不合理或非正常,进而引发抗议,如反对暴利、呼吁环保等行动,这种公众自我保护意识的增强,客观上加剧了组织面临公关危机的风险。因此,组织需更加审慎地审视自身行为,积极回应公众关切,以有效预防和应对潜在的公关危机。

第二节　处理危机型公关的原则

一、预防为主

公共关系危机因其突发性和不可预测性,要求组织必须提前制定完善的预警应对方案,以确保在危机发生时能够迅速有效地应对。最新研究表明,缺乏预先的危机管理战略和初期控制,将导致危机态势加速恶化,最终可能使企业苦心经营的品牌信誉和形象毁于一旦。因此,企业应始终保持公共关系危机感,深入分析潜在危机发生的可能性,并加强对相关人员的培训和教育,以便早期发现、及时报告和妥善处理危机苗头。同时,制定并反复演练公共关系预警应急预案,确保所有相关人员和部门明确自身职责,熟悉危机应对流程。此外,与上级主管部门、相关协助单位、新闻媒体以及社会公共管理部门建立良好关系,保持沟通渠道畅通,以便在危机发生时获得及时的支持和协助。例如,目前中小学校针对学生的心理健康问题,纷纷配备了心理辅导老师,以防因恶性事件的发生引发危机。

二、调查先行

在公关危机处理中,调查先行原则强调在应对危机事件时,首要任务是进行全面、深入的调查,以揭示事实真相和关键信息。通过调查,组织能够精准地把握危机的性质、规模及影响,为后续危机应对策略和措施的制定提供坚实的支撑。

调查先行原则的重要性不言而喻。首先,其有助于组织迅速识别问题,防止危机进一步恶化或扩散。通过调查,组织可以迅速定位危机的根源和潜在风险,从而采取针对性的措施加以应对。其次,这一原则有助于组织掌握主导权,赢得公众的信任与支持。在危机事件中,公众往往对事实真相充满疑虑。通过及时、透明的调查,组织能够向公众展示其负责任的态度和解决问题的能力,进而增强公众对组织的信任。

在实施调查先行原则时,组织需关注 3 个关键方面:第一,确保调查的客观性和公正性,以避免主观因素的干扰;第二,充分利用各种资源和手段,包括专业的调查机构、数据分析工具等,以确保调查的准确性和全面性;第三,加强与公众和相关利益方的沟通与合作,共同推动危机的解决。

三、尊重事实

当组织面临危机事件时,要坚守尊重事实的原则,无论面对的是内部员工、新闻记者、受害者还是上级领导,都必须坦诚透明,绝不隐瞒事实真相,这是建立信任、维护声誉的基石。

在危机处理过程中,实事求是是组织应秉持的核心理念。通过真实、准确的信息披露,组织能够主动掌握话语权,及时回应公众的关切和疑虑,不仅能够增进公众对组织的了解和信任,还有助于稳定市场情绪,避免危机进一步升级。相反,任何形式的隐瞒或误导都将严重损害组织的声誉和形象。在信息化时代,信息的传播速度极快,一旦组织被曝光存在隐瞒事实的行为,将引发公众的不满和质疑,对组织的长远发展造成不利影响。

因此,组织必须始终坚守诚信底线,以开放、透明的态度面对危机。在危机发生时,迅速组织专业团队进行调查,了解事实真相,并主动向公众通报进展情况。同时,积极与各方利益相关者进行沟通,听取意见和建议,共同寻求解决方案。

四、统一口径

在公共关系危机爆发之际,组织必须坚守统一原则,确保危机应对行动的一致性与协调性。其中,信息发布的口径统一尤为关键,避免多种声音并存,以免给外界留下猜疑和混乱的印象。无论是组织内部还是对外沟通,都必须保持宣传口径的统一,前后言论一致,这是建立可信度的重要因素。同时,行动的统一、目标的统一以及整个组织反应协调活动的统一也非常重要。在危机处理小组的领导下,应统筹协调组织的人力、物力、财力以及各机构部门,以组织的全部力量迅速平息危机带来的不良影响。

危机处理者必须向相关公众传递基调一致的信息,若不能做到这一点,则可能滋生更多不利于组织的谣言和不必要的疑惑,使本已岌岌可危的组织形象更加脆弱。

五、保证速度

危机公关的关键原则在于:速度至上,策略需简明且高效。务必迅速而准确地掌握事实真相,领导层在作出决策后应立即作出回应,从而掌控舆论的主导权。传统的危机公关处理中,有"黄金24小时"的法则,然而在当今信息传播高速的时代,这一提法已不适用。在网络环境下,危机一旦爆发,极有可能在极短的时间内登上热搜,引发广泛关注。

若组织仍坚持"24小时"的响应速度,很可能错失最佳时机,陷入被动局面。以央视3·15晚会曝光的危机事件为例,许多被点名的品牌都能在极短的时间内,甚至2小时之内,发表声明,以迅速引导舆论,掌握主动权。若组织选择延迟到次日才发表声明,除了策略层面的挑战,其在公众心中的态度和责任感也可能受到质疑。

 职场故事

国泰航空歧视非英语乘客

2023年5月22日下午,一篇名为《实名举报国泰航空歧视非英语乘客》的贴文在小红书平台曝光,迅速引起公众关注。对此,国泰航空在当日晚间即作出迅速响应,通过官方微博发布第一份声明,深表歉意并承诺将高度重视、进一步了解事件详情并严肃处理。

随着事件的发酵,爆料者在23日再次发声,透露国泰航空已成立专项调查小组。紧接着,国泰航空在当日下午发布第二份声明,宣布暂停涉事人员的飞行任务,并承诺在3日内公布处理结果,展现出其处理危机的决心和效率。此次声明的落款由航空服务董事吴洁文签署,体现了公司对事件的高度重视。23日晚,国泰航空行政总裁林绍波亲自代表公司发表声明,宣布已解聘3名涉事空中服务员,并成立跨部门工作小组进行全面检讨。这一行动不仅体现了公司对事件处理的果断和公正,也向公众传递了公司坚决维护乘客权益的决心。香港特区行政长官李家超也对事件表示关注,指出涉事空中服务员的言行伤害了同胞感情,破坏了香港的文化和价值观。他要求国泰航空进行深刻检讨,确保类似情况不再发生。

空中服务员工会的内部邮件虽对解聘空乘表示遗憾，但国泰航空迅速对此进行澄清，强调该工会并不代表公司立场，并明确表示不接受、支持或同意该工会的观点。同时，公司还辟谣了网络上流传的关于航空服务董事的英文内部信件，强调该信息为伪造，并保留追究法律责任的权利。

值得一提的是，国泰航空在危机处理中不仅迅速响应、定性降级、范围缩小、重视升级和落实行动，还在危机后积极调整策略，首次在内地市场招聘空中乘务员，预计招聘人数将达到数百人。这一举措不仅有助于公司扩大人才储备、提升服务质量，更体现了公司"背靠祖国，联通世界"的战略布局和高度责任感。

资料来源：网友举报"国泰空乘歧视非英语乘客"，评论炸锅，国泰道歉！[EB/OL]. (2023-05-23)[2024-06-15]. http://news.cnr.cn/dj/20230523/t20230523_526261728.shtml.

六、主动公开

在危机处理过程中，组织必须牢牢把握信息发布的主导权。这意味着，信息发布人员应为本组织的专业人员，且信息内容需从组织的角度出发，以确保信息的真实性和准确性。这样的做法有助于组织掌握舆论导向，避免信息失真或产生信息真空的情况。在实际操作层面，组织应当实行"发言人"制度，确保信息的权威性和统一性。如果危机发生在异地，组织应立即派遣专人前往现场，收集第一手资料，确保所发布的信息真实可靠。组织应尽快占据信息发布的主动权，避免因为信息真空或媒体抢报而导致组织陷入被动。为了实现信息的及时发布，应遵循第一时间、第一现场的原则，随时更新并传递最新信息。

七、勇担责任

当组织与公众之间的关系陷入危机时，最为有效的应对策略便是妥善协调各方利益关系，尤其是那些直接受害者的利益。这种利益协调得当与否，直接关系到组织的舆论氛围和形象塑造。公众在危机事件中通常要关注物质层面，即他们的经济利益是否得到妥善保护。因此，组织在面临危机时，应积极主动承担损失与责任，毫不拖延地向受害者及所有消费者表达诚挚的歉意，并切实采取补偿措施，确保他们的损失得到合理弥补。相反，如果组织在危机发生时采取推诿、狡辩的态度，只会加剧事态的恶化，给组织带来极为不利的影响。因此，勇于承担责任，真诚面对公众，是组织在危机处理中不可或缺的重要原则。

八、人文关怀

危机型公关处理中的人文关怀原则,强调在应对危机事件时要以人为本,充分尊重和保护人的尊严和权益。这一原则体现了对人的深切关怀和尊重,有助于在危机中建立和维护组织的良好形象,赢得公众的信任和支持。

第一,人文关怀原则要求组织在危机处理过程中关注人的情感需求和心理变化。危机事件往往会给相关人员带来极大的心理压力和困扰,组织需要积极倾听他们的声音,理解他们的感受,提供必要的心理支持和帮助。通过人性化的关怀和安抚,组织可以为相关人员减轻心理压力,增强他们的归属感和忠诚度。

第二,人文关怀原则要求组织在危机处理中尊重和保护人的尊严和权益。这意味着在处理危机事件时,组织要遵循法律法规和道德准则,避免侵犯他人的合法权益。同时,也要关注弱势群体的利益,为他们提供必要的帮助和支持。通过维护人的尊严和权益,组织能够展示其高度的社会责任感和道德标准,赢得公众的尊重和认可。

处理危机型公关除了要遵循以上原则外,在特定危机事件中,还需考虑咨询危机管理专家或公共关系专家、对利益相关方进行管理及个案分析等原则的执行。

第三节 危机型公关的策划步骤

危机公关是公共关系的一种特殊展现形式,全面反映了组织的公关能力。有效的危机公关工作不仅能够防范组织不希望发生的事件,还是组织自我保护、捍卫形象的重要需求,在保护组织形象、巩固已有公关成果方面,具有无法替代的作用。此外,成功的危机公关活动有助于在公众心中塑造一个特殊的危机应对形象,进而提升组织的整体公关水平,增强组织成员的公关意识。因此,危机事件并非全然负面,其同样蕴藏着转机,能够转化为组织发展的契机。为此,制定一套反应迅速、策略精准且行之有效的危机处理程序显得十分关键,其能够使组织避免在紧急情况下盲目和随意地应对,防止公关危机中的重复和遗漏,确保危机处理工作的连续性和有效性。

一、组建危机公关团队,设立专门发言人

组建危机公关团队是应对危机的关键步骤,这个团队可以是长期设立的专业机构,也可以是在危机发生时迅速组建而成的。一旦危机爆发,无论是常驻的危机应对

团队还是临时组建的危机处理小组,都应迅速进入工作状态,各尽其职,快速搜集与危机相关的所有信息。

在选择发言人时,务必确保其具备高度的可靠性和丰富的经验,使其成为组织与公众沟通的重要桥梁,负责将组织的决策和态度传达给社会公众。发言人的态度应真诚、友善,以建立信任并缓解公众的不安情绪。

通常情况下,这项工作由公共关系部经理担任,他们具备丰富的公关经验和良好的沟通技巧,能够有效进行危机公关工作,维护组织的形象和声誉。

二、第一时间公布危机真相

组织遭遇危机时,往往会成为社会与公众瞩目的焦点。此时,人们迫切希望了解危机背后的真相,新闻界作为舆论的代表,自然会前来采访报道。面对这种情况,组织通常有两种应对策略:一是掩盖问题,隐瞒真相;二是坦诚相告,展现诚意。然而,历史经验告诉我们,掩盖事实真相只会加剧公众的疑虑和猜测,进一步扩大危机的波及范围,最终使危机处理陷入困境。坦诚地告知公众真相,展现组织的诚意和决心,才是最佳的应对之道。这样的做法不仅有助于恢复公众的信任,还能够为组织赢得更多的理解和支持,从而更有效地化解危机。

公关危机中发布危机真相的渠道多种多样,每一种渠道都有其特定的优势和适用场景。以下是 5 种主要发布危机真相的渠道。

(一)新闻发布会

新闻发布会是一种传统而有效的方式。组织可以通过召开新闻发布会,邀请媒体记者参加,直接、全面地阐述危机事件的真相、处理进展和未来计划。这种方式可以确保信息的准确性和权威性,同时也有助于组织掌握话语权,引导舆论走向。

(二)官方声明与公告

通过组织官方网站、社交媒体平台或电子邮件等方式,发布官方声明或公告,向公众传达危机事件的真相和组织的态度。这种方式具有传播速度快、覆盖面广的特点,能够及时、有效地回应公众关切。

(三)媒体专访

组织可以主动邀请媒体进行专访,通过媒体的报道向公众传递危机真相。这种方式可以借助媒体的公信力和影响力,增强信息的传播效果。

（四）一对一沟通

针对受到危机事件直接影响的个体或群体，组织可以通过电话、邮件或面对面会议等方式进行一对一沟通，解释事实真相，表达歉意和补偿措施。这种方式能够体现组织的诚意和人文关怀，有助于建立信任关系。

（五）合作伙伴与意见领袖

组织可以积极与合作伙伴和意见领袖沟通，通过他们的渠道和影响力向公众传递危机真相。这种方式可以扩大信息的传播范围，提高公众的接受度。

在选择发布危机真相的渠道时，需要根据危机事件的性质、影响范围和公众关切程度等因素进行综合考虑。同时，还需要注意保持信息的准确性、一致性和及时性，避免产生新的误解和负面影响。此外，与媒体的合作与沟通也是关键的一环，建立良好的媒体关系有助于在危机中更好地掌握话语权和信息传播权。

三、调查结果和事件进展及时发布

危机爆发后，在团队迅速组建并发布危机真相的基础上，组织应立即开展深入调查，以明确导致此次危机的根源。一旦调查结果清晰，应坦诚地向社会公众及新闻界说明危机的原因；若责任在于组织自身，应勇于向社会公众承认错误；若系他人恶意陷害，应通过各种途径揭示真相。在整个过程中，组织应保持与新闻界的及时沟通，随时通报事态进展，澄清不实的小道消息和流言蜚语。

危机事件发生后，组织的传播人员应建立新闻发布的常规机制，确保每天或固定时间发布新闻。因此，需要重视新闻发布会的举办。组织需提前对外公布新闻发言人的身份、新闻发布的具体时间和地点，并邀请媒体参加。同时，安排专职信息采集人员，确保在固定时间内提供具有新闻价值的信息。

新闻发言人作为组织与媒体沟通的关键角色，必须具备丰富的媒体应对经验。在应对记者提问时，发言人应准备充分，以翔实的事实资料为依据，清晰、准确地回答相关问题。同时，应避免使用"感觉、大概、差不多"等模糊性表述，以免引起不必要的误解和猜测。此外，发言人的言辞应客观、中立，不得掺杂个人情感色彩，以确保信息的准确性和公正性。

扫描右侧二维码查看职场故事。

四、积极与媒体和公众进行沟通

在处理危机事件时,组织应始终将公众和公共利益置于首位,这应成为其行动的基本价值取向。直接面对媒体和公众,不仅是责任所在,更是展现组织诚信和担当的关键。新闻发布会虽然为组织与记者提供了面对面沟通的平台,但这仅仅是沟通的开始,而非全部。

组织的相关领导、事件关联的责任人以及处理事件的负责人,都应持有坦诚沟通的态度,随时准备接受媒体的采访,解答疑问,并主动告知事件处理的细节及记者所需了解的信息。简单地将记者推给新闻发言人,或漠视、拒绝采访请求,都是不负责任的表现。这样做只会导致记者依赖猜测或听信所谓的"知情者""业内人士"等不确定的信息来源,进而发表对组织不利的内容。

同时,危机事件中往往伴随着受害者,组织应迅速行动,第一时间出现在受害者及其家属身边,承担起应有的责任。组织领导人应亲临现场,慰问受害人及其家属,解答他们的疑问,给予受伤者和死难者家属以心灵的抚慰。在处理危机时,组织应将受害人及其家属,以及社会公众的利益置于自身利益之上,以此在公众中塑造出组织负责任、有担当的社会形象。

五、策划沟通活动,重塑组织形象

策划危机型的公共关系活动时,最具挑战性的环节莫过于策划一场具有吸引力和影响力的公共关系沟通活动。在这样的活动中,组织需要在公众高度关注的情况下,勇敢地将组织的真实情况或家丑展示给公众,这既需要巨大的勇气,也伴随着不小的风险。然而,只要敢于迈出这一步,往往能够化危机为转机,让组织在逆境中稳住阵脚,转危为安。典型的沟通活动有以下 3 种。

(一)举办开放组织活动

当危机事件发生在组织内部或附近区域时,无论是外部客观因素还是内部主观原因导致的危机,都可以考虑策划开放组织活动。这样的活动主要邀请媒体和公众代表参加,特别是当危机涉及社区、顾客、消费者利益或社会公共利益时,更应主动邀请相关代表参与。活动的核心在于让媒体和公众亲眼见证事实真相,这比任何言辞都更为有效。关键在于,组织需真实呈现现状,不刻意修饰,保护危机现场,让事实自己说话。

(二)举办现场座谈会

如果危机发生在公共场所,如公路、机场、医院、学校等,组织可以举办现场座谈会。组织的主要负责人应亲临现场,与受害公众面对面交流,了解他们的需求,听取他们的意见。选择合适的地点,进行必要的布置和宣传,营造坦诚沟通、真诚对话的氛围,有助于增进双方的理解和信任,从而更有效地解决问题。

(三)领导人亲赴危机现场

在危机发生的现场,组织领导人应第一时间赶到事发地点,与受害者会面,表达慰问和关心。通过这一活动,受害者能够感受到组织的关怀与温暖,同时领导人也能更直接地了解灾情,指导救灾工作。这样的活动需要媒体的及时报道,虽然组织领导人因此面临着一定的风险,但这也是展示组织责任感和担当精神的重要时刻。

六、以诚恳负责的态度将事件处理结果公布给公众

在危机逐渐平息之际,组织应审慎而积极地做好收尾工作,要继续保持定期向公众通报危机处理进展的节奏,即使后期信息量有所减少,也应及时披露关于公众特别是受害者的相关情况,展现出组织负责任的态度。甚至在危机过后的一段时间,如一年或两年,仍应对组织妥善处理危机后的情况进行跟踪报道,这有助于组织彻底扭转不良声誉。

在危机后期绝不能对公众采取草率处理的态度,更不应试图逃避责任、忽视组织未来发展的需求,表面功夫和敷衍的态度只会让组织陷入更深的困境。若以这种态度应对媒体,最终可能导致组织因自身的拙劣表现而遭受公众的负面评价,从而葬送组织的未来。因此,应以诚恳负责的态度,将事件处理结果公布给公众,以赢得公众的信任和支持,为组织的可持续发展奠定坚实基础。

七、总结评估形成报告

危机事件平息后,组织应全面审视并评估危机处理措施的社会、经济、心理和形象效应。这一过程中,应实事求是地分析各项措施的合理性和有效性,并撰写详尽的处理报告,为未来应对类似事件提供宝贵的参考依据。另外,应深入剖析危机发生的根本原因,广泛收集公众对组织的反馈意见,认真总结经验教训。这一过程,不仅可以改进组织的工作流程,还能从根本上预防类似事件的再次发生。

八、危机后的组织形象恢复

组织领导者应激发全体员工的辩证思维,用辩证的眼光去看待危机,危机是成功与失败的分界点。在处理危机时,不仅要具备强烈的公关意识,更要树立重塑良好组织形象的坚定信念,这需要组织拥有重整旗鼓的勇气,更要有再创辉煌的决心。只有当组织成功重塑形象,才能恢复到良好的运营状态,组织的公关危机处理才能算作真正结束。资料显示,全球 500 强企业中的佼佼者,几乎都在其成长历程中历经了各种各样的危机甚至灾难。因此,真正的强者能够克服危机,在危机中求得成长,在挑战中实现发展,这不仅是组织应对危机的智慧,更是其走向成功的必由之路。

(一)确立组织形象重建的目标

具体而言,组织形象重建的目标主要包括以下四个方面:

第一,深切关怀危机受害者及其家属,给予他们最大的慰藉,体现组织的责任与关怀。

第二,重拾利益受损者的信任,让他们重新成为组织的坚定支持者。

第三,消除观望怀疑者的疑虑,将他们转化为组织的真诚合作伙伴。

第四,积极吸引更多新的关心者和支持者,以扩大组织影响力和支持基础。

只有当上述目标全部实现,才能说公关危机得到了全面而妥善的解决。在明确重塑良好公关形象的目标之后,关键在于如何制定并实施有效的措施,以达成这些目标。

(二)组织内部形象重塑

第一,组织秉持诚实坦率的原则,精心策划各类交流活动,旨在搭建组织与员工之间上情下达、下情上达、横向连通的双向沟通桥梁。通过确保信息流通无阻,致力于提升组织管理的透明度,从而增强员工对组织的信任感。

第二,组织以积极主动的姿态,广泛动员全体员工参与决策过程。通过共同制订组织在新环境中的生存与发展计划,让每一位员工都深切感受到乌云已散、曙光在前的崭新气象。

第三,不断完善组织的各项制度和措施,确保它们能够有效地规范组织行为。这些举措能为组织的长远发展奠定坚实基础,进一步提升组织的整体形象和内部凝聚力。

(三)组织外部形象重塑

第一,积极保持日常与组织紧密相关的公众的联系,及时向他们传递危机后组织的新面貌和进展。通过分享最新的信息,努力消除公众的疑虑,重建他们对组织的信任。

第二,针对组织公关形象受损的具体内容和程度,重点开展一系列旨在弥补形象缺损、恢复公关状态的公共关系活动。通过广泛的沟通与互动,努力修复与公众的关系,重塑组织的良好形象。

第三,为了进一步提升组织的美誉度,应推出一些卓越的服务项目和产品,并在社会上公开亮相。通过展示组织的实力和成果,努力改变公众对组织的不良印象,赢得更多的支持和认可。

组织在遭遇危机时,应灵活应变,将危机的导火索转化为发展进步的契机,借势危机事件的声势,大力宣传组织及其产品,以圆满解决危机。在这一过程中,组织需具备公关策划的逆向思维,善于把握危机与机遇之间的转化关系。另外,组织应深入了解危机的根源,通过反思和完善自身,防止类似情况再次发生。组织危机犹如一把双刃剑,表面看似坏事,实则可能蕴藏机遇,如何巧妙地将别人的危机转化为自身的机遇,取决于组织在危机公关中的智慧与策略。

◆ 本章小结

本章主要介绍的是危机型公关策划的相应内容,重点介绍了危机型公关策划的含义、特点、类型及公关危机产生的原因;处理危机型公关的原则:预防为主、调查先行、尊重事实、统一口径、保证速度、主动公开、勇担责任、人文关怀;危机型公关的策划步骤:组建危机公关团队、第一时间公布危机真相、调查结果和事件进展及时发布、积极与媒体和公众进行沟通、策划沟通活动,强化企业形象、以诚恳负责的态度将事件处理结果公布给公众、总结评估形成报告及危机后的组织形象恢复。本章内容为实务型内容,是学生必须学会的技能。学生只有掌握危机型公关的处理方法,才能在实践中游刃有余。

◆ 课程交流互动

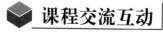

一、名词解释

危机、公关危机、危机型公关、突发的社会事件、组织自身行为不当、恶性竞争

二、简述题

1.危机型公关的特征有哪些?

2.危机型公关有哪些具体的类型?

3.处理危机型公关要遵循哪些原则?

4.危机型公关的策划步骤有哪些?

5.某公司售出一批质量有问题的高档皮鞋,但公司事先并不知晓。待有顾客使

用后发现问题,找到了公司,销售人员和公司领导才知道这一型号的皮鞋均有质量问题。假如你是公司的公共关系人员,如何解决这个问题。

三、模拟题

1.模拟内容

以小组形式,模拟公关危机发生后的记者招待会,感受来自媒体的压力。

2.具体要求

(1)每小组人数不超过10人;

(2)模拟的具体危机事件可自由选择;

(3)具体角色设置合理、语言规范;

(4)每小组模拟时间在8分钟以内;

(5)2周后课堂展示。

四、案例分析题

"4·19"特斯拉车主维权事件

(一)事件经过

2021年4月19日,在上海国际车展上,两位因与特斯拉有消费纠纷的女车主张某和李某到现场维权,因吵闹导致现场秩序混乱。其中张某更是站在特斯拉展台上大喊"特斯拉刹车失灵",后被安保人员带离,特斯拉展台随后恢复正常开放。

(二)特斯拉对事件的回应

2021年4月19日,特斯拉回应车展现场车主维权事件,称当事人为此前河南安阳超速违章事故车主,通过非常规方式进入展馆并登上车顶进行维权。特斯拉表示已多次劝解但未果,最终与主办方协商后由公安执法人员劝离。特斯拉称曾提出多种解决方案但均遭拒绝,未来将继续与车主沟通以解决问题。

2021年4月19日下午,特斯拉公司全球副总裁陶琳接受采访时表示:"最近几次特斯拉事件都和她有关,我们已提出出钱去做车辆的检测,但她不同意,要求巨额赔偿,我们认为她的诉求是不合理的,我们不可能答应。"陶琳在接受采访时同时表示,这个可能是很多企业发展都会面临的问题,今天是特斯拉,明天可能是其他企业,然后也有可能是其他的产品,特斯拉没有办法妥协,这可能就是一个新产品发展必经的一个过程。

2021年4月20日凌晨,特斯拉微博再次回应上海车展上关于特斯拉产品安全问题的疑问和关注。称如果是特斯拉产品的问题,特斯拉一定坚决负责到底,该赔的赔、该罚的罚,这是我们一贯的态度和处理方式。对不合理诉求不妥协,同样是我们的态度。

2021年4月20日晚,特斯拉公司在其官方微博向客户致歉,并表示已成立专门处理小组,尽全力满足车主诉求。

2021年4月21日,特斯拉官方再度深夜发声。特斯拉表示,21日下午已主动与郑州市市场监督管理局联系并汇报相关情况,为了维护消费者的权益,愿意全力配合,提供事发前半小时的车辆原始数据给第三方鉴定机构或政府指定的技术监管部门或者消费者本人。特斯拉表示,恳请郑州市市监局指定权威的、有资质的第三方检测鉴定机构,开展检测鉴定工作,早日还原真相,特斯拉承担鉴定产生的全部费用,同时承诺,无论检测结果如何都要接受。

2021年4月22日,特斯拉向中国市场监管报提供了事故车的数据说明,在事故前的车辆时速为118.5千米/时,在制动过程中,制动主缸压力先较低后增加,自动紧急制动功能启动并减轻碰撞幅度。最终,车速在碰撞前降至48.5千米/时。

2021年4月26日深夜,特斯拉发微博致歉,表示让车友承受了压力感到抱歉,面对质疑和增加的客服电话,特斯拉承诺用更真诚的态度和更好的服务化解疑虑,承认特斯拉有不足需改进,但坚持为消费者提供优质产品和服务的初心,相信在可持续能源转变的道路上,特斯拉会依靠车友支持和共同价值观变得更好,承诺会处理和解决现存及未来可能出现的问题,感谢所有关注、帮助和支持者。特斯拉副总裁陶琳表示会认真改进并感激鼓励。

2021年4月28日,特斯拉通过官方微博发布《关于上海车展"维权"张女士的沟通进展及事件说明》。争取尽快由有资质的第三方权威机构开展检测。

资料来源:时婷婷.上海车展特斯拉维权女车主家属澄清:未天价索赔、未拒绝检测,只是普通消费者〔EB/OL〕.(2021-04-20)〔2024-06-15〕.https://baijiahao.baidu.com/s?id=16975730383521954 29&wfr=spider&for=pc.

思考题:

1.请结合本案例,对此次特斯拉的危机公关进行评价。

2.如果你是特斯拉的危机公关负责人,你要如何处理该场危机?

公共关系思想的核心是"说真话"。

——艾维·李

第六章　公益型公关策划

学习目标

通过本章的学习,你应该达到以下目标:

一、了解公益型公关策划的基本内容;

二、理解赞助活动的概念、价值与分类;

三、掌握赞助活动、传播先进理念等公益型公关策划的流程;

四、强化公益思维、责任意识、奉献精神。

知识罗盘图

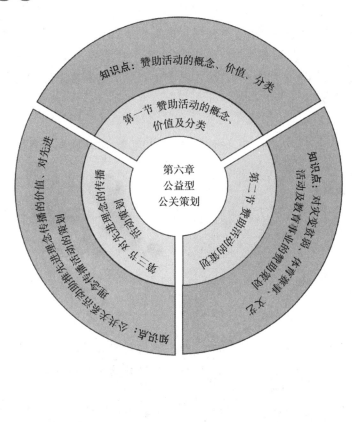

M 地铁·运动"城市徒步"活动

一、项目概述

2020 年 8 月，京港地铁携手世界卫生组织在华机构、北京市交通委员会及卫生健康委员会等多方力量，针对地铁乘客的出行场景，并与线上运动平台相结合，共同举办了名为"M 地铁·运动"的"城市徒步"活动。此次活动通过全媒体渠道的广泛传播，显著提升了品牌的知名度和曝光度。

二、项目调研

（一）项目背景

在十八届五中全会的公报中，构建"健康中国"已被确立为国家层面的重要战略，显示了国家对健康事业的高度重视，特别是自新冠疫情暴发以来，公众对于健康问题的关注度更是持续攀升。为了响应这一趋势，北京市在 2020 年出台了《北京市城市限行交通品质提升工作方案》，旨在深入贯彻"优先发展慢行交通、公交出行和绿色出行"的理念，从而有效提升绿色出行的比例，并进一步增强城市的吸引力和魅力。

（二）可行性研究

有研究机构对全国 36 个主要城市，包括北京、上海、深圳、广州等，进行了通勤情况的深入调查。结果显示，北京以平均通勤距离 11.1 千米位列榜首，成为通勤距离最长的城市。基于这一数据，若私家车车主选择每周有一天搭乘地铁通勤，预计每年将能减少大约 90 千克的碳排放。而在 2020 年 1 月至 6 月期间，京港地铁收到的与疫情相关的咨询和反馈近 700 条，这体现了公众对于健康信息的高度关注和需求。

三、项目策划

（一）目标

落实"慢行优先、公交优先、绿色优先"核心理念，减轻城市交通负担，进一步提升京港地铁的品牌形象和公众认可度。

（二）传播策略

采用互联网思维来提升受众的参与热情，借助全媒体平台的多元化互动，构建一个全面而有效的传播循环体系。

（三）受众

线下活动的目标受众主要锁定在地铁乘客及沿线居住的社区居民，而线上活动则广泛覆盖全国范围内热爱运动、关注健身的年轻人群。

（四）内容创意

首次推出地铁线上健康签到活动，并在地铁朝阳公园站精心布置了色彩斑斓的彩绘楼梯和充满奇幻的镜面墙，旨在营造一个鼓励健康出行的城市空间。邀请世界卫生组织驻华代表、北京市疾病预防控制中心副主任、2008 年奥运会冠军等业内专家和领军人物,共同发起倡议,呼吁广大乘客关注健康问题。同时,在快手平台上推出了有趣的挑战赛,成功激发受众的参与热情和积极性。

(五)媒介策略

利用多种媒体渠道进行有针对性的差异化传播,并通过这些渠道的协同作用形成强大的合力。

四、项目执行

(一)预热期(2020 年 7 月中旬至 8 月上旬)

1. 通过地铁车站内的媒体资源及内部宣传渠道,精心布置预热宣传素材,旨在营造一种热烈而吸引人的氛围。

2. 在快手平台上,特别推出"♯地铁快舞蹈♯"和"♯地铁快运动♯"的活动页面;同时,京港地铁在微信、微博、快手、抖音等社交平台发布了一系列倒计时预热海报、精彩视频和直播预告,以此提前预热活动;另外,合作伙伴世界卫生组织、悦跑圈等也同步进行了相关的预热活动。

(二)爆发期(2020 年 8 月 7 日至 28 日)

1. 活动 H5 页面正式上线。

2. 在社会、交通、健康、生活领域的权威媒体上,通过多样化的传播形式进行推广。

3. 利用官方微信、微博、抖音、客户端等渠道进行广泛宣传,同时在快手直播和合作方的新媒体平台上同步进行宣传。

4. 通过内部邮件、官方网站等内部沟通渠道进行内部信息的宣传和传播。

5. 充分利用车站、列车电视、屏蔽门媒体、电子显示屏、广告灯箱、梯牌以及包站资源,全面开展线下推广活动。

(三)持续期(2020 年 8 月 29 日至 10 月 16 日)

通过各类媒体渠道、媒体从业者、京港地铁的官方新媒体平台以及车站内的媒体资源,持续地进行信息传播,同时与合作伙伴保持同步的传播步伐。

(四)项目控制与管理

由项目活动的主要负责人负责协调并整合内外部资源,精心制定项目的详细时间表并进行任务分配,每日监控各项筹备工作的进展,并迅速应对项目执行中出现的任何问题,以确保项目能够顺利实现并达到预期的效果。

项目负责人将全面统筹各个宣传渠道的传播推广工作,每个宣传渠道都将有专人负责推进,每天汇总传播进度,及时解决执行过程中遇到的问题,从而确保宣传效果的达成。

五、项目评估

该项目的线上总参与人数高达 221354 人,在新闻媒体和新媒体平台上均获得了广泛的传播,获得了受众的热烈反响,有效提升了京港地铁品牌在公众心中的认知度和赞誉度。

在新闻媒体领域，该项目实现了全方位的、多元化的立体传播，得到了包括国家权威通讯社、党媒、北京及中国香港主流媒体等在内的超过 40 家媒体的报道。这些报道涵盖了交通、健康、生活、社会等多个领域，既有传统媒体，也有新媒体和直播平台，通过图片、文字、视频、广播、直播等多种形式，使新闻媒体的广告价值超过了 1143 万元。

在新媒体方面，成功营造了热烈的话题讨论氛围。其中，微博主话题"#悦享健康#"的累计阅读量超过 248 万次；官方微博和微信发布的原创图文内容阅读量超过 132 万；快手标签页的播放量高达 2550 万次；直播活动的在线观看人数约 310 万人，点赞次数更是达到了约 330 万次。

资料来源：金旗奖编委会. 2020 最具公众影响力公共关系案例集[M]. 北京：中国财富出版社，2021：276-280.

案例思考 ···

该项目之所以引起广泛的赞誉和关注并且夺得"2020 最具影响力公关活动"大奖，得益于以下几点：第一，紧扣社会热点，精准设置议题，在新闻媒介中实现了强大的传播效果，有效提升了品牌形象与影响力；第二，通过整合多方资源，包括联合国下属机构、北京市政府机构、线上运动平台、短视频社区、广播电台和互联网票务平台等 10 家合作伙伴，充分发挥各自优势，共同扩大了项目的社会影响力；第三，精心策划了具有地铁特色的线上活动，将"最后一公里"和"绿色减碳"的理念巧妙融入活动设计之中；第四，原创了"地铁快舞蹈"，这一创新形式在传播中凸显了品牌形象，进一步加深了品牌在年轻群体中的价值认同，并促进了该群体与京港地铁品牌的互动；第五，通过线上挑战赛和话题页的设立，极大地提升了公众的参与感，强化了公众对品牌价值的认同，加深了与品牌的情感联系。

这是一个典型的传播先进理念的公益型公关策划，"慢行优先、公交优先、绿色优先"的理念通过一系列的活动深入人心。

第一节　赞助活动的概念、价值及分类

一、赞助活动的概念

赞助活动是公益型公关的主要形式，是社会组织通过非营利性质的捐赠形式，提供资金或资源来支持特定的社会活动或事业。作为向社会回馈的一种体现,越来越多的组织认识到自身发展与社会支持之间的紧密关系,因此也愿意承担起对社会发展的责任和义务,贡献自己的力量。在现实中,企业已成为现代社会开展赞助活动的主要力量。

一个成功的赞助活动应确保企业产品、品牌形象与所赞助活动之间的高度契合。这种契合能够显著提升企业形象,并带动产品销量增长。例如,青岛啤酒与中超联赛多年来的合作就是一个典范。2020 年,青岛啤酒首次推出了 16 支中超俱乐部的定制铝瓶,将品牌的激情与时尚元素和足球的热情完美融合,成为足球赛场上一个独特的亮点。此外,中超俱乐部与青岛啤酒还在多个城市举办了超过 450 场的第二现场球迷观赛活动,累计销售了 6.5 万箱该品牌的啤酒。

提高企业在社会中的知名度,树立其在公众心目中的良好形象,是企业生存和持续发展的关键。公共关系赞助活动是创造这一条件的有效途径。

问题思考

为什么"大牌"企业愿意赞助活动?

北京冬奥会市场开发计划发布后,北京冬奥组委陆续签约了 45 家赞助企业,整个赛事的赞助开发权益取得了不俗进展。这些赞助企业名单如下:

(1)北京 2022 年冬奥会官方合作伙伴(共 11 家):中国银行、中国国航、伊利集团、安踏公司、中国联通、首钢集团、中国石油、中国石化、国家电网、中国人保、中国三峡。

(2)北京 2022 年冬奥会官方赞助商(共 10 家):青岛啤酒、燕京啤酒、金龙鱼、顺鑫农业、文投控股、北奥集团、奇安信、猿辅导、百胜中国、盼盼食品。

(3)北京 2022 年冬奥会官方独家供应商(共 10 家):英孚教育、科大讯飞、中国邮政、华扬联众、士力架、空港宏远、三棵树、东道、良品、BOSS 直聘。

(4)北京 2022 年冬奥会官方供应商(共 13 家):普华永道、随锐集团、金山办公、一石科技、歌华有线、河北广电、丰原生物、麒盛科技、天坛家具、石家庄印钞、舒华体育、诺贝尔瓷砖、东鹏瓷砖。

问题:这些赞助商都在业界声名显赫,那么这些"大牌"企业为什么都自愿赞助冬奥会? 通过赞助活动,它们能获得怎样的收益呢?

资料来源:凡君.北京冬奥会市场开发成果显著 45 家赞助企业品牌价值提升[EB/OL].(2022-02-07)[2024-06-19].https://baijiahao.baidu.com/s? id=1724060567451547701&wfr=spider&for=pc.

在北京一家五星级酒店的公关部门工作备忘录上,记录着这样一句话:"赞助,即通过提供活动场地或资金支持社会文化活动,并利用大众传媒进行专题报道或现场直播,旨在有计划地提升我们酒店的知名度和声誉。"这段文字清晰地展现了赞助活动是与社会沟通的一种高效方式。通过赞助活动,酒店不仅能够为社会活动的顺利开展提供物质支持,更能够展示酒店形象,树立正面品牌,为酒店发展营造一个积极的市场环境。

以 1984 年美国总统里根访华的答谢宴会在长城饭店举行为例(提供场地赞助),可以看到,通过 500 名中外记者的报道,长城饭店的知名度和声誉在全球范围内得到了显著提升。这一实例充分证明了赞助活动的目的及其不可小觑的重要性。

二、赞助活动的价值

(一)有助于提高组织的社会知名度和美誉度

公益赞助行为,在多数场合下都是在他人困境中给予温暖与援助,一旦付诸实践,便能为广大公众带来实际利益。这样的善举将组织的良好声誉深深植根于受益者的心中,其效果远非商业广告所能比拟。因此,组织应主动投身于公益赞助活动中,让自身承担社会责任的积极形象得以广泛、深刻且持久地传播。对社会公益事业的关心与支持,体现了组织作为社会一分子的担当与贡献,如同社会的"守护者"一般,通过为社会贡献力量,塑造出正面的组织形象。而赞助活动不仅提升了组织的知名度,还强化了其商业广告的说服力和影响力,为组织赢得了更广泛的社会认可和赞誉。

(二)有助于为组织营造良好的外部关系环境

当社会面临挑战需要援助时,若组织能够主动站出来,为政府分担压力,履行救助困难群体的责任,那么对于组织与政府之间的关系维护是极为有利的,能够赢得政府的认可与好感,进而促进组织在该地区的业务扩展。这样的行为也有助于为组织的生存与发展营造更加和谐的外部环境。同时,赞助活动作为一种实力的体现,能够彰显组织的经济实力,赢得社会公众的信任与好感,为组织的形象塑造和业务拓展打下坚实基础。

(三)有助于提升组织内部员工的组织认同感

作为一个秉持道德和责任感的社会成员,组织能在社会或他人陷入困境时,慷慨解囊、伸出援手,这种行为本身就蕴含着深远的教育价值。对于组织内部的公众来说,其会产生一种强烈的触动,让员工对组织决策层的行动表示极高的赞同。这种无形的力量有助于加强组织的凝聚力,提升员工的归属感和自豪感,同时也为组织文化注入新的活力,成为组织文化中一笔宝贵的无形资产。

(四)有助于提升组织在行业中的市场竞争力

组织在关键时刻,勇担责任,提供资助,展现出扶危济困的侠义精神,这些受社会公众瞩目的善举对于组织在行业中脱颖而出具有显著作用,其本身就是一种极具竞争力的行为。若组织能够长期致力于社会公益事业,那么将在行业中稳固其有利地位,极大地增强组织的竞争力。这种方式相较于投入大量资金进行广告宣传,效果更为显著和持久。

(五)有助于优化组织处理危机的舆论软环境

如果一个组织在某些时候因为不适当的行为或他人的恶意指控,在特定区域的公众中形成了负面印象,那么采取公益行动将是矫正形象的最有效、最经济、最迅速的方式。在组织仗义疏财、积极行善的过程中,公众的误解和疑虑会逐渐减少,甚至完全消除。通过这样的行动,组织能够在公众中逐渐建立起宝贵的好感和信任关系,重塑其形象。

三、赞助活动的分类

社会公益事业广泛而多样,选择合适的赞助对象,并开展有效的赞助活动,是企业发展的重要助力。然而,值得注意的是,企业的信誉投资必须精准选择对象和形式,否则可能效果不彰,甚至影响经济效益。在社会这个庞大的系统中,组织发展依赖的方面很广,如能源、交通、金融、社会治安、环境保护、社会基础设施建设等领域的发展都会对组织产生深远影响,因此都可能成为组织赞助的对象,组织应依据实际情况进行选择。这里具体介绍以下四大类。

(一)对灾变贫弱的赞助策划

人类进入 21 世纪之后,各种灾难经常发生,无论是大自然的肆虐还是人为的疏忽,受其波及的人群规模不断扩大。然而,全球范围内的国家和组织在应对这些灾难时,能力似乎总是捉襟见肘,不得不依赖国家层面的协调、社会的广泛参与以及各类组织的及时援助。因此,对灾变中受困者的援助逐渐成为许多组织公共关系战略中的关键一环。在灾难的阴霾下,那些陷入暂时困境的人们急需援助。此时,有能力的组织能够迅速行动,与政府和其他组织并肩作战,共同对抗灾难带来的破坏,拯救那些身处水深火热之中的人们。该举动无疑会在公众心中留下深刻的印象,赢得极高的社会认同。公众对于这些组织的援助行为会给予高度评价,并长久地保持这种好感。虽然灾变贫弱的应对通常被视为政府的责任,但在许多情况下,政府的力量也显得力不从心,难以在短时间内解决所有问题。因此,当组织挺身而出承担起救助贫弱的重任时,实际上是在替政府分担责任,履行了救助义务。此种行为自然会得到政府的积极回应和高度肯定,为组织与政府建立更加和谐的关系打下坚实基础,也为组织在灾后重建和发展中赢得更多的机遇。

 职场故事

甘肃地震,鸿星尔克掏空家底再捐 2000 万元

2023 年 12 月 18 日 23 点 59 分,甘肃临夏州积石山县发生 6.2 级地震。19 日,国货品牌鸿星尔克发文宣布向甘肃受灾地区捐赠 2000 万元物资,"将持续关注救灾进展,与受灾同胞们风雨同舟,共渡难关"。网友在直播间刷屏支持国货,鸿星尔克官方账号呼吁大家理性消费。

这不是鸿星尔克直播间第一次如此热闹,2021 年 7 月,河南郑州"7·20"特大暴雨,鸿星尔克在连年亏损的情况下,宣布向灾区捐赠 5000 万元物资。一时之间,鸿星尔克的"破产式捐款"冲上热搜,网友纷纷涌入其直播间购物;在主播多次高喊"理性消费"后,网友又以"野性消费"作呼应。

据媒体报道,在 2021 年 7 月 23 日短短一天时间,鸿星尔克直接打破多项纪录:销量猛翻 52 倍,总销售额超 2200 万元,许多产品一度脱销。此后,许多消费者赶到鸿星尔克实体店打卡支持,甚至出现"男子买 500 付 1000 拔腿就跑""连模特身上的衣服也被扒光"等现象。

资料来源:"快倒闭了还捐这么多",网友把直播间挤爆[EB/OL].(2021-07-25)[2024-06-19].https://m.thepaper.cn/baijiahao_13734388.

(二)对体育赛事的赞助策划

体育赛事作为公众广泛关注的盛会,为各类组织提供了宝贵的赞助机会。然而,体育活动的多样性和复杂性要求组织在选择赞助项目时,需进行细致周密的策划。体育活动种类繁多,包括田径、游泳、篮球、足球等,每种运动都有其独特的魅力和受众群体。组织应根据自身品牌形象、目标市场及资源状况,选择与之相匹配的体育项目进行赞助。

体育赛事的对象广泛,包括专业运动员、业余爱好者以及不同年龄段的学生等。组织应根据自身的业务领域和目标受众,选择适合的体育赛事进行赞助。例如,针对年轻人的品牌可以选择赞助大学生运动会或高中篮球联赛,以扩大品牌影响力。

体育赛事按级别可分为国家级、省级、市级等。不同级别的赛事,其影响力、参与度以及投入成本均有所不同。组织应根据自身的财务状况和战略目标,选择适合的赛事级别进行赞助。例如,对于希望在全国范围内扩大品牌知名度的企业,可以选择赞助国家级或国际级的体育赛事。不同的行业和业务内容对赞助的需求和效果均有

所不同。

组织应结合自身实际情况,选择最适合自己的赞助形式,如广告赞助、资金赞助、物资赞助等,并确定赞助的规模和投入。通过精心策划和周密安排,组织可以实现与体育赛事的完美结合,提升品牌形象,扩大市场影响力,实现双赢局面。

职场故事

左海·2023 福州马拉松

2023 年 12 月 17 日上午 7:30,左海·2023 福州马拉松(以下简称"福马")在五一广场鸣枪开跑。福马共设有马拉松、半程马拉松和健康跑,共吸引了 5 万名跑者参加,其中全程马拉松 1.2 万人、半程马拉松 2.3 万人、健康跑 1.5 万人。福马创办于 2015 年,目前已是中国田径协会金牌赛事和世界田联认证的标牌赛事,也是国内规模最大的马拉松赛事之一。此次赛事线路在 2020 年的基础上优化,选手们从五一广场出发,途经三坊七巷历史文化街区、于山风景区、上下杭历史文化街区、八一七路、江南 CBD 的东部办公区和海峡国际会展中心等,最终抵达福州海峡奥林匹克体育中心。此次的线路设计,让参赛者在参与比赛的同时,也能借机领略福州的城市风光和历史人文,沉浸式感受中国式现代化福州新篇章。

左海·2023 福州马拉松由世界田径联合会、中国田径协会技术认证,福州市人民政府主办,福州市体育局、鼓楼区人民政府、台江区人民政府、仓山区人民政府承办,福建省广播影视文化传媒有限公司运营,福州左海控股集团独家冠名。除了冠名福马,左海集团还通过多种方式深度参与福马,例如:举办"冠军公益课""福马进社区"等活动,以及成立企业跑团参与赛事,让福马公益化、年轻化、社区化,将福马精神融入生活,越奔跑,"悦"人生。以左海控股集团为首的多家赞助单位也通过该项赛事成功提升了知名度。

资料来源:2023 福州马拉松鸣枪开跑[EB/OL].(2023-12-17)[2024-06-19].https://news.fznews.com.cn/node/12851/20231217/91k8jd1CA6.shtml.

(三)对文艺活动的赞助策划

文艺活动作为人类精神文化生活的重要组成部分,具有广泛的受众和深远的影响。在策划对文艺活动的赞助时,组织需要充分考虑文艺活动的种类、区域和级别等因素,以确定最符合自身品牌和市场定位的赞助策略。文艺活动的种类丰富多样,包括戏剧、话剧、电影、歌舞表演等。每种文艺活动都有其独特的魅力和受众群体。组织在选择赞助的文艺活动时,应结合自身品牌的特点和受众需求,选择与之相匹配的文艺种类。

例如,针对年轻受众的品牌可以选择赞助流行音乐演唱会或现代舞表演,以吸引年轻消费者的关注。文艺活动的开展区域可以分为国内、国外、城市、农村等不同区域。在选择赞助的文艺活动时,组织应充分考虑目标市场的地域特点和文化背景。对于国内市场,组织可以选择在主要城市或地区举办的文化节庆活动或文艺演出进行赞助,以扩大品牌知名度和影响力。对于国外市场,组织可以选择在国际性的文艺交流活动或艺术展览中进行赞助,以展示品牌的国际化和文化包容性。

文艺活动的级别可以分为国家级、省级、地区级、乡村级等不同级别。不同级别的文艺活动在规模、影响力和投入成本等方面存在差异。组织在选择赞助的文艺活动时,应根据自身的财务状况和战略目标,选择适合的级别进行赞助。对于希望扩大品牌影响力、树立组织形象的组织,可以选择赞助国家级或国际级的文艺活动;对于注重地方市场开发和社区关系建设的组织,可以选择赞助地区级或乡村级的文艺活动。

扫描右侧二维码查看职场故事。

(四)对教育事业的赞助策划

组织比较愿意在教育方面开展资助活动,其根本动力源于这个行业发展的稳固性及其对社会大众的深远影响。在教育界,从初级的幼儿教育到中小学直至高等教育,均展现出持续稳定的成长态势。例如,资助建设一幢教学楼或引进一套先进的教学系统,这些都将惠及一代又一代的学子,为社会培养更多人才,其功德无量。要塑造组织在公众心中的良好形象,最直接的方式就是让公众真实感受到组织的善举与贡献。在教育领域,资助活动往往以资金的形式体现,为教育机构提供必要的物质基础。当学子们踏入由组织资助的教学楼,使用其提供的教学设备时,组织的名字自然会深深印在公众的心中,引发他们进一步了解和效仿。这样的影响不仅能带来可观的经济效益,更有着深远的社会意义。

资助教育项目的效果往往十分显著,资助者的名字往往会出现在学校的教学楼上,甚至是以他们的名字命名这些设施,即使未直接接受资助的人也能感受到这份善意,从而广泛传播组织的良好声誉。如香港知名企业家和慈善家田家炳先生在全国60余所高校捐资兴建了教育书院、教学楼等,其中包括但不限于江苏师范大学田家炳工学院、湖南师范大学田家炳教育书院、吉林师范大学田家炳教育书院等。捐助的学校范围广泛,不仅涵盖高校,还包括中学、小学、幼儿园以及医院等。田家炳楼是中国教育界一道亮丽的风景线,代表田家炳先生对教育事业的深厚情感和无私奉献。

这些建筑不仅为学生提供良好的学习环境,也成为传承和弘扬田家炳精神的重要载体。相较于大量的广告宣传和自吹自擂,这种方式的效果更为可靠,影响更为深远。因此,许多组织都将教育作为它们资助的重点领域。

第二节　赞助活动的策划

一、对灾变贫弱的赞助策划

(一)第一时间确定赞助相关事宜

对于灾变贫弱群体的援助,最关键的是在灾变发生之后立即明确赞助的具体安排。因为时间不等人,每一刻都关乎生死,任何对灾变后弱势群体的救助延误,都等同于错失援助的最佳时机,将严重影响援助的效果。通常,组织策划人员需要具备高度的公共关系敏感度,迅速而准确地掌握灾变后弱势群体的具体情况,以及组织需要援助的地区、人群和具体内容,以便为组织决策层提供准确的信息,支持其迅速作出战略决策。尽管决定赞助的时间紧迫,但在策划过程中绝对不能慌乱,而应该保持冷静,有条不紊地进行各项准备工作。

(二)确定赞助的金额或物资

当赞助计划得到确认后,接下来需要明确的是赞助的资金数额或提供的物资种类与数量。组织应根据其财务实力和资源状况,确定一个合适的赞助金额或物资清单,以最大限度地帮助受灾地区或人群渡过难关。这些赞助资金应通过专业的社会公益组织进行传递,确保资金的透明度和有效使用。同样,赞助的物资也应与公益组织或当地政府进行充分的沟通协调,确保物资能够迅速、直接地送达灾区。尤其值得注意的是,所提供的物资必须是灾区及受灾人群最为紧缺的必需品,且必须保证物资的质量可靠。劣质或伪劣产品不仅无法起到援助作用,还可能对受灾人群造成进一步的伤害。因此,必须严格把控物资的质量,确保为受灾的人们提供安全、有效的援助。

(三)最短时间将赞助的款项送达赞助地区

在条件允许的前提下,组织应竭尽全力,在最短的时间内将赞助款项或物资送达受灾地区,以此彰显组织对受灾贫弱地区的深切关怀与及时救助。为保证赞助物资能够迅速且有效地发挥救助作用,实际倾向于通过当地政府或具备公信力的公益性组织进行物资的直接分发,以使这些急需的物资能够准确无误地送达每一个需要救助的人手中,从而迅速缓解他们的困境,展现组织的责任担当与对受灾者的深切关怀。

(四)在所赞助地区举行赞助相关仪式

在条件允许的情况下,组织可以精心策划并举办一场赞助仪式,将这一善举的温馨与力量直接传递给受灾群众。这场仪式虽不必奢华繁复,但每一个细节都应认真筹备,一丝不苟,以彰显组织高度的社会责任感。在仪式上,尤其要强调的是,组织并非以施舍者的姿态出现,而是怀着一颗真诚的心,以无私的气概,向受灾群众伸出援手,注意避免任何可能让人误解为财大气粗或居高临下的行为,而是要以平等、尊重的态度,与受灾群众共同渡过这一难关。组织的主要领导应该出席,以示对受灾群众的深切关怀和坚定支持。这样的赞助仪式,不仅能为受灾群众带来物质上的帮助,更能给予他们精神上的支持和鼓舞,传递社会的温暖与力量。

(五)协调媒体予以跟踪报道

在组织进行赞助的过程中,要积极寻求与媒体的紧密合作,确保对赞助活动进行全程跟踪报道,以真实、客观的笔触记录组织在灾变贫弱赞助中的积极表现,以真实、感人的故事传递组织的温暖与力量。为使赞助活动取得良好的传播效果,组织应指派专人负责开展相关传播工作,通过精心策划的新闻发布会、赞助仪式等多种形式,及时将组织的赞助行动公之于众,让更多人了解、关注并参与到这一公益事业中来。这些活动不仅能够有效提升组织的品牌形象,更能激发社会的正能量,共同为受灾地区的人们带去希望和力量。

(六)关注赞助款项的使用

在完成赞助活动各项任务后,组织依然需要保持高度关注,聚焦于赞助款项或物品的分配与使用环节。为保证相应善款和善物能够发挥最大效用,组织应当实施严格的监督管理机制,使其得到妥善、有效的管理。通过精心规划和执行,组织需要确保每一分善款、每一件善物都能如雪中送炭般,为那些真正需要救助的人带去温暖与希望。此外,组织还应密切关注受助者的反馈,确认他们真正获得了实质性的救济或有效帮助。这种方式,不仅能够让需要帮助的人感受到社会的温情和友善,还能够进一步提升组织声誉和形象,让组织的善举深入人心,成为公众心中值得信赖和尊敬的品牌。

二、对体育赛事的赞助策划

(一)选择赞助的体育赛事

在选择赞助项目之时,组织需要进行全面权衡,首要考量的是受助对象对赞助的紧迫需求,同时也不能忽视赞助对象未来成长对组织品牌传播力的潜在影响,要致力于寻找那些既符合受助者当前需求,又能为组织树立良好形象、传播正面声誉的优质项目。对于体育活动,由于其显著的彰显性,赞助某一体育团队或赛事往往能迅速吸引公众目光。然而,在选择体育活动时,必须审慎评估其长期发展的潜力和对国家、社会的贡献价值。这样的赞助不仅能直接帮助到体育事业,还能通过"爱屋及乌"的效应,提升公众对组织的好感度和信任度,进而为组织带来正面的公共关系效果。

(二)确定赞助金额与物品

选定赞助项目之后,组织要细致筹划赞助的经费预算或所需提供的物品。赞助的额度或购置、赠送的物品应在组织的经济承受范围之内,既要避免造成不必要的财务压力,又要确保能为赞助对象提供实质性的帮助。同时,组织还需评估受赞助对象在日后对组织声誉的潜在贡献,确保赞助活动不仅是一次性的投入,更是长期品牌建设和公共关系维护的有机组成部分。在选择赞助项目和确定赞助金额或物品时,组织应摒弃纯粹的功利心态,避免以短期利益为导向,试图以小博大,因为短视的做法很可能会损害组织的长期利益,反而导致赞助活动失败。组织应坚持诚信为本,以社会责任和公益价值为导向,确保赞助活动的长期效益和正面影响。

(三)设计赞助仪式

1.现场环境布置

对赞助仪式的现场环境进行精心设计,重点凸显活动的公益性特点,并通过书面形式介绍赞助单位或个人的基本情况,强调赞助活动的必要性。现场设计应追求简洁大气,既充满热烈气氛又保持朴素,传递出积极向上和充满温情的活动氛围。

2.嘉宾名单确定

确定参与仪式的嘉宾名单,主要包括赞助组织的核心领导、受赞助的体育机构的领导以及公众代表。通常,赞助方和被赞助方的领导都要被安排上台讲话。

3.仪式流程规划

规划赞助仪式流程时,力求新颖脱俗,展现出组织对文艺或体育活动的积极支持,同时也传达出受赞助组织或团队对赞助者的感激之情。组织可以通过正式的赞助仪式、视频展示、文艺表演或体育竞赛等方式,阐述赞助的初衷或赞助方的社会责任感,以此影响和感染所有参与者。对于大额赞助或高价值捐助物品,现场还可以举行奠基纪念碑揭幕、以赞助者命名的仪式或揭牌等,以彰显组织的赞助善举,表达受赞助方的感激之情。

4.媒体单位选择

组织对体育的赞助活动,是传递爱心、承担社会责任的体现,具有新闻价值。因此,应挑选代表性强的媒体进行报道,数量不必过多。在特定情况下,可安排个人专访或组织深度报道,以扩大组织赞助行为的社会影响力,让更多人了解和关注。

5.赞助款项或物品发放

赞助活动是一项体现社会责任的善举,必须以诚信为本。在确定赞助事宜后,应确保赞助款项或物品的及时到位,做到言行一致、不拖延、不欺骗。在适当的情况下,可以现场将赞助款项或物品直接交给受赞助方。

(四)关注赞助款项的使用

在赞助仪式圆满结束后,组织应当积极与被赞助的单位或团队保持沟通,密切追踪赞助资金或物资的流向和使用情况,确保资金的合理分配和物资的有效利用。在需要的情况下,可以考虑设立专门的岗位或机构来负责管理,或者选择委托公信力强的慈善组织进行监督,以此确保被赞助的单位或团队能够真正受益,让组织的公益行动产生实质性的成效,并长期维护和提升组织的良好形象。

三、对文艺活动的赞助策划

(一)选择赞助的文艺活动

在选择赞助的文艺活动时,需要考虑多个因素。首先,评估活动的主题、规模、影响力以及是否与组织的品牌形象和价值观相契合。其次,分析活动的目标受众,确保与组织的潜在客户或利益相关者相重叠。最后,还要了解活动的组织者和执行团队,他们的专业能力和信誉也是决定赞助成功与否的重要因素。通过周全考虑,选择既有意义又能带来良好社会效益的文艺活动进行赞助。

(二)确定赞助金额与物品

在确定赞助金额与物品时,应综合考虑组织的财务状况、活动的实际需求以及预期回报。首先对组织的财务状况进行充分评估,确保赞助金额不会对组织的正常运营造成过大压力。其次与被赞助的文艺活动组织者进行深入沟通,了解他们的具体需求和预算情况,以便制订合理的赞助计划。最后,充分考虑赞助的预期回报,包括提升组织品牌形象、扩大市场影响力等方面。通过综合权衡各种因素,确定既符合组织实际情况又能满足活动需求的赞助金额与物品。

(三)设计赞助仪式

1.布置仪式现场

根据活动的主题和氛围要求,选择合适的场地、布置道具和装饰物。同时,还要考虑现场的安全和秩序问题,确保活动的顺利进行。通过精心布置现场,营造出隆重而温馨的氛围,为嘉宾和观众留下深刻的印象。

2.确定参加仪式的嘉宾

提前确定嘉宾名单,包括赞助组织的核心领导、被赞助的文艺活动组织者、重要合作伙伴、公众代表等。然后,向他们发出正式的邀请函,并说明活动的相关情况。通常,要安排赞助方和被赞助方的领导上台讲话。

3.策划仪式的过程

提前设计好仪式的各个环节,包括开场致辞、签约仪式、嘉宾发言、合影留念等。每个环节都需要精心准备和排练,以确保流程的紧凑和有序。同时,要考虑到可能出现的意外情况,并制定相应的应急预案。

4.确定媒体单位

提前与媒体单位联系,挑选代表性强的媒体,邀请他们前来报道赞助仪式。在联系媒体时,需要明确活动的时间、地点、主题等。同时,还要提供相关的宣传资料和支持,以便媒体能够更好地报道活动。

5.发放赞助款项

在赞助仪式上,按照约定将赞助款项正式交付给被赞助的文艺活动组织者。这是一个重要的环节,需要确保款项的及时、准确和安全。在发放款项前,要与被赞助方进行充分的沟通和确认,确保双方对款项的数额和用途达成一致。

(四)关注赞助款项的使用

在赞助款项发放后,与被赞助的文艺活动组织者保持紧密联系,关注赞助款项的使用情况,包括了解款项的具体用途、使用情况以及产生的效果等。通过与被赞助方的定期沟通和反馈机制,及时发现问题并采取相应的措施进行解决。同时,设立专人或机构对款项的使用情况进行监督和管理,确保资金使用的透明度和效益。通过紧密跟踪赞助款项的使用情况,可确保赞助活动取得预期的效果,并为组织的公益行为赢得更多声誉和信任。

四、对教育事业的赞助策划

(一)选择赞助项目

如果组织所处的行业与其欲赞助的教育领域具有显著的相关性,那么应当更倾向于选择教育项目作为赞助对象。如果组织所在的行业与教育领域并无直接关联,那么其赞助选择可以基于组织未来发展方向的考量来确定。如果组织目前的资金有限,但又很希望做些赞助活动,则可选择赞助本地的幼儿园、小学、中学等。如果组织目前的资金情况良好,则可考虑选择赞助大学。另外,组织确定赞助活动与企业家的理想有密切联系。一些企业家有深刻的教育情结,希望在力所能及的时候为社会做贡献,因而,组织在确定赞助项目时,可以考虑企业家或组织领导人的个人理想,将之与组织的内在文化结合在一起,确定好赞助项目。

(二)确定赞助金额或相关设备

当组织选定赞助项目后,即需要确定赞助的金额或所需提供的设备。一般而言,此决策需基于两大因素考量:第一,组织的财务实力是关键。组织在赞助时应当量力而行,避免因过度投入而对未来的运营造成不必要的负担。第二,赞助的效益也需纳入考虑。所赞助的项目必须能够带来显著的社会效益和一定的经济效益,否则这样的投入可能并不值得。毕竟,赞助活动并非仅仅是金钱的投入,更是组织战略决策中的关键一环,应当有助于为组织的未来发展构筑坚实的公共关系基础。

(三)设计赞助活动的仪式

1.确定仪式主题

在筹备赞助仪式时,首要任务是确立一个合适的主题,以彰显此次赞助活动的社会价值。策划者需结合赞助项目、内容和目标对象,精心构思一个能引发共鸣、激发热情的感恩主题,旨在提升活动的精神内涵,影响并激励赞助方内部员工和受赞助对象,产生正面的社会反响。

2.布置仪式现场

组织公关策划人员需对赞助仪式的举办地点进行精心布置,力求营造出一种既简洁又庄重,既热烈又大方的氛围。根据预计的参与人数选择合适的场地,优先选择在被赞助的学校内,以便更好地凸显赞助主题,弘扬社会正能量。

3.确定出席嘉宾

在策划赞助仪式时,需明确邀请的嘉宾名单,包括社会公益组织负责人、政府相关部门负责人、受赞助方的领导和主要成员,以及本组织的主要领导和员工代表。主要嘉宾的现场发言能够增添仪式的庄重感,营造热烈的氛围。

4.通知媒体报道

在仪式举行前,公关人员应通知主流媒体记者前来报道,及时传播组织的赞助活动,以扩大其社会影响力。同时,可对受赞助单位、赞助单位及企业家等进行深入报道,展现其背后的故事和价值。

5.策划现场活动

在举办赞助活动时,应避免墨守成规、缺乏创新,努力在仪式上增加新颖元素,打造具有感染力的高潮,以最大化活动的公关效益。现场可设置互动环节,确保赞助活动落到实处,不追求表面功夫,注重实效和真诚,让组织的公益形象深入人心。

6.关注仪式细节

在设计仪式流程时,需注重细节的把控,确保每个环节都能体现出对参与者的关怀和尊重。例如,关注小学生、幼儿园孩子的安全,关爱贫困学生和弱势群体等,仪式上准备必要的雨伞或阳伞及生日礼物等。同时,确保仪式安全、顺利进行,为所有参与者提供一个舒适、温馨的环境。

扫描右侧二维码查看实战项目。

第三节　对先进理念的传播活动策划

一、公共关系活动助推先进理念传播的价值

"先进理念"通常是指在某个领域或社会中,具有前瞻性、创新性、科学性和实践性的思想观念或价值观。这些理念能够引领时代潮流,推动社会进步,促进人类文明发展。保护环境、保护野生动物、弘扬中国传统文化、文物保护与修复、植树造林等都属于先进理念的范畴。先进理念的广泛传播和文明行为的深入实践,往往是通过一系列成功的公共关系活动来实现的。这些公共关系活动不仅具有公益性质,而且通过精心策划和执行,有效地促进了社会的进步与发展。它们以多种形式呈现,如公益广告、宣传活动、文化交流等,旨在传递正能量、弘扬社会正气,激发人们的向上向善之心。通过这些活动,人们得以见证文明的力量,感受进步的喜悦,共同为构建更加美好的社会贡献力量。

(一)使先进理念的传播构想成为现实

文明的进步并非自然而然实现,而是需要外界强大力量的持续推动。这是因为落后的思维习惯和行为往往具有根深蒂固的惯性,难以轻易被改变或消除。以"请不要随地吐痰"这一简单的文明习惯为例,尽管这一行为早已被社会广泛认定为不文明行为,但时至今日,仍然可以看到这种习惯在某些地方或人群中普遍存在,这足以证明旧习惯的顽固性和改变的难度。因此,在社会发展的特定阶段,需要有一些组织,如企业、学校、医院、媒体以及政府等,发挥引领作用,成为传播文明思想与行为的倡导者,通过各种公共关系活动的方式,如教育、宣传、立法等,积极号召公众摒弃落后的思维习惯和行为,参与到文明的思维与行为中来。

(二)推动组织的宣传

传播先进理念对于推动组织的宣传具有至关重要的作用。当组织积极传播先进理念时,不仅是在为社会贡献正能量,同时也在塑造和强化自身的品牌形象。这些先进理念往往能够引起公众的共鸣,增强公众对组织的认同感和信任感,进而推动组织的宣传效果。例如,一家企业如果积极倡导环保理念,并通过实际行动践行这一理念,那么其在公众心目中的形象就会更加积极、正面。这种形象的提升不仅有助于吸引更多的消费者和合作伙伴,还能为企业带来更多的商业机会和市场份额。同样,学校、医院、媒体以及政府等组织也可以通过传播先进理念来推动自身的宣传。例如,学校可以传播教育理念,展示其优质的教学资源和师资力量;医院可以传播健康理念,宣传其专业的医疗技术和人性化的服务;媒体可以传播新闻理念,传递及时、准确、客观的信息;政府可以传播政策理念,解释和宣传其政策目标和措施。

 职场故事

蚂蚁森林:守护古树聚焦人本

2023年5月,蚂蚁森林正式宣布开启"古树保护模式",并发布了一部名为《我是一棵树》的短片,让古树亲自述说它们与城市之间的不解之缘。蚂蚁森林作为蚂蚁集团旗下的一个公益项目,支付宝用户不仅能在蚂蚁森林界面上积累绿色能量,用于在遥远的沙漠地带种下心仪的树木,还可以通过捡拾垃圾来保护海洋生态。从杭州西湖边那富有浪漫色彩的樟树,到广州本土的俊朗榕树,再到南京那500多岁、以"不张扬"为特色的青檀树,每棵古树都与其所在的城市之间建立了一种深厚而特殊的联系。然而,据粗略统计,全国每年约有1‰至2‰的古树逐渐消失,它们曾是自然变迁的见证者、历史的忠实记录者。然而,若缺乏人类的精心呵护,由于生长缓慢、生命力下降以及抵抗病虫害的能力减弱等原因,这些古树可能会逐渐衰老直至消亡。

蚂蚁森林通过倡导保护古树的行动,鼓励社会公众通过低碳生活积累"绿色能量"。蚂蚁集团将会把这些能量转化为资金,捐赠给公益组织。此外,2023年蚂蚁森林还推出了一系列短片,聚焦于那些默默为环保事业付出的种树人,让公众更加了解他们背后的辛勤付出。从种树到保护古树,蚂蚁森林始终坚守着保护自然的承诺。在成功推进一个项目后,又将目光转向了那些容易被忽视的领域,这正是企业在坚持ESG(环境、社会和治理)理念道路上所留下的坚实足迹。

资料来源:为自然注入社会关注——年度公益十大案例:下[EB/OL].(2023-09-09)[2024-06-19].https://www.sohu.com/a/719081426_123843.

（三）高效传递先进理念

大众传播媒介在推动社会进步的历程中发挥着无可比拟的重要作用。由于媒介直接面向社会大众，其传播信息的范围广泛、速度快捷，且往往具有较高的信誉度，这使得媒介对公众的思维与行为产生了巨大的影响力，其效果常常立竿见影。在公共关系活动中，大众传播媒介作为最主要的沟通手段被广泛运用。通过各类媒介平台，公共关系主体能够有效地将信息传递给目标受众，从而塑造组织形象、传递价值理念、建立良好关系。进步理念的传播和文明习惯的建立，正是公共关系主体借助大众传播媒介实现的重要目标。通过媒介的传播，先进的思想观念、价值观念以及行为准则能够迅速传播至社会的各个角落，被广大公众所接受和认同，不仅有助于提升公众的整体素质，还能推动社会文明程度的不断提高。

（四）提升大众对组织的好感度

在正常的社会环境下，公众普遍对进步的思想与行为持有欢迎和积极的态度。当组织发起并推动这些进步理念时，公众往往会对其产生好感，并在信任度上得到迅速提升。为了确保这些进步理念能够有效地传播并激发公众的参与热情，宣传的方式方法必须得当。简单的口号虽然能吸引注意，但要想让公众深入理解并接受这些理念，需要通过生动的故事、实际的案例、专业的分析等多种手段来呈现这些理念的内涵和价值，同时注重语言的简洁明了，让公众能够轻松理解并产生共鸣。另外，传播的过程需要认真策划，包括选择合适的传播渠道、制订详细的传播计划、安排合适的传播时机等。同时，要将活动目标与公众需求紧密结合起来，通过实际的活动内容让公众感受到这些进步理念的实际效果和价值。同时，还需注重活动的互动性和参与性，让公众能积极参与其中并分享自己的经验感受。

二、对先进理念传播活动的策划

（一）确立问题，明确解决思路

一个组织计划开展公共关系活动，旨在推广进步的理念，这一初衷源于对现存问题的深刻洞察和解决问题的迫切需求。然而，在明确问题的具体细节时，必须进行深入、全面的公共关系调查，以确保精准地捕捉问题的本质，并探寻解决之道。组织在传播进步理念的过程中，通常会发现众多社会公共问题，这些问题可能与传统文化产生冲突，或需要改变固有的习惯，虽然看似细微，但实则具有深远影响。因此，确定问题的核心也颇具挑战性。例如，在牛奶企业推广其产品前，需要解决的一大难题是长久以来中国人持有的"健康的成年人无须饮用牛奶"的观念；养老机构想要运营下去，需要改变的是中国人持有的在家养老的观念。因此,公关策划人员需基于调查人员提供的数据,进行专业分析和严谨研究,从而精确界定问题,并明确解决方向。

(二)深思熟虑,设计传播主题

当组织决定通过传播进步的理念来应对当前挑战时,策划团队必须精心选择并构建传播的主题。这一过程如同其他任何策划活动一样,需要极高的专注度和精确性,所确立的主题应当鲜明突出,语言简练扼要,内容清晰明确,如同一个响亮的口号,易于人们口口相传。这样的主题应当具备广泛的通俗性,能够触及社会各个阶层,确保信息的广泛传播。此外,由于这一主题旨在向全社会传达新的观念或培养良好的习惯,必须具有强烈的冲击力和高度的目标导向性,因此主题不仅要吸引人们的注意力,还要能够精确地传达出所要传达的信息,确保信息能够准确无误地传递给目标受众。因此,在主题的设计过程中,策划人员需要进行深入的思考和全面的考虑,结合目标受众的需求和期望,以及当前社会的热点和趋势,确保主题能够与这些要素相契合。同时,还需要考虑信息的传播方式和渠道,确保主题能够通过各种媒介得到广泛的传播和认可。

职场故事

闲鱼"海洋减负,卸妆去浪"

2023年4月22日,闲鱼选择在世界地球日这一天用"卸妆"来提升大家对海洋保护的认识,发布口号"海洋减负,卸妆去浪"。在海边游玩时,人们往往会为了美化自身而使用大量的化妆品,如粉底或防晒霜,然而这些产品一旦进入大海,就可能对海洋生物产生长期而不可逆的影响。闲鱼本次环保活动的核心环节,是在海边设置的实体装置。闲鱼与蓝丝带海洋保护协会联手发起"净游海洋挑战",将用户的闲置卸妆产品送至三亚亚龙湾的海滩,并邀请游客在入海前先进行卸妆。

此次活动的主要目的是倡导大家共同保护海洋生态。而闲鱼通过实体装置呼吁环保的行为,已不是首次。在2022年的"双十一"活动中,闲鱼就利用"绿意盎然"的概念,向用户推广了二手物品循环利用的低碳生活理念。据闲鱼发布的数据,一部手机的循环利用可以减少25.32 kg的碳排放,而一台电脑的循环利用则能减少高达162.64 kg的碳排放。在利用平台用户群体宣传环保理念方面,"让闲置流通,让地球更美好"这句口号于闲鱼而言可称得上是恰如其分。

资料来源:为自然注入社会关注——年度公益十大案例:下[EB/OL].(2023-09-09)[2024-06-19].https://www.sohu.com/a/719081426_123843.

(三)人际大众,创新传播形式

面对传播先进理念的艰巨任务,需要在传播形式上下足功夫。此类公共关系活动具有其独特的严肃性和长期宣贯性,需要在保持形式活泼的同时,严格把握内容的准确性,并确保其长期有效的理性影响力。为了创意与创新传播形式,可从以下 2 个方面着手:

第一,人际传播媒介。人际传播媒介在传播进步理念时具有独特的优势。为了将传播工作做得更加深入和到位,可以组建专业的宣传队伍,深入街道、菜市场、社区、公园等公共场所,通过面对面的交流方式,将新思想、新观念传递给公众。这种方式能够实现深入持续的沟通,及时反馈,并且具有很强的针对性。在数字化时代,手机微信已成为一个强大的传播工具,可以充分利用微信朋友圈的社交属性,制作生动、有说服力的内容,通过人传人的方式快速扩散,让进步理念在更广泛的范围内得到传播。

第二,大众传播媒介。大众传播媒介具有全面、及时、普及的特点,对于传播进步理念具有重要的作用。在选择传播媒介时,要特别注意目标受众的收视特点和需求,以确保信息能够被准确地传递给公众,可以利用中央电视台、凤凰卫视、新华社、《人民日报》、人民网、中国之声、《读者》、《南方周末》等具有广泛影响力和权威性的媒体进行传播。同时,还可结合地方核心媒体,形成多层次的传播网络,以确保信息能够深入人心。此外,还可利用新媒体平台,如新浪微博、抖音、快手等,通过发布微博、短视频、直播互动等方式,吸引更多年轻人的关注和参与,进一步扩大传播范围。

(四)精挑细选,确定时间场地

在筹备一场以进步理念为核心的公共关系活动时,前期宣传工作的首要步骤是确立活动的基本时间与范围。对于活动时间的选定,首选休息日,因为这样的时间安排使参与者更容易腾出时间和精力参与活动。同时,也要特别注意避开重大的公共假期,以避免与其他大型活动或公众出行计划发生冲突。当活动主题与国际纪念日有所关联时,强烈推荐将启动日设定在国际纪念日当天。这样做不仅可以借用国际纪念日的影响力来提升活动的知名度和关注度,还能更好地体现活动的主题和意义。例如,若活动聚焦宣传远离毒品,那么在国际禁毒日启动活动将是一个绝佳选择。

场地的选择应旨在实现最佳的影响效果,确保活动能够顺利进行并达到预期目标。如果活动预计在全国范围内产生广泛影响,那么可能需要选择具有全国影响力的场地;如果活动更侧重于地方层面,那么选择具有地方特色的场地可能更为合适。

(五)同心协力,诚邀公益组织

在多数公益活动的组织与开展过程中,邀请社会公益组织共同参与是一项明智且必要的举措,不仅有助于传播和弘扬社会进步理念,更是对提升全社会文明程度有积极的贡献。公益活动本质上是一种赢得人心、传递温暖的善举,而它的成功实施和影响力的大小,往往与参与者的广泛性和积极性息息相关。当公益活动涉及启动仪式时,邀请公益组织的代表参加显得尤为重要,这不仅是对公益组织工作的认可和尊重,还能通过他们的参与,为活动增添更多的权威性和影响力。公益组织的代表往往拥有丰富的经验和资源,他们的加入能够为活动带来更多的专业指导和支持,确保活动的顺利进行。

扫描右侧二维码查看职场故事。

(六)谨慎行事,检测活动效果

为了确保活动的顺利进行和达到预期目标,必须时刻关注活动的效果,并根据实际情况及时调整传播方式与内容,不出现明显的错误或偏差。传播进步理念是一项至关重要的任务,不仅影响着社会公众的思想观念,还关乎整个社会文明的进步。因此,在操作过程中必须保持高度的警惕和严谨的态度,绝不能掉以轻心。

为了实现这一目标,需要建立一套完善的效果监测机制,包括对传播渠道、受众反馈、社会影响等多个方面的持续观察和评估。通过收集和分析这些数据,可以及时发现问题和不足,从而有针对性地进行改进和优化。同时,还需要保持与受众的密切沟通和互动,通过问卷调查、线上讨论、面对面交流等方式,了解受众的需求和期望,以便更好地调整传播策略和内容。这种双向互动不仅有助于增强活动的吸引力和影响力,还能提高受众的参与度和满意度。

本章小结

本章主要介绍了公益型公关策划的基本内容,重点介绍了赞助活动的概念、价值及分类;赞助活动的策划,主要包括对灾变贫弱的赞助策划、对体育赛事的赞助策划、对文艺活动的赞助策划,以及对教育事业的赞助策划;公共关系活动助推先进理念传播的价值以及对先进理念的传播活动策划。本章所涉及的策划类型,也是日常常见活动,学生需认真完成学习,进而具备独立承担相应策划的能力。

课程交流互动

一、名词解释
赞助活动、先进理念
二、简述题
1.赞助活动的公共关系价值包括几个方面?

2.赞助活动主要分为几类?

3.对灾变贫弱的赞助策划主要流程是什么?

4.公共关系活动助推先进理念的传播价值是什么?

5.对先进理念的传播活动策划流程是什么?

三、策划题

某市有一家豪华公寓,周围景色非常漂亮。服务也是非常优质,价格也是很合理的。但因为交通不便,很多人担心购物会不方便,同时也担心娱乐配套可能比较缺乏,因此很多房屋没有卖出去,降价了也没有什么起色。公司决定通过公关活动推动房屋的销售。请你结合本章所学的公益型公关策划的相关内容,设计一个具体的公关策划方案。

要求:

1.公司背景由自己小组成员共同讨论后决定;

2.策划案要逻辑清晰、结构完整。

四、案例分析题

我在乡间有亩田

2022年,为深入学习贯彻习近平总书记关于实施乡村振兴战略和粮食安全的重要论述,认真落实省委省政府有关部署要求,福建省委省直机关工委倡议开展"我在乡间有亩田"党员志愿活动,发动全省各级机关自愿认筹认种抛荒农田,以实际行动保障粮食安全,推动乡村全面振兴,奋力书写保耕护粮的"机关答卷"。粮食安全,一头连着国家战略,一头连着百姓生活。

习近平总书记多次深刻阐述粮食安全问题,强调"粮食安全是'国之大者'。悠悠万事,吃饭为大""要把中国人的饭碗牢牢端在自己手中"。自从"我在乡间有亩田"活动倡议发出后,迅速得到省直单位广泛响应——省直各单位广大党员干部踊跃参与,主动对接单位挂钩联系的县(市、区)或驻村干部,结合自身实际,探索不同路径,认领"责任田"。在省直机关带动下,市、县两级机关单位纷纷行动,掀起党员志愿认种热潮。

资料来源:陈舒斐,王益宝.福建省各级机关深入开展"我在乡间有亩田"党员志愿活动[N].福建日报,2023-01-09(1).

思考题:

1."我在乡间有亩田"党员志愿活动传递的先进理念是什么?

2.结合案例分析,此次公益型公关活动带来的正面价值有哪些?

在公关的目标上将组织和公众的利益置于同等重要的位置上,

在方法上坚持组织与公众之间的双向传播和沟通。

——卡特利普和森特

第七章　节庆型公关策划

学 习 目 标

通过本章的学习,你应该达到以下目标:

一、了解节庆活动的含义、作用与类型;

二、理解开展节庆型公关活动的注意事项;

三、掌握节庆型公关策划的流程,并能完成节庆型公关策划;

四、强化社会主义核心价值、创新能力、民族自豪感和文化自信。

知 识 罗 盘 图

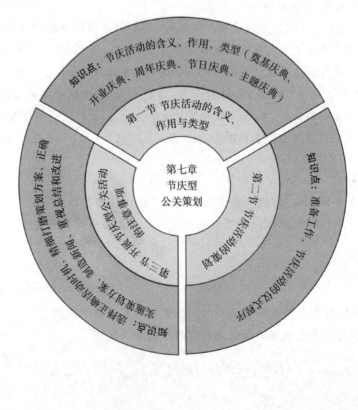

知识点:节庆活动的含义、作用、类型(奠基庆典、开业庆典、周年庆典、节日庆典、主题庆典)

第一节 节庆活动的含义、作用与类型

第七章
节庆型
公关策划

知识点:准备工作、节庆活动的设计及实施程序

第二节 节庆活动的开展

第三节 开展节庆型公关活动的注意事项

知识点:务实基础、明确目标、突出庆典特点、注重宣传推广

精细打磨策划方案、正确重视总结和改进

第40届中国·哈尔滨国际冰雪节策划

一、项目概述

哈尔滨,被誉为"冰城",拥有得天独厚的冰雪资源和丰富的文化底蕴。为了进一步推广哈尔滨的冰雪文化,提高城市的知名度和影响力,哈尔滨文旅部门精心策划了一场盛大的国际冰雪节活动。

二、项目策划

(一)策划目标

1.展示哈尔滨独特的冰雪文化和旅游资源。

2.吸引国内外游客前来观光旅游,提升哈尔滨的知名度和美誉度。

3.促进冰雪产业的发展,推动经济增长。

(二)策划内容

1.冰雪主题展览:在哈尔滨冰雪大世界设立冰雪主题展览区,展示哈尔滨冰雪文化的历史、发展和现状。同时,邀请国内外知名冰雪艺术家参展,打造一场视觉盛宴。

2.冰雪体育赛事:举办国际冰雪体育赛事,如冰雕比赛、滑雪比赛、冰球比赛等。邀请国内外专业选手参赛,提高赛事的观赏性和竞技水平。同时,设置冰雪体验区,让游客亲身感受冰雪运动的魅力。

3.冰雪文化演出:在冰雪大世界内搭建大型冰雪舞台,举办冰雪文化演出。演出内容包括冰雪主题的歌舞表演、杂技表演、魔术表演等,让游客在欣赏冰雪美景的同时,感受冰雪文化的魅力。

4.冰雪主题旅游线路:设计并推出冰雪主题旅游线路,将哈尔滨的冰雪景点、冰雪文化、冰雪运动等元素串联起来,为游客提供一站式冰雪旅游体验。

5.社交媒体营销:利用社交媒体平台,发布冰雪节活动信息、精彩瞬间、游客互动等内容,提高活动的曝光度和参与度。同时,与知名旅游博主、网红合作,邀请他们前来体验并分享活动感受,吸引更多"粉丝"关注和参与。

三、项目执行

(一)提前宣传

在活动开始前一个月,通过各大媒体平台、旅游网站、旅行社等渠道进行广泛宣传,提高活动的知名度和影响力。

(二)精心组织

成立专门的策划团队,负责活动的整体策划和组织实施。确保活动的顺利进行和游客的满意度。

（三）紧密合作

与各大冰雪景区、旅行社、酒店等合作伙伴建立紧密合作关系，共同推动冰雪节活动的成功举办。

四、项目评估

2024 年 1 月以来，哈尔滨机场每天进出港旅客 7.2 万余人次，来自北京、广州等地的航班客座率超过 90％；哈尔滨冰雪大世界日接待游客超过 4 万人次；亚布力滑雪旅游度假区单日最大接待量 1.4 万人次。2024 年春节期间，哈尔滨累计接待游客 1009.3 万人次，日均同比增长 81.7％；实现旅游总收入 164.2 亿元，按可比口径同比增长 235.4％。"一天 8 个热搜""几乎都是好评"的滚雪球式曝光，让哈尔滨美誉度不断提升，为国内外交流合作推开了一扇门。

资料来源：第 40 届中国·哈尔滨国际冰雪节暨法中文化旅游年开幕［EB/OL］.（2024-01-06）［2024-06-25］.https://baijiahao.baidu.com/s？id=17872746888384441288&wfr=spider&for=pc.

案例思考 ....

哈尔滨国际冰雪节公关策划案例充分展示了如何将地域特色文化——冰雪文化，通过将明确主题、多样化创新性活动、有效合作与资源整合、效果评估与反馈机制以及品牌持续性与环保可持续发展等多个方面相结合，成功塑造了一个国际知名的冰雪文化品牌。这一案例不仅提升了哈尔滨的城市形象，也为其他城市和文化活动提供了宝贵的经验和启示，既要深入挖掘地域文化特色，创新活动形式，强化品牌塑造，也要注重环保与可持续发展，以实现活动的长远影响力和社会效益。

第一节　节庆活动的含义、作用与类型

节庆型公关策划重点是策划节庆活动，因此下面重点介绍关于节庆活动的相关内容。

一、节庆活动的含义

节庆活动是指利用某个历史事件、传统或民间节日等而举办的具有特定目的和意义的公关活动。节庆活动在组织文化与品牌传播中占据举足轻重的地位，不仅是组织内部重大事件和庆典的集中展现，也是组织向外界展示其核心价值、关怀员工及尊重公众的重要方式。不同社会组织因其所涉及的公众范围存在差异，节庆活动的规模和形式自然也各不相同。大型组织和小型组织都会根据自身的特色和需求,策划出独具匠心的节庆活动。然而,尽管形式各异,但节庆活动的核心特质——庄重、热烈、喜庆且多彩,却是共通的。

节庆活动不仅是简单的庆祝,更是组织回顾发展历程、展望未来愿景的窗口。这些活动为组织提供了一个绝佳的平台,用以向公众展示其形象,并传递其独特的价值观。精心策划的节庆活动能够极大地提升员工的归属感和自豪感,同时也增强公众对组织的好感度和认知度。

在现代商业环境中,节庆活动已成为组织公关策略的重要组成部分。无论是为了纪念组织成立周年、新产品发布还是其他里程碑事件,组织都会举办相应的节庆活动,以分享喜悦并加深与公众的联系。这些活动不仅有助于塑造组织的品牌形象,还能加强组织与员工、公众之间的沟通与互动。

二、节庆活动的作用

节庆活动在组织文化与品牌传播中扮演着不可或缺的角色,其以独特的方式展现组织的魅力和价值观,同时增强员工归属感和自豪感,并提升公众对组织的认知度和好感度。节庆活动的作用具体体现在以下 4 个方面。

(一)有助于提高组织的知名度和美誉度

节庆活动往往具有吸引公众眼球的特质,通过精心策划的主题、丰富多彩的内容和形式,能够迅速引起社会各界的关注和讨论。这种广泛的关注不仅提高了组织的曝光率,而且使得组织在公众心目中的形象更加鲜明和突出。节庆活动为组织提供了一个展示自身实力和特色的平台。通过展示组织的历史、文化、产品和服务等,公众能够更加深入地了解组织的独特价值和贡献。这种深入的了解有助于增强公众对组织的认同感和好感度,从而提高组织的知名度和美誉度。

节庆活动促进了组织与公众之间的互动和交流。通过活动的互动环节和社交机会,组织能够与参与者建立更紧密的联系,了解他们的需求和期望,并据此改进和优化自身的服务和产品。这种积极的互动和交流不仅能够提升公众对组织的满意度和忠诚度,还能够进一步扩大组织的影响力和知名度。

职场故事

悦花和平 · 五大道盛典

和平区一直将办好"五大道海棠花节"作为贯彻习近平总书记"四个善作善成"重要要求的具体实践。该活动旨在推动文化传承发展,推进文旅深度融合,聚焦"都市型、年轻态、人文韵",运用文旅发展的新业态新方式,讲好"和平故事""天津故事",让市民和游客感受中西合璧、包容并蓄的城市文化,展示津派津韵的独特魅力,助力天津建设"近悦远来、主客共享"的文化旅游目的地和国际消费中心城市。

本次活动亮点如下:第一,五大道海棠花节是文化传承与发展的有力实践,将传统文化与现代活力相结合,打造具有天津特色的文化品牌活动;第二,通过活动,促进了文化与旅游的深度融合,吸引了更多游客前来体验,并提升了当地旅游业的发展水平;第三,活动讲好"和平故事",展现了和平区的历史文化底蕴,吸引了更多游客了解和关注天津的历史与文化;第四,通过展示中西合璧的城市文化,让市民和游客更好地感受到天津独特的文化魅力,增进了城市的凝聚力和认同感;第五,通过举办五大道海棠花节,天津向外界展示了其国际化的形象,吸引了更多国际游客前来参观与体验。

五大道海棠花节的成功举办,不仅提升了和平区的知名度和美誉度,更为天津建设"近悦远来、主客共享"的文化旅游目的地和国际消费中心城市注入了新的动力,为天津的文化旅游事业作出了积极的贡献。

资料来源:共赴这场春日限定!第二届五大道海棠花节 3 月 29 日破圈来袭![EB/OL].(2024-03-18)[2024-06-25].https://baijiahao.baidu.com/s? id＝1793827046475209612 ＆wfr＝spider＆for＝pc.

(二)有助于增强组织的内部凝聚力

节庆活动为组织成员提供了一个共同庆祝和参与的平台。在活动的筹备、组织及执行过程中,成员们能够共同协作、互相支持,形成强烈的团队精神和集体荣誉感。这种共同经历能够加强成员之间的情感联系,促进彼此之间的了解与信任,从而增强组织的内部凝聚力。

在庆祝活动中,成员们可以展示自己的才能和创意,为组织贡献自己的智慧和力量。这种参与感、成就感能够提升成员对组织的认同感和归属感,进一步激发他们对组织发展的积极性和热情。此外,节庆活动还能够传递组织的文化和价值观。通过活动的主题和内容设计,组织可以向成员们传递其核心价值观、愿景和使命等。这种文化的传承和强化有助于成员们更好地理解组织的发展方向和目标,增强他们对组织的忠诚度和责任感。

扫描右侧二维码查看职场故事。

(三)有助于向社会大众传递组织的核心价值观

节庆活动为组织提供了一个独特的展示平台,使组织能够以其独特的方式和形式来展示其核心价值观。通过活动的主题、内容、形式等方面的设计和呈现,组织可以将自己的价值观融入其中,使社会大众在参与和观赏的过程中直观地感受到这些价值观。

在活动的筹备、组织和执行过程中,组织可以通过各种渠道和方式向公众宣传和推广其核心价值观,如通过社交媒体、新闻报道、现场互动等。这种广泛的传播和互动有助于使组织的价值观更加深入人心,提高公众对组织的认知和认同。在活动的各个环节中,组织可以与公众进行面对面的交流和互动,解答他们的疑问,听取他们的意见和建议。这种互动不仅能够增强公众对组织的信任和好感,还能够使组织更好地了解公众的期望和需求,进而更加精准地传递其核心价值观。

职场故事

Patagonia 2022:以环保行动塑造企业形象

在 2022 年,美国知名户外品牌 Patagonia 公司通过一系列环保举措和公关活动,进一步巩固了其在可持续发展领域的领导地位,并在全球范围内树立了积极的企业形象。9 月 15 日,Patagonia 的创始人 Yvon Chouinard 宣布将放弃公司的所有权,将公司捐赠给信托基金和非营利组织 Holdfast Collective,今后公司的利润将用于应对气候变化和保护生物多样性。

Patagonia 公司一直致力于推动环保倡议,包括倡导保护野生地区、减少塑料污染、推动循环经济等。通过宣传活动和实际行动,公司积极参与环保事业,以行动诠释其核心价值观——尊重自然、保护地球。在产品方面,Patagonia 在 2022 年推出了一系列环保产品,包括使用可再生材料、节能设计和生产、支持回收利用的产品等。这些创新产品体现了 Patagonia 对环保责任的承诺,展示了公司将可持续发展理念融入产品设计和生产中的决心。除了产品创新,Patagonia 还积极参与社会责任活动,包括资助环保组织、支持社区项目、举办环保教育活动等。这些活动不仅促进了环保事业的发展,也提升了公司在公众心目中的形象,传递了其关注社会责任的核心价值观。

为了向大众传递其核心价值观,Patagonia 通过各种渠道进行环保主题的宣传和公关活动,包括社交媒体、品牌活动、环保报告发布等。这些活动有助于提高公众对 Patagonia 环保努力的认知度和支持度,进一步巩固了公司在环保领域的领导地位,树立了积极的企业形象。

资料来源:Patagonia 中国大陆地区负责人曾维刚:好公司不需要 ESG 部门 | ESG36 人[EB/OL].(2024-08-19)[2024-09-10].https://baijiahao.baidu.com/s? id=180779572 8422000469&wfr=spider&for=pc.

(四)有助于与社会大众建立积极的连结

节庆活动有助于组织与社会大众建立积极连结主要表现在以下 5 个方面：

第一,社交互动。节庆活动为人们提供了社交互动的场所和机会,人们在活动中可以结识新朋友、加强与老朋友的联系,从而增进社会交流和人际关系网,促进社会大众之间的互动和交流。

第二,共同体验。节庆活动通常是集体性的庆祝活动,人们共同参与其中,共同体验活动带来的欢乐和快乐,增进彼此之间的情感联系和共鸣。这种共同体验可以增加人们之间的情感共鸣和情感联结,增强彼此之间的情感认同。

第三,文化传承。节庆活动是一种传统文化的传承和延续,通过参与节庆活动,人们可以感受和体验传统文化的魅力,增进对文化传统的认同感和自豪感,从而促进人们对组织的认同和支持。

第四,品牌塑造。组织通过举办节庆活动,可以展示自己的企业文化、价值观和形象,提升自身的品牌知名度和美誉度。通过与社会大众共同庆祝节日,组织可以增强与社会大众之间的情感联系,塑造积极的品牌形象,建立起与社会大众之间的积极联结。

第五,社区参与。节庆活动通常是社区范围内的大型活动,通过积极参与节庆活动,组织可以加强与社区居民之间的联系和互动,增强社区凝聚力和社区认同感,建立起与社区居民之间的良好关系和积极连结。

节庆活动在传递和保存企业价值以及传达企业情操体系中的某些理念方面,具有不可替代的作用。通过节庆活动,企业能够更好地展示自身的文化特色和核心价值观,增强员工的认同感和归属感,同时也能够让社会公众更加深入地了解和认同企业,进而提升企业的品牌形象和竞争力。

三、节庆活动的类型

根据节庆活动的内容,节庆活动可分为以下 4 类：

第一类,为了庆祝组织成立周年而举办的节庆活动。这些活动通常会在组织成立 5 周年、10 周年等重要的倍数年份时举行,以纪念组织的发展历程。

第二类,为了庆祝组织荣获某项荣誉或“拳头产品”在国内外重大展评中获奖而举办的节庆活动,以彰显组织的实力和成果。

第三类,为了庆祝组织取得的重大成就,如生产无事故、产品数量突破、销售额达到新的高度等而举办的节庆活动。这些成就都是组织发展的重要里程碑,值得全体员工和社会各界共同庆祝。

第四类,为庆祝组织取得显著发展,如兼并其他单位、成立新集团、拓展业务合作伙伴等而举办的节庆活动,以庆祝组织的成长和壮大。

根据目标公众的不同,节庆活动还可分为内部节庆、外部节庆和内外结合的节庆。

日常举办较多的节庆活动,主要有奠基庆典、开业庆典、周年庆典、节日庆典、主题庆典。下面就这五类庆典进行详细介绍。

(一)奠基庆典

奠基庆典,也称奠基仪式,是一种特殊的节庆活动,主要用于庆祝某社会组织的建筑、工程项目(如车站、饭店、酒楼、纪念馆等)即将开工。这种庆典形式具有明确的庆贺性质,一般由专门的公关机构组织策划,并由组织的负责人出面主持。

在奠基庆典中,通常会邀请政府有关部门的领导、董事会或股东人士、社会各界知名人士以及社会公众参加。其中,重要来宾可能会挥锹动土,为组织的建设或工程项目奠基,这一行为象征着日后根基的雄厚。此外,奠基庆典通常会准备奠基石,并将其及奠基工具用红色丝绸缎包扎起来,以增添喜庆和庄重的氛围。

奠基庆典的目的在于为将要兴建的工程扩大社会影响、提高知名度打下基础。通过新闻媒介的报道,可以让公众对项目有一个大致了解,为日后的成功"奠基"。同时,这种庆典活动还能够加强组织内部的凝聚力和向心力,提升员工的自豪感和归属感。

在奠基庆典的筹备过程中,主会场的布置、奠基石的设计、乐队的演奏等环节都需要精心策划,以营造出热烈、喜庆的气氛。这些环节的设计和执行,可以充分展现出组织的实力和形象,同时也能够让参与者感受到组织的热情和诚意。

(二)开业庆典

开业庆典,简称开业,是企业或商店在正式成立或开始营业时举行的庆祝活动。在现代企业的运营中,开业庆典作为首要的庆祝仪式,无论企业规模大小,均会精心策划并举办,以求吉祥如意。然而,随着组织文化和市场需求的多样化,开业庆典的形式也日益丰富多彩,各具特色。以下具体介绍5种典型的开业庆典。

1.盛大庆典型

盛大庆典型的开业庆典旨在展现企业的强大实力和远大愿景。这种庆典通常邀请重要领导进行致辞,并邀请知名人士参与剪彩仪式,借此彰显企业的雄厚资本和宏伟蓝图。这种庆典通过盛大的场面和隆重的仪式,吸引公众的关注,树立企业的权威形象。

2.简约风尚型

与盛大庆典型不同,简约风尚型的开业庆典更加注重简约和务实。其摒弃了华丽的装饰和繁复的程序,通过简洁明快的布置和精练有效的表达,展现企业的核心价值和未来发展方向。这种庆典更加贴近实际,更容易获得公众的认同和好感。

3.创意独特型

创意独特型的开业庆典强调个性和创新,不拘泥于传统的庆典形式,而是通过独特的创意和新颖的设计,打造别具一格的庆典场景。这种庆典往往能够吸引公众的眼球,给公众留下深刻的印象,为企业赢得更多的关注和赞誉。

4.公益慈善型

公益慈善型的开业庆典将企业的社会责任融入其中,不仅是为了庆祝开业,更是为了回馈社会、传递爱心。这种节庆通常会组织一些公益活动,如捐款、捐物等,以展示企业的公益心和社会责任感。通过参与公益活动,企业能够树立良好的社会形象,提升品牌的美誉度。

5.战略导向型

战略导向型的开业庆典具有明确的目标和策略,可能是为了传达某种信息、展示某种实力或者实现某种目的而策划的。这种节庆通常会邀请特定的嘉宾、设置特定的环节,以达成特定的效果。此类节庆需要谨慎策划和执行,以确保达到企业的战略目标。

不同类型的开业庆典各具特色,企业应根据自身的实际情况和市场需求选择合适的庆典形式,以展示企业实力和魅力,吸引公众的关注和获得公众的赞誉。

(三)周年庆典

周年庆典,也称周年纪念日庆典,是指组织成立或重要事件、活动发生周年的纪念活动。这种庆典活动是组织对过去一年或多年成就的回顾和总结,同时也是对未来发展的展望和规划。周年庆典是一个重要的里程碑,为组织提供了庆祝与展示成就的绝佳舞台。这类庆典不仅加强了组织内部的凝聚力,提升了员工的热情与积极性,更是组织向外界传递品牌信息、吸引公众目光,并引导其支持组织发展的重要手段。

组织在筹备周年纪念活动时,传统的方式如聚餐、纪念品发放等虽能增进参与者的交流,但往往难以形成广泛的社会效应。因此,创新而富有特色的周年纪念活动策划显得尤为关键。这类特色活动能够脱颖而出,吸引公众的广泛关注,激发他们对组织的好奇与兴趣,进而增进对组织的了解、认同与合作意愿。

精心策划的特色周年纪念活动,不仅能够有效展示组织的独特文化、价值观与辉煌成就,还能够加深公众对组织的认知与好感,进一步巩固组织在市场中的领先地位。同时,这些活动也为员工提供了展现自我、增强归属感的平台,促进了企业的持续健康发展。

扫描右侧二维码查看职场故事。

(四)节日庆典

节日庆典是指在一个特定的节日或纪念日里,人们通过一系列庆祝活动来表达对这个节日或纪念日的纪念、庆祝和尊重。随着中西方文化交流的加深和整个社会文化水平的提升,人们愈发珍视本民族的传统文化,同时也开始积极吸收和学习西方文化中的精华。各个组织敏锐地捕捉到了这一趋势,开始重视并利用中外文化中的节日来推广组织品牌。

母亲节、护士节、六一国际儿童节、端午节等节日,都被赋予了新的意义。通过举办各种庆祝活动,如向母亲们表达感激、向护士们致以敬意、举办少儿书画大赛、免费赠饮啤酒等,为这些节日增添了独特的色彩,并有效扩大了组织的影响力。

节庆活动在现代组织中逐渐被制度化和礼仪化,这是因为节庆本身就具备特殊的功能和价值。随着中西文化交融的深入,节日越来越多,组织也借此机会举办更多的节庆活动。这些庆祝性的活动,无论形式如何,都能从不同角度吸引社会的关注,从而无意或有意地扩大了组织的社会影响力。

组织经营者倾向于主动出击,运用公关思维和策略来设计和操作节庆活动。他们希望通过这些活动,树立组织形象,扩大宣传,使公众在享受节日氛围的同时,也能自然而然地接受组织的品牌信息和宣传内容。

 职场故事   **"广元女儿节"擦亮城市名片**

在本次项目中,品牌联盟(北京)咨询股份公司受广元市人民政府委托,策划并执行了一系列公关活动,旨在将"广元女儿节"打造成为全民皆知、全民参与的"广元城市品牌名片"。随着全球化的推进和文化的交流,地方传统节日成为城市品牌建设和文化传播的重要载体。"广元女儿节"作为展现女性风采和传承历史情怀的重要节日,其品牌价值和影响力亟待提升。

为实现项目目标,品牌联盟提出了创新策划,并设定了全新主题、目标和城市口号。活动内容涵盖了开幕式表演、民俗活动如赛凤舟、游彩船、武则天模仿大赛等,以及特色活动如女性免门票游广元、相亲大会、猿猱道求婚等。此外,还包括产业交流会、半程马拉松等产业活动,以推动广元旅游、文化等相关产业的发展。在传播策略上，品牌联盟与主流媒体合作进行广泛宣传，同时利用社交媒体平台制造话题和热度，以及拓展海外传播渠道，触达更多海外受众。

项目在实施后取得了显著的成果。舆论效果方面，累计刊发(播)新闻稿件超过1700篇，海外媒体报道潜在触达读者总数超过2亿人次。社会效果方面，开幕式当晚吸引超过20万人参与，全市接待游客达109万人次，客流量同比增长196.52%，创下历史新高。企业效果方面，本届女儿节成为品牌联盟大型节庆活动的一次创新突破，实现了品牌、业务、曝光量等多方面的提升。

通过本次公关案例，品牌联盟成功地将"广元女儿节"打造成为广元的城市品牌名片，实现了品牌、社会、企业三方面的多重效益。未来，品牌联盟将继续探索和创新，为更多城市的品牌建设和文化传播贡献力量。

资料来源：广元女儿节擦亮城市名片［EB/OL］.(2023-12-22)［2024-06-25］.http://news.cyol.com/gb/xwzt/articles/2023-12-22/content_o65zmBtq3p.html.

（五）主题庆典

主题庆典是指以特定的主题为核心，组织和举办的一系列庆祝活动。这些主题可以是关于某个节日、某种文化、某个历史事件、某个地区特色等，旨在通过特定的主题来引起人们的情感共鸣，增加活动的吸引力和趣味性。主题庆典的举办不仅能够丰富人们的文化生活，也能够提升城市的品牌形象和吸引力。通过精心策划和组织，主题节庆能够吸引更多的游客和参与者，促进地方经济的发展，同时也有利于传承和弘扬特定的文化和价值观。

主题庆典通常包括一系列与主题相关的活动、表演、展览、比赛等内容。例如，以农历新年为主题的节庆包括舞龙舞狮、花灯游行、传统美食展示等；以春季为主题的节庆包括花卉展览、户外音乐会、户外运动比赛等。以下简要介绍4种主题庆典。

1."双十一"：大规模促销主题

"双十一"是指每年11月11日的网络促销日。这个节日源于淘宝商城(天猫)在2009年11月11日举办的网络促销活动，当时参与的商家数量和促销力度有限，但营业额远超预想的效果。因此，11月11日成为天猫举办大规模促销活动的固定日期。"双十一"已成为中国电子商务行业的年度盛事，并且逐渐影响到国际电子商务行业。在这一天，许多电商平台会推出各种优惠活动，如折扣、满减、红包等，吸引消费者进行购物。同时，许多消费者也会在这一天进行大量购物，享受购物的乐趣和优惠。

2."520"：表达爱意主题

"520"在中国被视为爱情的象征，因为这个数字谐音"我爱你"。每年的5月20日，人们都会用各种方式来表达对爱情的热情和祝福。这一天，情侣们会约会，表达爱意；许多人选择在这一天向自己心仪的对象表白；而商家也会推出各种促销活动，吸引顾客购买礼物来表达爱意。在社交媒体上，人们也会通过发布帖子、发表评论或者私信来祝福自己的爱人或者朋友。总之，"520"不仅是一个数字，更是一种文化符号，代表着爱情的甜蜜和浪漫。

职场故事

五粮液璀璨时光·520521 爱情文化盛典

在爱意浓浓、充满浪漫氛围的 5 月 20 日，由宜宾五粮液股份有限公司精心策划，百川名品供应链股份有限公司倾力承办的"五粮液璀璨时光·520521 爱情文化盛典"将在合肥万象城璀璨启幕。此次盛典不仅是一场品牌宣传的盛宴，更是一次穿越历史、感受爱情与文化交织的奇妙之旅。

活动现场，一座独具匠心的"时光展馆"将向游客们展现 600 多年来中国爱情与文化的演变历程。游客们将有机会穿越"时光隧道"，探访明朝的"五粮酒肆"，与"苏轼"共赏曲水流觞之美，领略古时婚礼的庄重与浪漫；在民国的时空里，写下一张情深意切的婚书，寄给心爱的人，感受旧上海大舞台的繁华与盛景；再回到改革开放的 20 世纪 80 年代，在"520521 照相馆"中留下与伴侣的珍贵合影，重温父母年代的纯真爱情；最后，在老合肥漕冲批发市场，感受五粮液与时代共进的辉煌历程。

五粮液，这款拥有 600 多年窖香传承的美酒，不仅是中国悠久文化的璀璨瑰宝，更是陪伴一代代中国人成长、相聚的团圆佳酿，以及见证无数幸福爱情的幸福喜酒。其深厚的和美情怀，恰如爱情的独一无二，让人陶醉其中。5 月 20 日晚，华润君悦酒店将举办一场别开生面的现代婚礼视觉盛宴——"五粮液主题婚 SHOW"。届时，全省范围内预定五粮液宴席的新人将受邀莅临现场，共同感受时尚婚礼元素与五粮液品牌文化的完美融合，体验浪漫与幸福交织的难忘时刻。

"五粮液璀璨时光·520521 爱情文化盛典"将带领每一位参与者穿越时空，感受爱情与文化的交融之美，体验五粮液品牌的独特魅力。在这个充满爱与希望的日子里，让我们共同见证五粮液与爱情的不解之缘，感受非凡的爱情魅力！

资料来源：520521 我爱你五粮液品牌宣传日来了 现场开辟"时光隧道"[EB/OL].(2020-05-15)[2024-06-25].https://ah.sina.com.cn/video/2020-05-15/detail_v-iircuyvi3221385.shtml.

3.公益中国颁奖大典：汇集"正能量"，助力"中国梦"主题

公益中国颁奖大典旨在表彰那些在公益领域卓有建树的企业、企业家、NGO（非政府组织）、演艺明星、草根公益人物等，通过颁发奖项的方式，弘扬公益精神，传递社会正能量，助力实现"中国梦"，自 2006 年创办以来，已成功举办多届，成为公益慈善领域的风向标。公益中国颁奖大典由公益中国·慈善联盟、中国扶贫开发协会产业委员会、北京商界风云影视文化传媒有限公司、国内知名媒体组织联合主办。这些机构共同致力于推动公益事业的发展，通过举办颁奖大典等活动，为公益事业贡献力量。

公益中国颁奖大典得到了社会各界的广泛关注和热烈响应。每年都会有众多知名企业、慈善家、演艺明星等参加颁奖大典,共同见证这一公益盛事。同时,众多主流媒体如中央电视台、北京电视台、中国教育电视台等也会进行报道,使公益中国的传播效应更加久远与广泛。公益中国颁奖大典的活动内容丰富多彩,包括颁奖仪式、文艺表演、公益论坛等。在颁奖仪式上,会颁发一系列奖项,表彰在公益领域作出杰出贡献的个人和团体。文艺表演则通过歌曲、舞蹈、小品等形式,展示公益精神,传递社会正能量。公益论坛则邀请各界专家、学者、企业家等共同探讨公益事业的发展前景和挑战。

多年来,公益中国颁奖大典已经颁发了一批批在公益领域卓有建树的企业、企业家、NGO、演艺明星、草根公益人物奖项。这些获奖者通过自己的努力和奉献,为公益事业作出了巨大的贡献。同时,公益中国颁奖大典也激发了更多人的公益意识,推动了公益事业的发展。

4.中国金鸡百花电影节:电影评奖主题

中国金鸡百花电影节创办于1992年,是由中国文联和中国电影家协会联合主办的国际性影展,其前身是创办于1962年的大众电影百花奖和1981年的中国电影金鸡奖。这两个奖项经中央批准成为常设全国性文艺大奖,也是中国电影界历史最悠久、影响和规模最大、最具权威性的电影评奖颁奖文化活动。1992年,中共中央宣传部决定将这两个奖项的评选活动合并改为"中国金鸡百花电影节"。中国金鸡百花电影节每年举办一届,为期4天,在中国各大城市轮流举办。自2005年起,金鸡奖和百花奖改为两年一次,金鸡奖逢单年颁奖,百花奖逢双年颁奖。

电影节设有多个奖项,包括最佳故事片、最佳男主角、最佳女主角、最佳导演、最佳编剧等,涵盖了电影制作的各个方面。金鸡奖作为中国最权威最专业的电影奖,邀请国内最具权威的导演艺术家、表演艺术家、电影剧作家等共同组成评奖委员会,进行专业评选。百花奖则是由观众投票产生,体现了观众对电影的看法和评价。

中国金鸡百花电影节作为中国电影界的专业评选活动,对于推动中国电影产业的发展、提升中国电影的国际影响力具有重要意义;同时,也为优秀的电影人才提供了展示才华、实现梦想的舞台,成为中国电影事业繁荣发展的重要推动力。

第二节 节庆活动的策划

一、节庆活动策划的准备工作

节庆活动策划的准备工作,主要包括确定参加的人员、场地布置、安排活动程序、谨慎做好接待及周到的后勤保障。

（一）确定参加的人员

一般而言,组织应该根据实际情况,把组织日常经营管理活动中需要接触的单位和个人,通过筛选尽量都邀请到,以扩大组织的影响。节庆活动应邀请的对象主要包括以下7类。

1.社会名人

在公共关系策略中,利用"名人效应"是提升品牌知名度和吸引力的有效手段。邀请在各自领域具有广泛影响力的社会名人参与组织活动,可以显著提升公众对组织的认知和好感度。

职场故事

IBM Think 2024:连接未来,共创 AI 新纪元

IBM Think 2024 年会,作为一场聚焦 AI 技术的全球盛会,特别注重展现不同类型参与者的价值与贡献。此次年会旨在汇聚科学家、企业家、政策制定者以及创新者,共同探讨 AI 技术最新进展和未来发展趋势。

首先,IBM 高度重视科学家和技术专家在 AI 领域的核心地位。年会将设立"AI 科研先锋奖",表彰在 AI 领域取得杰出科研成果的科学家,并举办"AI 技术前沿论坛",邀请顶尖技术专家分享最新研究成果,推动学术交流与合作。

其次,企业家和投资者作为推动 AI 商业化的重要力量,也将成为年会关注的重点。IBM 将举办"AI 商业应用创新大赛",鼓励企业家将 AI 技术应用于实际业务场景,探索商业模式创新。同时,设立"AI 投资对接会",为投资者提供与优质 AI 项目对接的机会,促进资本与技术的融合。

政策制定者在 AI 产业的发展中起着至关重要的角色。因此,IBM 将举办"AI 政策圆桌论坛",邀请政策制定者共同探讨 AI 政策环境,为产业发展提供政策支持。此外,IBM 还将发布"AI 产业发展报告",分析全球 AI 产业发展趋势,为政策制定提供参考依据。

为了激发创新者的创造活力,IBM 特别设立"AI 创新实验室",为创新者提供先进的 AI 技术与设备支持。同时,举办"AI 创新挑战赛",鼓励创新者跨界合作,共同探索 AI 技术在不同领域的应用潜力。

IBM Think 2024 年会将通过一系列精彩纷呈的活动,让不同领域的参与者深入交流、碰撞思想,共同推动 AI 技术的创新与发展。这场盛会不仅将提升 IBM 在 AI 领域的品牌影响力,也将为全球 AI 产业的可持续发展注入新的活力。

资料来源:AI 时代的思享创新盛宴,IBM Think 2024 大会今晚开幕[EB/OL].(2024-05-20)[2024-06-25].https://cn.chinadaily.com.cn/a/202405/20/WS664b0565a3109 f7860dde93d.html.

2.大众传媒

在信息化时代,大众传媒扮演着至关重要的角色,其影响力不亚于立法、行政、司法机构。与主流媒体建立良好关系,邀请其参与组织庆典活动,可以确保组织信息准确、及时地传达给公众,进而增强公众对组织的信任感。

 职场故事

硬核国货秀:"双十一"的央企新篇章

国务院国资委新闻中心为充分展示央企在科技创新和大国重器制造方面的卓越成果,特别策划了"双十一硬核国货盛典"公关活动。本次活动邀请了主流媒体代表、知名专家学者、文艺明星以及各大央企的代表共同参与,旨在通过明星效应和主流媒体的广泛传播,增强公众对央企科技创新的认同感和自豪感。

在活动筹备过程中,国务院国资委新闻中心与主流媒体建立了深度合作,通过新闻报道、专题访谈、直播等多种方式,全方位报道了此次盛典的筹备情况和亮点。同时邀请了9位深受大众喜爱的文艺明星担任"大国重器宣推官",通过他们的广泛影响力,引导更多网友关注和参与活动。

活动当天,央企代表们纷纷上台展示各自的科技成果和大国重器,吸引了众多嘉宾和观众的目光。明星宣推官们也积极互动,分享与央企合作的故事和感受,为活动增色不少。此外,活动还设置了"加购"环节,引导网友通过简单操作表达对央企的支持和喜爱,进一步拉近了央企与民众的距离。

活动的成功举办,成功提升了央企的品牌形象,增强了公众对央企的信任度和好感度。同时,活动也得到了主流媒体和社交平台的广泛报道和传播,取得了良好的社会反响。展望未来,国务院国资委新闻中心将继续创新公共关系策略,加强与主流媒体和公众之间的沟通与互动,为推动高质量发展和全面建设社会主义现代化国家贡献更多力量。

资料来源:2023中国公共关系发展大会:年度公共关系优秀央企案例[EB/OL].(2023-12-17)[2024-06-25].https://weibo.com/ttarticle/p/show? id=23094049800488 96852205 # _loginLayer_1716542005786.

3.合作伙伴

在商业世界中,合作伙伴是共同追求成功的关键力量。邀请合作伙伴参与组织的庆典活动,不仅是对过去合作成果的肯定,也是对未来合作关系的展望,有助于巩固和加强彼此之间的战略合作关系。

4.社区组织

社区是企业发展的根基,与社区组织建立和谐关系至关重要。邀请社区组织参与组织活动,可以展示组织的社会责任感和对社区的贡献,同时也有助于提升组织在社区中的形象和地位。

5.组织员工

员工是组织最宝贵的财富,他们的辛勤付出是组织取得成功的基石。在组织的庆典活动中,不应忽视员工的存在。邀请员工参与,不仅可以增强员工的归属感和自豪感,还可以激发他们的工作热情,为组织的发展注入新的活力。

6.相关家属

组织节庆活动应该邀请的相关家属主要包括以下几类:

(1)优秀员工家属。组织庆典是展示组织文化、表彰优秀员工的重要时刻。邀请优秀员工的家属参加,不仅是对员工个人成绩的肯定,也是对员工家庭的支持和感谢。这可以让家属更加理解和支持员工的工作,增强员工的归属感,同时也为组织树立了一个关爱员工、重视家庭的良好形象。

(2)关键岗位员工家属。对于在关键岗位工作、对组织发展起到重要作用的员工,邀请其家属参加庆典活动可以表达组织对员工及其家庭的尊重和感激。这有助于增强员工对组织的忠诚度,同时也展示了组织对员工个人及其家庭生活的关心。

(3)退休员工及其家属。退休员工是组织历史的见证者,他们为组织的发展作出了巨大贡献,邀请退休员工及其家属参加庆典活动,可以让他们感受到组织的关怀和尊重,同时也是对组织历史的一种传承和纪念。

(4)合作伙伴和供应商的家属。如果合作伙伴或供应商在组织成长过程中起到了重要作用,邀请他们的家属参加庆典活动可以加深彼此之间的友好关系,有助于巩固双方的合作关系,为组织未来的发展打下良好的基础。

(5)重要客户或投资者的家属。对于重要客户或投资者,邀请他们的家属参加庆典活动可以表达组织对他们的高度重视和感谢,有助于增强客户或投资者对组织的信任感,促进双方的合作和交流。

扫描右侧二维码查看职场故事。

7.其他人员

节庆活动是组织展示自身形象、庆祝成就的重要时刻,除了内部员工、合作伙伴、客户和投资者等核心人员外,还应考虑邀请以下人员:

(1)政府领导。邀请政府相关部门或机构的领导,以展示活动的正式性和政府对组织的支持。

(2)受资助贫困地区孩子或者大学生。组织作为社会的一分子,不仅应致力于经济发展,还应积极承担社会责任,其中一项重要举措就是关注并支持教育事业,特别是贫困地区的孩子和大学生。组织邀请受资助贫困地区孩子或大学生参与节庆活动,不仅是对他们的一种关爱和支持,更是组织履行社会责任的具体体现,能够为组织带来积极的社会效益和品牌影响力。

(二)场地布置

策划组织节庆活动时,场地布置是一个至关重要的环节。为了确保活动顺利进行并给参与者留下深刻的印象,组织公关人员需要综合考虑以下几个方面。

1.地点选择

除了结合庆典规模和影响力选择地点外,还应考虑地点是否易于搭建和布置,以及是否具备足够的停车位和交通引导措施。如果可能,优先选择有良好基础设施和便利交通的地点。

2.规模确定

在确定现场规模时,除了考虑出席者人数,还应预留一定的空间用于设置展示区、休息区、媒体采访区等功能区域。这样可以确保活动的有序进行,并给参与者留下专业且周到的印象。

3.环境美化

在美化环境时,除了传统的张灯结彩和悬挂横幅外,还可以考虑利用 LED 显示屏播放组织宣传片或活动主题视频,以及设置创意性的装饰物或雕塑,以吸引参与者的目光并提升活动的整体氛围。

4.设备准备

除了音响设备外,还应准备足够的电力供应和照明设备,以确保活动在夜间或室内也能进行。此外,如果活动涉及演讲或颁奖环节,还应准备相应的讲台、奖杯和证书等物品。

5.小食准备

为了增加活动的互动性和参与感,可以准备一些精致的小食和饮料供参与者享用。这不仅能让参与者在活动中得到放松,还能增强彼此之间的交流和互动。

6.医疗保障

除了简单的医药包外,还应考虑在现场设置医疗点或联系附近的医疗机构,以便在参与者出现突发状况时能够迅速得到救治。此外,还可以安排专门的医疗人员负责现场巡视,以确保参与者的安全。

7.安全规划

安全是庆典活动的首要考虑因素。因此,在布置现场时,应确保所有区域都符合安全标准,并设置足够的安全出口和疏散通道。同时,还应制定详细的安全预案和应急措施,以应对可能出现的各种突发情况。

8.媒体接待

如果活动邀请了媒体参与,应设置专门的媒体接待区,并提供必要的设施和服务,如桌椅、茶水、电源等。此外,还应安排专人负责与媒体沟通,确保信息的准确传递和活动的顺利进行。

9.环保考虑

在布置现场时,应尽量减少对环境的影响,可以选择使用环保材料、减少浪费、合理利用资源等方式来降低活动的环境影响。这不仅可以体现组织的环保理念,还能提升组织的社会形象。

(三)安排活动程序

节庆活动的成功,关键在于其程序的精心设计和有效执行。在拟定庆典程序时,企业应当坚守以下 2 条重要原则:

第一,节庆的时间应严格控制,力求简短而高效。通常而言,节庆的时长应限制在一个小时以内,这样既能确保活动紧凑和精彩,又能充分尊重所有出席者的时间。

第二,节庆的程序设置应精简而富有重点。过多的程序不仅会增加节庆的时间长度,还可能使出席者的注意力分散,从而降低活动的整体效果。因此,在策划节庆程序时,应当精选关键环节,确保每个环节都紧扣主题,给参与者留下深刻而美好的印象。

(四)谨慎做好接待

一旦节庆活动确定举办,应立即成立一个全权负责的筹备组。筹备组的成员应由具备实干精神、高效执行力和丰富组织能力的人士组成,能够切实负责并高效完成各项筹备任务。在筹备组内部,根据实际需要设立多个专项小组,包括公关组、礼宾组、财务组和会计组等,每个小组都将在其专业领域内发挥专长,共同协作以确保节庆活动的顺利进行。节庆活动的接待小组应由一群年轻、精干、擅长沟通和应变能力强的男女青年组成,具体工作职责涵盖以下 3 个方面。

1.来宾的迎来送往

在节庆活动现场,接待小组成员应热情迎接来宾,并在活动结束时礼貌地送别,确保为来宾提供周到的服务。

2.来宾的引导陪同

接待小组成员需负责为来宾提供指引,将他们引导至指定的地点。对于年长或非常重要的来宾,应安排专人全程陪同,确保他们的安全和舒适。

3.来宾的招待服务

接待小组成员应指派专人负责为来宾提供饮料、点心等,提供细致周到的服务,确保来宾在节庆活动中有愉快的体验。

（五）周到的后勤保障

节庆活动因其规模宏大，对后勤人员和物资的需求尤为关键。在活动开始之前，务必制订详细的预应急方案，以确保任何环节出现问题时都有应对的措施，并有足够的物资储备，避免临时筹措的尴尬。

节庆活动现场所需物资包括但不限于音响设备、音像设备、文具、电源等。若活动涉及剪彩环节，应提前准备好彩绸带；鞭炮、锣鼓等传统庆祝用品在特定场合也应有所准备。此外，宣传品、条幅和赠予来宾的礼品也需事先筹备妥当。赠送的礼品最好与活动主题紧密相关或带有组织标志，这样既能令来宾满意，又能有效传播组织形象。

为了增添节庆活动的氛围，可以安排一系列短小精悍、富有特色的文艺节目。这些节目可以由组织内部人员表演，也可以邀请专业文艺团队或人员参与。节目的选择应体现活动特色，为节庆活动增添更多亮点。

二、节庆活动的仪式程序

节庆活动的仪式程序通常需要根据活动的具体性质、目的和规模来定制。以下是一个基于常见节庆活动元素归纳出的仪式程序，以供参考。

（一）宣布活动开始

主持人首先宣布节庆活动正式开始，全体人员起立，奏响《国歌》。如果单位有自己的专属歌曲，可在奏完《国歌》后演唱，以彰显组织文化和活动特色。

（二）主要领导致辞

组织或主办单位的主要领导上台致辞，内容通常包括嘉宾介绍、对来宾的感谢、节庆活动的背景和目的等。致辞应突出活动的亮点和庆祝的理由，激发参与者的热情和共鸣。

（三）重点嘉宾讲话

上级主要领导、特邀嘉宾、协作单位等代表上台发言或致贺词。为确保发言的顺利进行，应提前邀请并沟通，明确发言人的身份、职务和发言时间。对于外来的贺电、贺信等，可挑选重要的宣读，并公布未宣读贺电、贺信的署名单位或个人，以示尊重和感谢。

（四）安排文艺演出

根据节庆活动的规模和影响力,主办方可以考虑安排文艺演出环节。演出内容应紧扣活动主题,展现组织文化和特色,同时注重节目的质量和创新性。如果条件有限,也可以选择不安排文艺演出。

（五）开展现场参观

如有条件,可安排来宾参观单位的展览、设施或环境等,以加深来宾对组织的了解和认识。参观过程中,应有专人陪同和讲解。此外,还可以设置互动环节,如抽奖、问答等,增加活动的趣味性和参与度。

（六）闭幕式与感谢辞

在节庆活动即将结束时,主持人应上台进行闭幕致辞,感谢所有参与者的到来和支持,并总结活动的成果和意义。同时,也可向参与者表达诚挚的祝福和期望。

（七）送别参与人员和附赠伴手礼

在节庆活动结束后,应妥善安排送别参与人员,确保他们安全离开。为表达感谢和纪念,可向参与人员赠送伴手礼,如组织纪念品、特色产品等。伴手礼的选择应体现组织文化和活动特色,让参与者留下深刻印象。

第三节　开展节庆型公关活动的注意事项

一、选择正确活动时机

在现代组织中,节庆活动的时间选择除了受到传统文化的影响外,确实也受到了西方文化以及我国港台文化的深刻影响。这些文化交融的现象在节庆时间的选择上尤为明显,不仅体现了组织对于多元文化的包容性,也反映了组织在市场策略上的灵活性和创新性。以下是一些值得组织重视和利用的节日。

（一）元旦

作为新年的开始,元旦是组织展示新气象、新目标的重要时刻。组织可以举办新年团拜会、新年联欢会等活动,加强内部团结和凝聚力,同时也可以通过发布新年祝词、感谢合作伙伴等,加强外部公关和品牌建设。

(二)春节

春节是中国最重要的传统节日之一,也是组织展现文化特色和人文关怀的绝佳时机。组织可以举办新春团拜会、新春联欢会等活动,增强员工之间的感情交流,也可以通过捐赠、慰问等方式,回馈社会、传递爱心。

(三)情人节

情人节是情侣们表达爱意的日子,也是组织推广浪漫文化和情感产品的好时机。组织可以举办情人节促销活动、情侣套餐等,吸引情侣顾客,提升品牌形象。

(四)妇女节

妇女节是庆祝女性贡献和成就的日子,组织可以通过举办庆祝活动、表彰优秀女性员工等方式,表达对女性的尊重和关爱,增强员工对组织的认同感和归属感。

(五)儿童节

儿童节是孩子们的节日,也是组织展示关爱儿童、关注未来发展的重要时刻。组织可以举办儿童节庆祝活动、捐赠图书文具等,关爱儿童成长,传递组织的社会责任感。

(六)国庆节

国庆节是庆祝国家成立的节日,具有深厚的爱国主义情感。组织可以通过举办庆祝活动、升旗仪式等方式,增强员工的爱国意识,同时也可以通过参与社会公益活动、回馈社会等方式,树立组织的良好形象。

二、精细打磨策划方案

(一)对组织进行深入的 SWOT 分析

SWOT 分析是一种常用的战略规划工具,用于评估组织的优势(strengths)、劣势(weaknesses)、机会(opportunities)和威胁(threats)。在策划节庆活动之前,对组织进行 SWOT 分析至关重要,因为其能帮助组织者理解组织内部的实力和局限性,以及外部环境中的潜在机遇和风险。这种分析将帮助确定哪些资源可以利用,哪些问题需要解决,以及如何最有效地利用机会和应对威胁。

(二)明确组织开展本次活动的目标

明确目标是任何活动成功的关键。在策划节庆活动时,组织者需要清晰地定义活动的目标,这些目标可能包括提升品牌形象、增加销售额、提高客户满意度、增强员工凝聚力等。明确的目标有助于确保活动的各个方面都围绕一个中心思想展开,从而实现最大的效益。

(三)重点思考最适合的活动时间

选择最适合的活动时间对于节庆活动的成功至关重要。在决定活动时间时,需要考虑多个因素,包括目标公众的可用性、竞争对手的活动日程、新闻媒介的关注度以及组织的内部资源等。通过仔细研究这些因素,可以找到最能吸引目标公众和新闻媒介的时间段,并确保组织有足够的资源来支持活动的顺利进行。

(四)清晰目标公众关注的热点

了解目标公众的关注热点是确保活动吸引力和相关性的关键。在策划节庆活动时,需要仔细研究目标公众的兴趣和需求,了解他们当前关注的话题和趋势,可以通过市场调查、社交媒体分析、客户反馈等方式实现。通过了解目标公众的关注热点,可以确保活动的内容、形式和主题都符合他们的期望和兴趣,从而提高活动的参与度和影响力。

(五)明确新闻媒介关注的热点

新闻媒介的关注度对于节庆活动的成功同样重要。在策划活动时,需要了解新闻媒介当前关注的热点话题和趋势,以便将活动与这些话题相结合,提高活动的曝光度和影响力。此外,还需要与新闻媒介建立良好的合作关系,确保他们能够及时、准确地报道活动情况。通过利用新闻媒介的力量,可以将活动的信息传播给更广泛的受众,进一步提高活动的知名度和影响力。

 职场故事

借国际妇女节之力,点燃社交媒体上的女性力量

在 2021 年国际妇女节这个特殊的日子里,全球知名时尚品牌 H&M 以一项名为"H&M Women"的公关活动,向全世界的女性致以崇高的敬意。此次活动不仅庆祝所有女性的力量与美丽,更期望通过广泛的社会参与,提高公众对妇女问题的关注度和认知度。

为了有效地传播活动理念和引起广泛共鸣,H&M 充分利用了 Instagram、Facebook 和 Twitter 等社交媒体平台的影响力。

在 Instagram 上,H&M 精心策划了一系列充满感染力的照片和视频,展现了不同年龄、种族、身形的女性所散发出的独特魅力,同时鼓励公众分享自己的故事和经验,让每一位女性都能在这个平台上找到共鸣和力量。

在 Facebook 上,H&M 则发布了一段引人入胜的视频,深入探讨了女性如何在事业与家庭之间寻找平衡,并通过真实的案例激励女性勇敢追求自己的梦想。这段视频不仅引发了公众的热烈讨论,更激发了女性们对于自我价值的深刻思考。

而在 Twitter 上,H&M 通过发布一系列引用自杰出女性的名言推文,不仅向这些伟大的女性致敬,更呼吁公众支持女性的权利和平等。这些推文引起了广泛传播,激发了公众的强烈共鸣和支持。

"H&M Women"活动在社交媒体上取得了巨大的成功。通过精心策划和精准推广,H&M 成功地将女性问题置于公众视野的中心,引发了广泛的关注和讨论。据统计,该活动在社交媒体上赢得了超过 150000 次的分享和 200000 多次的点赞,充分展示了 H&M 对于女性力量的尊重和重视,同时也彰显了社交媒体在推动社会议题讨论中的巨大潜力。

资料来源:"3·8"妇女节品牌推广[EB/OL].(2023-03-09)[2024-06-25].https://m.163.com/dy/article_v2/HVDCV64P05534RT3.html.

三、正确实施策划方案

每一个节庆活动,通常都应制订一个详细的活动方案,包括节庆的名称、规模、邀请范围、时间、地点、典礼形式、基本程序、主持人、筹备工作、经费安排等。依据策划方案,有序、高效、正确地实施策划方案,最终才能保证活动的顺利完成。

职场故事

2023 年迪士尼百年庆典策划

2023 年是迪士尼成立百年,为了庆祝这一具有历史意义的时刻,迪士尼在全球范围内策划了一场盛大的周年庆典,不仅吸引了数以百万计的游客,还通过一系列活动展现了迪士尼的品牌魅力和创新能力。

迪士尼百年庆典的策划方案以"奇妙百年,奇遇有你"为主题,通过一系列经典动画片主题活动、节日庆典、明星表演等形式,为游客带来一场视听盛宴。同时,通过社交媒体等渠道进行广泛宣传,提高活动的知名度和影响力。

百年庆典策划方案的主题明确、内容丰富。在经典动画片主题活动方面,邀请了众多经典角色的扮演者亲临现场,与游客互动、拍照签名,并进行了精彩的舞台表演。这些活动不仅让游客重温了迪士尼的经典故事,还提升了游客的参与感和满意度。在节日庆典方面,根据不同的节日策划了相应的主题活动。如,在圣诞节期间,推出了圣诞老人派发礼物、圣诞树亮灯等活动,让游客在欢乐的氛围中度过节日。这些活动不仅为游客带来了欢乐和快乐,还提高了游客的参与感和归属感。

百年庆典策划方案的宣传渠道多样、覆盖面广。迪士尼乐园的官方社交媒体账户发布了大量关于活动的宣传信息、演出视频和参与活动的游客照片,吸引了更多的关注和分享。同时,与各大媒体进行合作,通过新闻报道、专访等形式对活动进行宣传报道,提高了活动的知名度和影响力。

为了确保活动的顺利进行,迪士尼乐园在策划方案的实施过程中进行了精细管理。不仅对活动场地进行了精心布置和装饰,营造出浓厚的节日氛围,而且对参与活动的演员和工作人员进行了严格的培训和排练,确保他们在活动中表现出色,同时,对游客的流量进行了有效控制和管理,确保游客的游玩体验不受影响。

策划方案通过明确主题、丰富内容、扩大宣传渠道和精细管理等方式,实现了策划方案的正确实施,不仅为游客提供了难忘的假期体验,也展现了迪士尼的品牌魅力和创新能力。同时,本次庆典的成功举办也为其他企业提供了有益的借鉴和启示。

资料来源:"迪士尼动画电影嘉年华"开启迪士尼100周年系列活动[EB/OL].(2022-11-24)[2024-06-25].https://m.sohu.com/a/609512292_121124405/? pvid=000115_3w_a.

四、通过新闻媒体宣传

公关活动应能够为公众的代表——新闻媒体所接受,新闻媒介的反应是衡量活动成功与否的标尺,也是组织形象能否树立的重要环节。因此,庆典活动应邀请媒体记者参加,并努力使活动本身具有新闻价值。同时也要求在创新上下功夫,如邀请受欢迎的演员、歌手、运动员等,以及举办大型的读书赠书活动、义卖等。寻找创新点可以从当下人们最关心的问题入手。当然,组织也不能不顾社会的道义和道德,甚至违背法律、法规,而是应该把握好原则与尺度,与组织文化相契合。

五、重视总结和改进

许多组织在庆典活动的策划与实施中,往往过于注重形式和过程,而忽视了活动的实际效果。庆典活动结束后,很少有组织会进行深入的总结、分析和评估,从而无法为今后的活动提供有价值的参考和借鉴。

因此,组织应对每次庆典活动进行深入总结和评估,总结好的经验,以利于下一次举办类似庆典活动时可以直接使用。同时,对于活动失误的地方,应深刻分析内在原因,找出更好的解决方案,以利于下一次开展同类型庆典活动时能够及时进行规避,改进不良做法。

总之,活动结束后的总结和改进工作,不仅有助于组织发现问题、改进工作,还能为今后的活动提供宝贵的经验和参考。

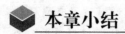 **本章小结**

本章主要介绍的是节庆型公关策划的基本内容,重点介绍了节庆活动的含义、作用和类型;开展节庆型公关策划应做的准备工作:确定参加的人员、场地布置、安排活动程序、谨慎做好接待、周到的后勤保障;开展节庆活动的仪式流程以及开展节庆型公关活动的注意事项。本章内容较多地结合了实践,通过本章的学习,可为大家在以后的实践提供借鉴及参考,所以应认真完成本章的学习任务。

 课程交流互动

一、名词解释

节庆活动、奠基庆典、开业庆典、周年庆典、节日庆典、主题庆典

二、简述题

1.节庆活动有哪些作用?

2.开业庆典有哪些类型?

3.节庆活动有哪些仪式程序?

4.在策划节庆型公关活动时,如何有效结合传统文化元素?

5.在节庆型公关活动中,如何有效吸引和保持公众的关注?

三、策划题

请为京东电商平台策划一场以"618购物狂欢节"为主题的节庆型公关活动。你需要提交一个完整的策划方案,具体内容应包括项目背景、项目调研、项目策划、项目执行、项目评估与预测。

四、案例分析题

山西大昌汽车集团41周年庆典活动公关策划案例

(一)项目背景

山西大昌汽车集团作为山西省知名的汽车经销商,一直致力于为客户提供优质的汽车销售及售后服务。为了庆祝集团成立41周年,山西大昌汽车集团决定举办一场盛大的庆典活动,以感谢客户、员工及合作伙伴的长期支持与信任,并展示集团的最新发展成果和未来规划。

(二)策划方案

1.主题定位

主题为"41载辉煌,共创未来",旨在回顾集团的辉煌历程,同时展望未来的发展蓝图。

2.活动形式

开幕式:包括隆重的升旗仪式、集团使命宣读及企业誓词宣读等环节,展示集团

的凝聚力和使命感。

汽车展示：展示集团旗下多个汽车品牌的畅销车型和精品二手车，让客户近距离感受产品的魅力。

客户互动：设置客户互动环节，如试驾体验、车型知识问答等，增强客户参与感。

文艺演出：邀请知名艺人或本地文化团体进行文艺演出，为活动增添欢乐氛围。

晚宴交流：举办晚宴，邀请客户、员工及合作伙伴共聚一堂，交流感情，展望未来。

3.宣传策略

利用集团官方网站、社交媒体平台及线下门店等渠道进行广泛宣传，吸引更多关注和参与。

与当地主流媒体合作，进行新闻报道、专访等，提高活动的知名度和影响力。

资料来源：四十一载诚信凝心聚力,大昌集团再创辉煌！[EB/OL].(2024-05-19)[2024-06-29].https://baijiahao.baidu.com/s? id=1799403717078997293&wfr=spider&for=pc.

思考题：

1.请结合本案例,探讨其如何有效地吸引客户、员工及合作伙伴的参与,并提升集团的品牌形象和市场影响力。

2.如果你是该企业负责人,你将如何通过客户互动环节来提升客户参与度和满意度？

一流的马戏团应该有能力让每个人都看到自己喜欢的节目。

——巴纳姆

第八章　服务型公关策划

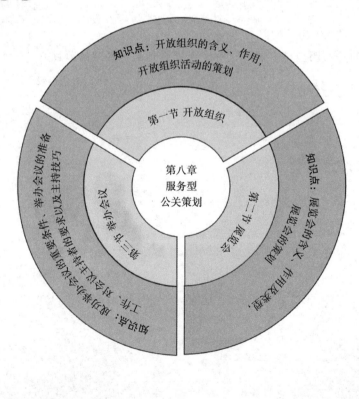

学习目标

通过本章的学习,你应该达到以下目标:

一、了解开放组织、展览会的含义及举办会议的基本内容;

二、理解开放组织、展览会及举办会议的作用等内容;

三、掌握开放组织、展览会及举办会议的策划,能够完成相应内容的策划;

四、强化人本理念、责任意识、团队意识、创新精神。

知识罗盘图

知识点:开放组织的含义、作用,
开放组织活动的策划

第一节 开放组织

第八章
服务型
公关策划

第三节 举办会议

第二节 展览会

知识点:展览会的含义、作用及实施、
展览会的策划

知识点:配合基层公关的重要条件、举办会议的准备
工作,筹办会议主持者的要求以及主持技巧

"十八洞"减贫与发展论坛塑造湖南国际传播品牌

一、背景与目标

为全面贯彻落实党的二十大精神,推进全球减贫事业,湖南省委宣传部策划组织了"'十八洞'减贫与发展论坛"。该论坛旨在通过分享十八洞村的脱贫扶贫故事,加强国际社会对中国农村减贫成就的认知,同时推动国内外减贫经验的交流与合作,打造"十八洞"国际IP。

二、公关策略与活动安排

高位推动:湖南省委省政府高度重视,多次召开调度会,确保论坛内容国际化,传播形式易于海外受众理解和接受。

务实节俭:论坛期间注重节俭,不摆鲜花,开幕不搞"炫"仪式,实行报餐制,免费为企业提供实物展区,充分利用现有资源,减少浪费。

审慎稳妥:加强论坛内容审核把关和全过程管理,确保论坛顺利进行。

论坛活动包括主论坛、分论坛、配套活动以及十八洞村参访等,通过文字报道、电视新闻、网络媒体等多种传播形式进行广泛传播。

三、效果与成果

讲好中国脱贫攻坚故事:论坛成功地将十八洞村打造成新时代全球知名的红色地标,为人类减贫事业贡献了中国样本。

共享减贫经验、建设和美乡村:通过论坛活动,初步形成了湖南对外宣传、国际传播的又一重要窗口和阵地,加强了国内外减贫经验的交流与合作。

务实合作成果:论坛取得了多项务实合作成果,如十八洞村系列外宣图书发布、十八洞村复兴书屋揭牌等,同时十八洞村与老挝听松村缔结"姊妹村",开创了湖南省村一级对外友好交流合作的先例。

四、总结

"'十八洞'减贫与发展论坛"是一个成功的服务型公关案例。通过精心策划和组织,论坛成功地将十八洞村的脱贫扶贫故事传播到国内外,加强了国际社会对中国农村减贫成就的认知。同时,论坛也推动了国内外减贫经验的交流与合作,为打造"十八洞"国际IP奠定了良好基础。

资料来源:"十八洞"减贫与发展论坛成功塑造新时代湖南国际传播新品牌[EB/OL].(2023-12-22)[2024-06-29].http://news.cyol.com/gb/xwzt/articles/2023-12/22/content_pQO7pBtd2j.html.

　　"'十八洞'减贫与发展论坛"是一个成功的服务型公关策划案例。通过精准定位目标受众、创新内容策划、多元化传播策略以及务实节俭和审慎稳妥的活动管理，成功地将十八洞村的脱贫扶贫故事传播到国内外，加强了国际社会对中国减贫事业的认知和支持，同时也为打造"十八洞"国际 IP 奠定了良好基础。这一案例为其他服务型公关策划提供了有益的借鉴和启示。

第一节　开放组织

一、开放组织的含义、作用

（一）开放组织的含义

　　开放组织活动是一种公共关系策略，通过将组织内部的相关场所和工作程序对外开放，来加强与公众的互动和沟通。这一活动能够让公众直观地看到组织的各个方面，包括整洁的环境、先进的工艺、现代化的设施、科学的管理制度、高素质的员工以及组织对社会的贡献。

（二）开放组织的作用

　　开放组织作为公共关系活动中的关键策略，其重要性不容忽视。这种方法侧重于通过直接的人际互动来传递组织的核心信息和价值观，以此赢得社会公众的认同与信任。组织利用开放的机会，不仅积极接待来访者，而且主动向他们展示组织的成果和理念，以此彰显组织的存在意义和价值。

　　在开放组织的过程中，组织能够直接向来访者宣传，更加直观、生动，有助于加深公众对组织的理解和好感。同时，开放组织也为组织提供了一个直接获取公众反馈的渠道，使组织能够及时了解公众的看法和意见，为组织的改进和发展提供有力支持。具体来讲，开放组织的作用主要表现在以下 6 个方面。

　　1.有利于与社会公众进行双向沟通

　　开放组织活动为组织和公众提供了一个直接交流的平台。通过这一平台，组织可以了解公众的需求和期望，而公众也可以更加深入地了解组织的运作情况和价值观。这种双向沟通有助于增强组织与公众之间的信任和理解。

　　2.有利于澄清事实，挽回危机局面

　　在面临危机或负面舆论时，开放组织活动可以成为组织澄清事实、消除误解的重要手段。通过邀请媒体、客户、合作伙伴等公众代表参观组织内部,组织可以展示其真实情况,解释事件真相,从而挽回公众的信任和支持。

3.有利于宣传组织,提升知名度

开放组织活动为组织提供了一个展示自身实力和成就的机会。通过向公众展示先进的工艺、现代化的设施、高素质的员工以及组织对社会的贡献,组织可以树立良好的形象,提升知名度。同时,这种活动也有助于增强公众对组织的认同感和归属感。

扫描右侧二维码查看职场故事。

4.有利于快速建立组织良好的社会形象

通过开放组织活动,组织可以向公众展示其积极履行社会责任、关注环境保护、支持公益事业等方面的努力和成果。这些展示有助于塑造组织良好的社会形象,增强公众对组织的信任和好感。

5.有利于激发员工自豪感

当员工看到公众对组织的认可和赞赏时,他们会感到自豪和满足。这种自豪感可以激发员工的工作积极性和创造力,提高组织的整体效率。

6.有利于吸引潜在合作伙伴和投资者

开放组织活动可以向潜在合作伙伴和投资者展示组织的实力和潜力。通过参观组织的内部环境和了解组织的运作情况,他们可以更好地评估组织的价值和潜力,从而作出更明智的决策。

 **职场
故事** ──────────────────────
吉州区"政府开放日"系列活动

为了持续推动"五型"政府建设,吉州区于2022年创新性地开展了以"政务公开面对面,政民沟通零距离"为主题的"政府开放日"系列活动。这一活动旨在通过加强政务公开,实现与民生服务的深度融合,进一步搭建起政府与企业、群众之间的沟通桥梁,增强政府的执行力、凝聚力和公信力。吉州区作为先行者,精心策划并组织了全市首个"政府开放日"系列活动。政府办全程指导方案制订、活动实施、新闻报道和网络宣传,确保活动有序进行。6个政府部门围绕不同主题,开展了各具特色的"政府开放日"活动。

活动通过政府门户网站、微信公众号等渠道提前发布公告,广泛邀请关心吉州区发展的公民、人大代表、政协委员及企业代表参与。参与者有机会实地参观机关办公场所和重要项目点,深入了解政府机构设置、主要职能、办事程序及重点工作。在策划活动方案时,组织单位围绕群众切身需要,结合部门实际,制定了主题多样、内容丰富的活动。这些活动不仅让群众对政府的工作流程和运行方式有了更直观的认识,也让他们对部门单位的日常管理有了更直接的感受。

在"政府开放日"活动现场,组织单位还召开了座谈会,介绍本单位重点工作和特色工作,解答公众关注的热点问题,听取群众诉求,并收集意见建议。这一环节不仅增强了政府与群众之间的互动,也体现了政府服务为民的宗旨。

"政府开放日"系列活动的开展,让市民们更加深入地了解了政府的工作内容和流程,感受到了政府为民服务的决心和行动。这一活动不仅增强了市民对政府工作的信任和支持,也促进了阳光、透明、开放、服务型政府的建设。

资料来源:吉州区"政府开放日"搭建互动"连心桥"[EB/OL].(2023-01-05)[2024-07-15].ht-tps://www.jiangxi.gov.cn/art/2023/1/5/art_70597_4319550.html.

二、开放组织活动的策划

开放组织活动的策划,主要包括明确主题、确定开放日期、组建专门机构、推进宣传工作、确定对外开放的内容、明确参观路线、配备解说人员、做好接待工作、收集参观者意见、做好欢送工作、一视同仁接待所有参观者及做好总结工作。

扫描右侧二维码查看职场故事。

(一)明确主题

在组织任何一次对外开放活动时,确定一个清晰、明确的主题至关重要。这个主题不仅指引着活动的整个策划和执行过程,更是确保活动能够给目标公众留下深刻印象、达到预期效果的关键。

例如,广东大亚湾核电站组织的香港民众代表参观活动,其主题就是明确地向代表们展示核电站的安全性及其对社区的贡献。通过这一活动,大亚湾核电站力求消除公众对于核电站可能存在的误解和疑虑,让代表们深刻认识到核电站不仅不会对人的健康和社区的安全构成威胁,反而是为香港提供稳定、充足电力的可靠保障。这样的主题设定,使得整个参观活动目的明确、效果显著,有效地提升了公众对核电站的认知度和信任度。

（二）确定开放日期

在策划参观活动时，选择参观日期是一项重要决策。为避免与重要节日或社会组织活动相冲突，应谨慎选择日期。节日期间，大部分公众都有自己的安排，这可能会影响他们的参观意愿。同时，社会组织的重要活动可能会分散接待人员的精力，给接待工作带来压力。因此，还应确保相关负责人能参与活动，以提供有效的指导和支持。

在安排开放时间时，首要考虑的是不影响组织的日常运营。同时，也要确保时间对公众来说方便可行。选择特殊的日子，如厂庆、开工、竣工、节日等，通常能够激发公众的参与兴趣，增强活动的吸引力，从而获得更好的效果。此外，提前规划是关键，特别是对于规模较大的开放活动，可能需要 3～6 个月的准备时间。如果计划包括大型展览、编印纪念册或其他特别节目，那么需要的时间可能更长。在考虑时间时，也要注意气候因素，尽量避免严寒或酷暑，晚春或早秋是较为理想的选择。

（三）组建专门机构

在组织对外开放参观活动时，为了确保活动的顺利进行和达到预期效果，设立一个专项的协调机构是十分必要的。这个机构应当由多层次的成员构成，以确保决策的准确性和执行的高效性。为了确保活动的整体协调与决策，需要至少一名高层管理人员担任总协调人。他们的角色是确保活动的方向正确，并能快速解决可能出现的各类问题。

为了活动的具体执行，还需要邀请相关部门的负责人加入这个机构。他们的专业知识和经验将极大地促进活动的顺利进行。同时，还需要配备一定数量的具体工作人员，他们负责活动的日常准备和现场管理。

为了使活动更加成功，推荐设立一个筹备委员会。这个委员会的成员可以包括组织的领导层成员，他们可以提供战略指导；公共关系人员，他们擅长与公众沟通并营造积极的氛围；行政和人事部门的人员，他们负责活动的后勤保障和人员调度。如果活动的主题是展示组织的服务或产品，那么邀请经营和营销部门的人员参加也是非常有益的，他们可以提供专业的建议，确保活动的内容与主题紧密相关。

（四）推进宣传工作

在筹备对外开放参观活动时，宣传工作的重要性不容忽视。首先，需要提前与新闻部门沟通，借助新闻媒介的力量来广泛传播活动信息，以此扩大活动的影响力。同时，组织内部的宣传工作同样关键，要确保每位员工都明白对外开放参观活动的意义和目的，从而积极自觉地参与进来。

为了开放组织活动取得圆满成功，还需要精心策划并执行各项宣传工作。这包括但不限于编写通俗易懂、引人入胜的解说词，以及准备一份简明扼要的说明书，以便参观者能够快速了解活动内容和亮点。另外,还应注意环境卫生、参观地点的装饰、场景的布置以及实物的陈列等细节,为参观者提供一个舒适、整洁的参观环境。

为了使开放活动产生持久的正面效果,可考虑向参观者赠送一些具有纪念意义的小册子或小礼品。在这些纪念品上印上活动的文字说明和组织名称,不仅能让参观者留下深刻印象,还能通过他们传递给未能亲自参观的人,从而成为有效的传播媒介,进一步扩大活动的影响力。精心策划和执行宣传工作,能够让对外开放参观活动更加成功,并为组织树立良好的形象和口碑。

(五)确定对外开放的内容

对外开放参观的内容通常涵盖介绍、现场观摩和实物展览 3 个主要环节。为了提升参观体验,许多社会组织会采取以下一系列策略。

第一,事先准备一份内容详尽、图文并茂且印刷精美的宣传手册,以便在参观现场分发给公众。这份手册旨在通过文字、图片等多种形式,为公众提供组织的概况介绍。

第二,结合宣传手册的内容,安排现场口头讲解和观摩环节。通过专业讲解员的引导,公众深入了解组织的工作流程和实际运作情况。同时,组织成员的实际行动和现场环境的真实展现,将进一步展示组织的内在面貌,让公众有更直观、深入的感受。

第三,实物展览是参观活动的另一重要环节。通过展示组织的相关资料、模型、样品等,公众可以进一步了解组织的历史、发展、产品和服务。这些实物展览不仅是对现场观摩和口头介绍的补充,更有助于公众对组织形成更全面、深刻的认识。

(六)明确参观路线

在选择参观路线时,首要考虑的是如何激发参观者的兴趣并确保他们的安全,同时尽量减少对组织正常工作的干扰。为了实现这一目标,参观路线的设计应当清晰明了,配备明确的路标,以便参观者能够轻松跟随。

在参观活动开始之前,组织应预先采取一系列安全措施,包括在关键位置设置安保人员负责监控现场情况并在必要时采取行动。同时,在潜在危险区域设置醒目的警告牌或路障,以预防意外事件的发生。

通过精心规划和准备,可确保参观者既能充分体验活动的乐趣,又能在安全的环境中深入了解组织的运作情况,同时减少对组织正常工作的影响。

(七)配备解说人员

为确保解说人员能够出色地完成对外开放参观活动的解说任务,需要对他们进行精心的选择和培训。解说人员应经过严格筛选,确保他们具备扎实的专业知识和良好的表达能力。另外,还要对解说人员进行系统的培训,使他们能够熟练掌握参观过程中各个参观点的解说内容。

在解说过程中,解说人员应佩戴明显标志的胸牌,以便参观者能够轻易识别并与之交流。解说人员应以礼貌、友好的态度向参观者说明工作情况,并耐心、认真地回答参观者提出的各种问题。这样的解说服务,旨在让参观者获得满意的体验,并对组织有更深入的了解。

(八)做好接待工作

在接待参观者时,要展现高度的热情、提供周到的服务。为参观者精心安排的休息场所内,应设有专职的招待人员,随时为参观者提供茶水和其他饮品。

为了保障参观的顺利进行,需配备专业的向导,由他们引导参观者按照预定的路线参观,沿途设置清晰的路标作为指引。在参观者可能感兴趣的区域,还需特别安排专人进行详细解说。如有涉及保密内容,要特别提醒参观者遵守相关规定,确保不越界。

除了基本的接待服务,还要为参观者准备丰富的娱乐活动,如开放俱乐部等,让他们在参观之余也能感受到愉悦与放松。条件允许的场所,还要提供茶水、饮料和点心,同时备有签名册,让参观者留下宝贵的意见。组织者要致力于提供优质的服务,确保每位参观者都能获得满意的体验。

(九)收集参观者意见

在接待参观者的过程中,应始终秉持开放和尊重的态度,认真倾听他们对组织的看法和建议。这不仅是对参观者的尊重,更是改进和提升自身的重要契机。组织应高度重视每一位参观者的反馈,专门设立反馈收集机制,确保能够全面、系统地收集到参观者的意见。这些意见可能涉及组织的各个方面,包括管理、服务、环境等,都是宝贵的改进方向。

收集到参观者的意见后,组织应进行详细的整理和分析,将各种意见进行分类、归纳,并结合组织的实际情况进行深入研究。通过这一过程,组织能够更准确地把握参观者的需求,找到自己的不足之处,为后续的改进工作提供有力的支持。在分析完参观者的意见后,组织将结果提交给有关部门。这些部门将针对具体的意见和建议进行深入研究,制定相应的改进措施。同时,还将关注这些改进措施的实施情况,确保它们能够真正落到实处,为组织的发展带来实质性的改变。

一些具有代表性和建设性的意见,还会在组织内部被采纳。这意味着会将这些意见融入组织的日常管理和运营中,使其成为推动组织发展的重要力量。在采纳这些意见后,组织应及时与参观者进行沟通,告知他们组织已经采取了相应的措施,并感谢他们的宝贵建议。为了表达对参观者意见的重视和尊重,还应建立回访机制。在改进措施实施一段时间后,再次与参观者取得联系,了解他们对改进措施的看法和感受。这一过程不仅能够让组织更好地了解改进措施的效果,还能够进一步巩固与参观者之间的关系,为组织的长期发展打下坚实的基础。

(十)做好欢送工作

在参观活动圆满结束之际,不仅要确保参观者获得了一次愉快的体验,更要通过精心策划的欢送工作,给他们留下深刻的印象,并期待他们未来再次光临。可以提前准备一场温馨而隆重的欢送仪式,向参观者表达最真挚的感谢,并对他们在参观期间的表现给予积极的评价和赞扬。这不仅能够让参观者感受到组织的热情和尊重,还能够增强他们对组织的认同感和归属感。

组织可以准备一份精美的纪念品作为礼物赠送给参观者。这份纪念品不仅是对他们此次参观的纪念,更是对他们未来继续关注和支持组织的期待。根据参观者的兴趣和喜好,选择具有代表性和意义的纪念品,确保每一位参观者都能感受到组织的用心和关怀。在欢送仪式结束后,安排专人陪同参观者离开,确保他们在离开过程中得到妥善的照顾和安排。提前规划好离开路线,避免人流拥堵和不必要的麻烦。同时,提醒参观者注意安全,确保他们能够顺利离开并回到他们的住所。

另外,积极与参观者保持联系,通过邮件、电话等方式向他们发送感谢信和后续信息。定期向参观者介绍组织的最新动态和成果,邀请他们参加组织的活动和会议,让他们感受到组织的热情和关怀。

(十一)一视同仁接待所有参观者

社会组织在接待参观者时,必须秉持真诚的态度,坚信每一位参观者都是组织发展道路上不可或缺的重要伙伴,他们的到来都为组织提供了宝贵的交流和学习机会。在接待过程中,坚决摒弃任何形式的偏见和歧视,不论参观者的社会地位、身份背景如何,都应一视同仁,以同样的热情和尊重去接待他们。每一位参观者都有其独特的视角和见解,他们的意见和建议都可能为组织的进步提供重要的参考。

(十二)做好总结工作

对开放组织活动的策划进行总结,关键在于全面回顾活动流程,分析活动成效,提炼成功经验和不足之处,并据此提出改进建议。总结过程应包括收集活动数据、评估效果、撰写报告、分享交流以及持续改进等环节,确保未来活动策划能够借鉴以往经验,不断提升活动的质量和效果。

职场
故事

沪上社会组织媒体开放日(浦东专场)

随着上海市加快构建具有世界影响力的社会主义现代化国际大都市的步伐,社会组织在推动经济发展、改善民生福祉、推进社会治理创新等方面的作用日益凸显。为了进一步提升浦东社会组织的影响力,展现其在现代化建设中的责任担当和作用发挥,沪上社会组织媒体开放日(浦东专场)活动应运而生。活动旨在通过开放组织的形式,加强与媒体和公众的互动,提升社会组织的社会认知度和影响力。

整个活动的策划过程,主要包含以下环节。首先,确定主题与定位。活动以"浦社精彩 引领发展"为主题,聚焦于浦东社会组织在促进经济发展、改善民生福祉、推进社会治理创新等领域的贡献。通过精心策划,确保活动能够全面展示浦东社会组织的活力和创新力。其次,组织筹备与邀请。活动由上海市民政局指导,上海市社会组织服务中心、浦东新区民政局主办,并得到浦东新区社会组织发展指导中心、浦东新区社会组织合作促进会和浦东联盟行业协会服务中心的协办与支持。同时,广泛邀请媒体记者、各区民政局和浦东新区相关主管单位负责人、社会组织及社会公众代表参与,确保活动的广泛性和影响力。再次,设置活动环节。活动设置了主题展示、互动体验、分享交流等环节,确保参与者能够全面了解浦东社会组织的创新举措和工作成果。通过现场设点路演、场景模拟、角色扮演等形式,让参与者深入体验社会组织的工作内容和方式,增强活动的趣味性和互动性。最后,媒体宣传与合作。活动得到了全市多家媒体机构的大力支持,通过新闻报道、网络宣传等渠道,广泛传播活动信息及社会组织的先进典型和成功经验。同时,加强与媒体的沟通合作,确保活动信息的及时发布和广泛传播。

在活动实施过程中,各参与单位积极配合,确保活动的顺利进行。通过现场展示、互动体验、分享交流等环节,让参与者深入了解浦东社会组织的创新举措和工作成果,感受社会组织在现代化建设中的责任担当和作用发挥。同时,通过媒体宣传和网络传播,不断提升浦东社会组织的社会认知度和影响力。

沪上社会组织媒体开放日(浦东专场)活动的成功举办,为媒体和社会组织之间搭建了一个良好的交流平台,进一步拉近了社会组织与公众的距离。通过各渠道广泛传播,不断宣传社会组织的先进典型和成功经验,让更多人认识、了解社会组织,促进社会各界共同为推动本市社会组织发展出谋划策、贡献力量。同时,也为浦东社会组织的发展营造了更加良好的环境,为上海加快建设具有世界影响力的社会主义现代化国际大都市作出了积极贡献。

资料来源:沪上社会组织媒体开放日(浦东专场)成功举办[EB/OL].(2024-04-28)[2024-07-15].https://sghexport.shobserver.com/html/baijiahao/2024/04/28/1308873.html.

第二节　展览会

一、展览会的含义、作用及类型

（一）展览会的含义

展览会，作为一种专门的公共关系活动，其核心价值在于通过集中的实物展示、示范表演以及多种传播媒介的整合，来有效推广产品并塑造组织的良好形象。这一形式因其直观性、真实感强，能给予参观者强烈的心理触动，从而深化记忆，提高组织及产品在公众心中的可信度。

展览会不仅是一个简单的展示活动，更是一种融合了各种媒介和手段的综合性推广平台。其特性体现在复合性、直观性、形象性和生动性上，为公众提供了与组织直接沟通的机会，使信息传播更加高效和集中。同时，展览会是一种综合性的大型公共关系活动，往往成为新闻报道的焦点，带有一定的娱乐性质，能吸引大量的公众参与。

正因为展览会具有这些独特的优势，许多社会组织都高度重视这一形式，将其作为塑造和展示其最佳形象的重要途径。通过精心策划和组织的展览会，社会组织可有效地推广其产品，提升品牌形象，建立和维护良好的公共关系。

扫描右侧二维码查看职场故事。

（二）展览会的作用

展览会通过实物、模型和图表等的展示，不仅在教育公众、传递信息、扩大影响力等方面发挥重要作用，还成为组织自我发现、自我宣传、提升效益的关键平台。

1.塑造品牌

在市场竞争日益激烈的今天，品牌的塑造愈发重要。展览为组织提供了一个绝佳的平台，让组织能够直接展示其真实面貌和高质量产品，从而赢得消费者的认可和偏好。这种面对面的展示，能够更直观地传递品牌价值，增强消费者对品牌的信任度。

2.扩大宣传

展览会利用实物、文字、图片、图表等多种形式,全方位、多角度地展示组织的成果、风貌和特征。与其他宣传方式相比,展览会的宣传效果更为显著,更能吸引公众的注意力和兴趣。优质的展品、精美的布置、动人的解说,共同营造出一种轻松愉快的氛围,使参观者产生强烈的共鸣和信任感,从而大大提升了组织宣传自我的感染力。

3.提升效益

展览会不仅是组织自我宣传的窗口,更是提升效益的重要途径。在展览会上,组织可以与社会公众进行直接的交流和互动,了解公众的需求和期望,从而调整产品和服务策略,更好地满足市场需求。同时,展览会还为组织提供了与合作伙伴、潜在客户建立联系的机会,为组织的业务拓展和市场拓展提供了有力支持。在追求经济效益的同时,组织还必须注重社会效益,以真诚的态度为社会和公众服务,树立良好的社会形象,实现经济效益和社会效益的双赢。例如,中国国际进口博览会的举办,不仅展示了我国改革开放的成果,还推动了经济发展,带来了巨大的经济效益,同时也满足了人民对美好生活的需求,提升了社会效益。

职场故事

2023年广交会:展览会成功举办的典范与深远作用

2023年广交会再次作为中国对外贸易的重要窗口和全球商品交易的重要平台,吸引了全球的目光。这次盛会不仅是中国制造的精彩展示,更是全球企业直接对话、深入交流的重要契机。

本届广交会展示了从手工艺品到高端电子产品的丰富商品,体现了中国制造的多样性和高品质。众多国内优质供应商齐聚一堂,为全球买家提供了广阔的选择空间,进一步增强了"中国制造"的品牌形象。广交会吸引了来自世界各地的买家,为供应商和买家之间提供了直接交流的机会。供应商可以深入了解买家的需求和期望,从而调整市场策略,实现更精准的合作。这种面对面的交流机会对于建立信任、缩短合作距离具有重要意义。除了商品交易,广交会还举办了多场培训和研讨会,为参展商提供了宝贵的知识和技能。这些活动涵盖了国际市场策略、品牌建设、知识产权保护等多个领域,有助于提升参展商的综合实力,降低参展门槛和成本。

广交会的举办,具有深远的作用。第一,推动全球贸易发展。广交会作为国际商品交易的重要平台,为全球企业提供了直接交流和交易的机会。通过广交会,各国企业可以建立联系、开展合作,共同推动全球贸易的繁荣发展。第二,提升中国制造的国际地位。广交会展示了中国制造的优质产品,让全球消费者了解并认可中国制造的品质和实力。这不仅提升了中国制造的国际地位,也为中国企业赢得了更多国际市场的机会。第三,促进技术交流与创新。在广交会上,各国企业可以分享最新的技术和创新成果,开展技术交流与合作。中国企业可以借此机会了解全球最新的技术和创新趋势,引入先进的技术和管理经验,推动自身的创新发展。第四,加强国际合作与交流。广交会为中国企业提供了与全球企业合作的机会,无论是商品贸易还是投资合作都可以在广交会上得到实现。这种跨国合作不仅加强了国际合作与交流,也为中国企业拓展国际市场提供了有力支持。

2023 年广交会的成功举办不仅展示了中国制造的魅力和实力,更为全球企业提供了一个交流、合作、创新的平台。通过广交会,中国与世界之间的联系更加紧密,为全球贸易的繁荣发展、中国制造的国际地位提升、技术交流与创新以及国际合作与交流等方面都发挥了重要作用。

资料来源:跨越时空广交世界[EB/OL].(2024-04-23)[2024-07-15].https://www.gov.cn/yao-wen/tupian/202404/content_6947139.htm#8.

(三)展览会的类型

展览会的种类繁多,可以从以下几个角度进行分类。

1.按性质分类

(1)贸易展览会:主要目的是促进商品交易,展示实物商品和新技术,如中国进出口商品交易会、中国国际进口博览会等,融合了商品展览与订货的功能。

(2)宣传展览会:侧重于通过照片、资料、图表和实物来宣传组织的成就和价值观,如中华人民共和国成立 70 周年大型成就展。这类展览会强调宣传效果,不带有商业色彩。

2.按举办地点分类

(1)室内展览会:通常更为隆重,不受天气影响,能展出高价值的展品,如中国丝绸服饰展,但布置复杂且费用较高。

(2)露天展览会:规模可大可小,布置简单且费用低,但易受天气影响,如全国农副产品展,适用于农产品、花卉等展示。

 职场故事

2023 上海户外露营及房车展览会

2023 年 8 月 18 日,以"美好健康生活从 Camping+开始"为主题的"Camping+2023 上海户外露营及房车展览会"在上海汽车会展中心隆重开幕。Camping+是 CMT China 品牌展会于 2022 年推出的一个全新系列展,旨在聚焦蓬勃发展的中国大露营市场,集中展示"房车露营、户外休闲、自驾游、房车配件"等相关产品,包括房车露营装备、户外休闲装备、自驾游产品及装备、房车露营配件、新生活方式产品等。

本届展会由德国斯图加特展览公司主办,南京斯图加特联合展览有限公司承办,中国旅游车船协会自驾游与露营房车分会及中国汽车摩托车运动联合会汽车露营分会为支持单位。展会现场齐聚自行式B型、自行式C型、自行式T型、拖挂式等全品类房车参展,60家参展商展出车辆300余辆,展会规模超2万平方米,到场人数达1万人。

开幕首日,多家展位发布全新车型,越界房车、华云途骏、雄航房车、趣蜂房车新品发布会展台前人头攒动,全新首发亮相的车型,不管是功能、设计或是价格,都让到场观众驻足体验;除了首发新车,一些经典车型也深受现场观众喜爱,如戴德、宇通、卫航等车型,凭借人性化的设计、优良的做工以及丰富的配置,同样得到了现场观众的一致认可。除此以外,驾驶灵活、能下地库的升顶房车,也得到了大家的关注,从小巧的福特全顺升顶,到兼顾越野的皮卡升顶,再到奢华的重卡升顶房车,真的是让人大饱眼福。

资料来源:Camping+2023上海户外露营及房车展览会[EB/OL].(2023-08-18)[2024-07-15].https://auto.ifeng.com/nanjing/xinwen/2023/0818/70341.shtml.

3.按类型分类

(1)综合性展览会:展示一个国家、地区、行业或组织的全面成就,如教育改革成就展、世界博览会,观众可以获得完整印象。

(2)专项展览会:围绕特定专业或专题举办,内容集中且主题鲜明,如汽车展览会、防火安全展览会。

4.按规模分类

(1)大型展览会:由专业单位举办,参展项目多,技术要求高,如中国进出口商品交易会、世界园艺博览会,需要高水平的专业技术。

(2)小型展览会:由组织自行展出产品,项目单一,规模较小,如某公司领带展,多选在车站、机场等地。

另外,展览会还可按是否跨国、是否固定地点、时间长短等维度分类。组织在选择展览会类型时,应根据自身情况和目标,选择最合适的展览形式,以获取最佳效果。

二、展览会的策划

(一)确定展览会的主题

每次展览会都应有一个明确的主题,并将主题以各种形式反映出来,如主题口号、主题歌曲、徽标、纪念品等。必须明确是要宣传产品的质量、品种,还是要宣传组织形象;是要提高组织的知名度,还是要消除公众的误解。只有主题明确,才能使展览会的实物、图片及文字说明等有机地结合起来,达到较好的宣传效果。如果主题不明确,就会造成展品、实物及文字资料的结构混乱,给人一种杂乱无章的感觉。

(二)确定展览会的目的

在策划和筹备展览会之前,明确展览会的目的至关重要。首先,从性质的角度来看,展览会的目的可以是促进商品交易,如贸易展览会,旨在通过展示实物商品和新技术,吸引潜在买家和合作伙伴,进而实现商业交易和业务拓展。其次,展览会也可以侧重于宣传组织的成就和价值观,如宣传展览会,通过展示组织的历史、成就和愿景,旨在提升组织的知名度和形象,增强公众对组织的信任感。

(三)构思参展结构

在策划和组织展览会时,产品选择是至关重要的一个环节。由于组织经营生产的产品在深度、广度和密度上存在差异,且项目和品牌也各有特色,因此需要经过深思熟虑以确定参展的产品组合。首先,应当从产品质量的角度出发,优先选择那些质量上乘、性能稳定、在市场上具有竞争力的产品参展。这些产品不仅能够展现组织的实力和技术水平,还能够吸引潜在客户的关注和兴趣。其次,在产品的品种和档次上,需要考虑参展产品的全面性和针对性。一方面,参展产品应该覆盖不同的品种和档次,以满足不同客户的需求和偏好;另一方面,也要根据展览会的主题和目标受众,有针对性地选择参展产品,确保产品的展示效果最大化。最后,在搭配参展产品和品牌时,还需要考虑产品的互补性和协调性。通过合理搭配不同项目和品牌的产品,组织可以展示自己的综合实力和产品线的完整性,同时也能够提升产品的整体吸引力和竞争力。

(四)选择地点和时机

在选择展览会地点时,需要着重考虑 3 个关键因素。第一,交通便利性至关重要,其决定了参展者和观众能否轻松到达展览场地,因此选择位于交通枢纽附近或拥有完善公共交通系统的地点是明智之举。第二,周围环境的有利性也不可忽视。一个宜人的环境不仅能提升参展体验,还能吸引更多观众驻足。因此,选择环境优美、设施完善、服务周到的展览场地,能为展览会的成功举办增添不少助力。第三,辅助系统的健全性同样关键。灯光系统、音响系统、安全系统以及卫生系统等都需要得到充分的保障,以确保展览会的顺利进行。特别是安全系统,必须做到万无一失,以保障参展者和观众的人身安全。

自行组织的展览会,更应精挑细选合适的地点。除了上述 3 个因素外,还需考虑场地规模、布局以及是否满足特殊需求等因素。参展者应尽量争取入口处附近的位置,这能够增加展位的曝光度,吸引更多潜在客户的关注。

另外,展览时间的选择也是一项重要任务。一般来说,应根据产品的特性和销售季节来安排展览时间,确保在最佳时机展示产品。同时,每次展览的时间不宜过长,以免增加成本、耗费精力并影响展览效果。因此,合理规划展览时间,确保在有限的时间内达到最佳的展示效果,是每个参展者都需要认真考虑的问题。

(五)准备参展材料

在准备展览会所需资料时,核心任务是宣传资料的制作和展览信息的整理。宣传资料的设计应体现展览会的主题和特色,包括设计独特的会徽、会标,以及富有吸引力的纪念品、说明书和宣传册。这些资料不仅要能够吸引观众的注意,还要能够准确传达展览会的核心价值和目的。

随着数字化媒体的普及,幻灯片、光盘等多媒体资料也是不可或缺的宣传工具,可以更加生动、直观地展示参展商品和展览会的亮点。在文字资料的准备上,撰写展览会的背景资料、前言和结束语是重要的一环。这些文字资料应能清晰地阐述展览会的主题、目的和重要性,以及参展商品和参展单位的特色和价值。

为了方便观众更好地了解参展商品和单位,制作参展商品目录和参展单位目录也是必要的。这些目录应包含详细的商品和单位信息,以便观众能够快速定位自己感兴趣的内容。

展览会平面图的制作也尤为关键。通过平面图,观众可以直观地了解展览会的场地布局和各个展区的位置,从而更好地规划自己的参观路线。

(六)制定参展预算

举办展览会涉及多项经费开支,这些开支包括但不限于场地和设备租金、商品运输费用、展会的设计与布置成本、材料采购费、传播媒介的广告费用、劳务人员薪资、宣传资料的制作成本以及通信费用等。为确保展览会的顺利进行并应对可能出现的意外支出,进行经费预算时,一般应预留出5%～10%的资金作为准备金。这部分准备金可以用于调剂预算中的不足或应对突发事件,以确保展览会的顺利进行。

(七)培训相关工作人员

展览会工作人员的素质与技能对于展览的整体效果具有决定性影响。因此,对各类工作人员,如讲解员、接待员、服务员和业务洽谈人员等进行系统培训至关重要。培训内容应涵盖公共关系管理、展览专业知识、特定职业技能、营销技巧和社交礼仪等方面,以确保他们具备高效、专业的服务能力。

为了提升展览会的吸引力与独特性,可以邀请知名人士出席活动,为参观者提供签名留念的机会,不仅可以增加活动的亮点,也可以提升参观者的参与感。此外,安排开幕剪彩仪式、组织参观本地风景名胜、参展人员大联欢等活动,或准备精美的纪念品,都能有效增强与会者的互动体验,加深他们对展览会的印象。

（八）密切关注参展后媒体报道

密切关注参展后的媒体报道是展览活动中不可或缺的一环。这一环节的重要性在于，不仅能及时反馈展览的成效，还能为企业的品牌建设和市场推广提供有力的支持。

参展后的媒体报道是组织了解展览效果的重要渠道。通过媒体的报道，企业可以了解到观众对展览的反应，包括他们对展品的喜好、对展会的整体评价以及对企业品牌的认知度等。这些信息对于组织评估展览效果、调整市场策略具有重要的参考价值。参展后，媒体往往会对展会进行深入的报道，包括组织的参展情况、展品特色、创新点等。这些报道不仅能够提高组织在行业内的知名度，还能够树立组织的品牌形象，增强组织的市场竞争力。媒体报道往往能够吸引潜在客户的关注，为组织带来更多的商业合作机会。同时，媒体报道还能够吸引投资者的关注，为组织争取更多的投资机会。为了密切关注参展后的媒体报道，组织可采取以下措施：

第一，建立媒体监测机制。组织可以建立专门的媒体监测机制，定期收集和分析媒体对展会的报道，了解媒体对展会的关注度和评价。

第二，及时回应媒体采访。在展会期间，组织可以积极接受媒体的采访，向媒体介绍组织的参展情况、展品特色等。在参展后，组织也应及时回应媒体的采访需求，为媒体提供准确、全面的信息。

第三，主动与媒体沟通。组织可以主动与媒体进行沟通，了解媒体对展会的报道计划和需求，以便更好地配合媒体的报道工作。同时，组织也可以向媒体提供组织的最新动态和新闻素材，增加媒体对组织的关注度。

第四，利用社交媒体平台。组织可以利用社交媒体平台，如微博、微信等，及时发布展会的最新动态和新闻信息，吸引更多人的关注和参与。同时，组织也可以关注媒体的社交媒体账号，了解媒体对展会的报道情况。

（九）总结参展活动的经验与教训

总结参展活动的经验与教训对于组织持续发展和提升市场竞争力具有极其重要的意义，不仅有助于组织深入了解参展过程中的成功因素和潜在问题，还能为组织提供宝贵的意见，促进改进和优化。

在参展活动结束后，组织应收集与参展相关的所有数据，如观众流量、展品销售、客户反馈等。通过数据分析找出成功与不足的原因，为总结提供依据。组织参与参展活动的团队成员进行讨论，分享各自在活动中的经验和感受。这种集体智慧的碰撞，有助于组织更全面地了解参展活动的各个方面。将本次参展活动与其他展会或组织的参展活动进行对比，找出差距和亮点，同时借鉴其他组织或展会的成功经验，为自己的参展活动提供新思路和方法。根据总结的经验和教训，制订针对性的改进计划。明确未来参展活动的目标、策略、预算等关键要素,确保组织能够在未来的展会中取得更好的成绩。

职场
故事 第二十届中国(深圳)国际文化产业博览交易会:创新引领,文化繁荣

第二十届中国(深圳)国际文化产业博览交易会(简称"文博会")的策划过程充分彰显了其专业性和前瞻性。文博会自创办以来,一直是中国文化产业的重要展示和交流平台。在策划第二十届文博会时,团队深入分析了国内外文化产业的最新动态,并结合深圳的文化产业优势,确定了"创新、开放、合作、共赢"的策划主题。这一定位旨在将文博会打造成为引领文化产业发展的风向标。

策划过程中,明确了四大目标:首先,通过文博会展示国内外文化产业的最新成果,推动文化产业的创新发展;其次,吸引更多国家和地区参展,促进国际文化交流;再次,拓展文化产业市场,推动文化产品、项目的交易与合作;最后,提升文博会的品牌影响力,使其成为国内外文化产业界关注的焦点。在内容策划上,进行了精心的安排:首先,对展区进行了规划与布局,设置了多个展区以满足不同参展商和观众的需求。其次,策划了多场创新项目及新品发布会、招商会等活动,为参展商和观众提供交流与合作的机会。同时,还充分利用数字化技术,打造线上线下相结合的展示和互动平台,为观众提供沉浸式的观展体验。另外,还制订了全面的宣传推广计划,提升文博会的知名度和影响力。在实施阶段,组建了一支专业的策划和实施团队,负责整个文博会的策划、组织、实施和运营工作。团队成员具备丰富的文化产业经验和专业技能,确保文博会的顺利进行。同时,积极协调政府、企业、媒体等各方资源,共同推动文博会的成功举办。还建立了完善的管理和监督体系,对文博会的各项工作进行精细管理和监督,确保每个环节都符合策划要求和质量标准。

经过精心策划和实施,第二十届中国(深圳)国际文化产业博览交易会取得了圆满成功,不仅展示了文化产业的新成果和新趋势,还促进了国际文化交流和市场拓展。同时,也提升了文博会的品牌影响力和市场地位,为文化产业的繁荣发展注入了新的动力和活力。

资料来源:10大展览!文博会T8旅游创意(保税)园分会场亮点来袭[EB/OL].(2024-05-22)[2024-07-15].https://baijiahao.baidu.com/s? id=17997157377332123734&wfr=spider&for=pc.

第 三 节　举 办 会 议

会议,作为一种有组织、目的明确的言语沟通活动,其核心在于围绕特定的议题

进行有控制的集会。这样的集会吸引着相关人士汇聚一堂,他们围绕着共同的主题展开发言、提问、答疑以及深入的讨论,旨在实现信息交流、意见沟通、关系协调以及问题探讨与解决。

作为公共关系活动中常用的传播方式之一,筹划和召开各类会议对于实现组织的目标和愿景具有重要意义。通过会议,组织可以有效地传递信息,促进成员间相互理解与合作,从而推动工作顺利进行。

会议的形式多样,如例行工作会议,旨在处理日常业务和管理事务;专题性会议,专注于某一特定领域或问题的深入探讨;布置工作和总结性会议,则用于部署新的工作任务或对过去的工作进行总结回顾;各类座谈会,为各方提供一个开放、平等的交流平台;等等。

会议的时间长度和内容复杂性各不相同,因此会议组织工作也需根据具体情况灵活调整。对于内容重要、会期较长、会务工作繁杂的会议,公共关系人员应当给予特别关注,确保会议顺利进行。这类会议需精心策划、周密安排,从会议主题确定、议程设置、参会人员邀请,到会议现场布置、设备调试、后勤保障落实等各个环节,都要做到细致入微,确保会议圆满成功。

一、成功举办会议的重要条件

举办一次成功的会议要具备以下要素和基本条件。

(一)明确的参会对象

人们举办会议的原因往往在于他们面临复杂的问题或追求的利益超出了个人能力的范畴。在这种情境下,与会者的参与变得尤为关键,因为他们能够协助解决问题或共同实现特定的利益。因此,在筹划会议时,选择哪些人员参会至关重要。

会议成功与否,很大程度上取决于参与者的合适性和参与度。有些会议未能达到预期的效果,常常是因为参会对象的选择不够明确,导致一些对会议议题有重要影响的人未能出席,而一些与会议目的不相关的人却被邀请。这样的状况自然难以实现会议的预期目标。

邀请哪些人参加会议,应当进行深思熟虑的考量。对于难以判断其是否适合参与会议的人士,应当采取开放和包容的态度。尽管这样做可能会增加会议筹备的复杂性,但"宁可邀请而不排斥"的原则能够确保不会遗漏那些可能对会议有重要贡献的参与者。这样的方式,能够最大限度地提高会议的效果,确保每一个参与者都能为会议的成功贡献自己的力量。

(二)清晰的会议主题

会议主题,即会议公开宣告的议题或旗帜般的标语。尽管各类会议的举办,其背后都承载着某种特定的目标或利益追求,但很多时候,这些目标和利益并非直接作为公开的议题或口号出现,而是巧妙地融入会议主题之中。因此,可将会议主题视为一种外在的表现形式,而会议背后所追求的目的和利益,则是其内在的核心和本质。

以某高校为例。为了提升在全国高校中的声誉,并致力于成为世界一流大学,该校利用建校 80 周年的重要时刻,邀请了各界人士及新闻单位的记者,共同举办了一场盛大的联谊会。这场联谊会的主题被设定为"庆祝建校 80 周年",而隐藏在这一庆祝活动背后的真实目的,则是希望通过这样的活动,进一步扩大该高校在社会各界的影响力,提高其知名度。

(三)明确的会议目标

会议目标的明确和书面化对会议的成功举办至关重要。会议目标以书面形式列明,优势显而易见:第一,书面表达有助于组织更清晰地理解和定义会议目标的内涵,确保所有参与者对目标有共同的理解和认知;第二,书面记录的目标更不容易被遗忘,无论是会议进行过程中还是会议结束后,都能作为参考和回顾的依据;第三,当会议目标繁多或复杂时,书面化的方式能够帮助组织更好地调和它们之间的潜在冲突,确保各项目标之间的协调性和一致性。

会议目标的设定必须基于实际,即必须具有实现的可能性。不切实际的目标不仅无助于会议的顺利进行,还可能导致资源浪费和参会者失望。

会议目标必须具体且可衡量。以某企业为例,面对产品不合格率过高的问题,企业决定召开会议进行研讨。如果该会议目标仅仅是"探讨如何降低产品的不合格率",显然过于笼统,难以作为提供具体解决方案的指南。而如果目标被具体化为"探讨如何在 5 月底之前使产品的不合格率由目前的 6％降到 3％",这样的目标就具备了明确的时间限制和具体的量化指标,使得会议参与者能够更有针对性地提出解决方案,并衡量最终的成果。

(四)列明开始和结束时间

会议的时间安排主要包括 2 个关键方面:一是会议的召开时间;二是会议的结束时间。首先,在选择会议召开的时间时,应当从实际出发,优先考虑符合自身日程安排的时间段,这是基于实事求是的原则。其次,要充分考虑与会者的时间安排和喜好。如果会议的时间安排不符合与会者的期望或造成了他们的不便,那么会议目标的实现很可能会受到影响。因此,需要尽可能地找到一个既能满足自身需求,又能照顾到与会者利益的时间点。

　　一个明确的会议结束时间对会议成功举办至关重要。然而，资料显示，很多会议只明确了开始时间，却未设定结束时间。这种做法可能导致与会者无法对会议后的工作进行预先规划，从而影响他们的整体工作效率。没有明确的结束时间也会导致会议效率降低，因为缺乏时间限制，原本可以在短时间内结束的会议可能会无限期地拖延下去。

　　为了确保会议高效进行和与会者的满意度，在安排会议时必须明确列出结束时间，并尽量按照这个时间结束会议。这样不仅能提高会议效率，还能让与会者更好地安排自己的工作和生活。

（五）明确开会地点

　　会议地点涵盖了两个方面：一是宏观的地理位置选择，如确定在某一城市或地区举行；二是具体的会议地点，如选定城市内某家适合的场地。在选择会议地点时，需要综合考量多种因素，包括交通便利性，是否配备齐全的视听器材、照明通风设备，以及能否有效避免噪声、电话和访客等干扰，同时食宿条件也是不可忽视的一环。

　　为确保会议的成功举办，以下 3 个基本条件需重点关注：

　　第一，与会者之间必须存在共同的目标。会议是一个有组织、有目的的集体活动，本质上是所有参与者（包括主办方和与会者）之间的协作。这种协作要求与会者在某个问题或某段时期内拥有共同的目标。会议的组织者需要明确自身的目标，并努力寻找与参与者目标之间的契合点。如果无法找到共同点，会议很可能因分歧而失败。因此，在会议筹备阶段，公共关系人员应深入调查并研究会议主办方的初衷和与会者的目的，积极寻找和强化这些共同点。

　　第二，会议的经济和物质条件必须与会议规模相匹配。大型会议所需的经济和物质投入相对较高，与会者对会议的要求也更为严格，任何细微的差错都可能引发与会者的不满。因此，公共关系人员在筹备会议时应根据实际情况合理规划会议的形式和规模，确保在物质和经济上都能满足与会者的需求，这是实现会议目标的重要前提。

　　第三，制订完善、周密的会议计划不可或缺。会议作为一项有组织的活动，要求组织者对整个流程进行精心的规划和安排。会议计划应涵盖所有与会议相关的细节，通常包括：明确并分解会议目标、列出与会人员名单、制定会议筹备工作的程序和安排、确定会议的日程及活动安排、提出有助于实现会议目标的措施，以及设定衡量会议成效的标准。通过精心策划和准备，会议可以顺利进行并达到预期的效果。

扫描右侧二维码查看职场故事。

二、举办会议的准备工作

制订好会议计划后,就要按计划为会议的召开做准备工作。会议的准备工作应从以下方面着手考虑。

(一)选定会议地址

选择会议会址时,首要考虑的是确保参加会议者能够便捷到达。若会址距离与会者较远或位置偏僻,无疑会给会议的顺利召开带来不便。因此,在评估会议地点时,应当综合考量以下 4 个因素。

1.交通便利

理想的会址应当确保绝大多数与会者能够以最短的旅程时间到达,减少长途跋涉或交通不便带来的困扰。

2.环境安静

安静的环境是一个远离喧嚣以及其他可能分散注意力的事物的地方。许多会议选择远离办公室的场所,正是为了摆脱日常事务的干扰,让与会者能够更专注于会议内容。此外,良好的通风装置、充足的照明、高质量的音响设备和适宜的温度调节等都是营造理想会议氛围的关键因素。

3.设施舒适

与会者座椅的舒适程度与其在会议中的注意力持续时间有着密切关系。因此,在选择会议场所时,特别若场所是租用的,应仔细检查那里的设施和器材,确保它们能够满足与会者的基本舒适需求。

4.场地适宜

会议房间的大小和配置应与会议的规模相适应。对于规模较大或级别较高的会议,除了主要会场外,还应设有适当的休息室,供与会者在会议间隙休息和交流。

(二)拟定会议日程

议程,即会议的流程安排表,其不仅包含为实现会议目标而设定的各项议案,还详细列出与会者姓名、会议的具体时间和地点等关键信息。在编排议程时,应遵循以下 2 项原则:

第一,按照议案的紧急程度和重要性来编排顺序。紧迫和关键的议案,应优先安排在议程的前半部分进行讨论和处理。这样的安排有助于确保即使在会议时间有限的情况下,也能优先处理最重要的事务。而那些相对不那么紧急的议案,则可以安排在议程的后半部分,或者选择其他时间另行安排,甚至并入下一次会议议程。

第二,预估每项议案所需的时间,并在议程中明确标示出来。这样做的好处在于,会议主持人可以根据时间分配,让只关心特定议案的与会者只在相关时间段内参与讨论。例如,当某个特定议案即将开始讨论时,主持人可以允许某些与会者稍晚到场,或者让已经参与完讨论的与会者提前离场。这样的安排,有助于与会者更有效地利用自己的时间。

为了让与会者能够提前为会议做好心理和物质上的准备,议程应当与会议通知一同提前发送给与会者。虽然并非所有会议都需要制定正式的议程,但提前让与会者了解会议的大致内容和安排,无疑能够提升会议的效率和效果。对议程的重视程度,体现了公共关系部门对会议的认真态度和对准备工作的重视。

(三)派发会议通知

会议通知一般在开会前一个星期寄送到与会者手中,以确保会议的高效进行和与会者的充分准备。这是因为现代人通常在安排活动时会提前一个星期进行规划,且这一时间段足够与会者完成会议前的各项准备工作。

如果因特殊情况需要在开会前一个多星期寄送通知,为避免与会者遗忘,建议在开会前两三天再次发送提醒,明确告知会议的时间、地点和关键议程。

除非是紧急会议,否则不建议在开会前少于一个星期发出会议通知。因为过于仓促的通知不仅会让与会者难以充分准备,还可能给他们留下一种被仓促召集、不被重视的印象,从而影响到他们对会议的参与度和态度。因此,为了确保会议的顺利进行和与会者的良好体验,请务必合理安排会议通知的发送时间。

(四)布置会议现场

布置会议场地时,必须根据会议的性质以及预期的与会者人数来制定策略。例如,若会议的目的是提供信息且预计参与者众多,那么剧场式的布置会是一个理想的选择。这种布置方式通常包括一个主席台,少数人坐在台上,而绝大多数人则坐在台下,类似观众席的排列,可确保信息有效传达。

另一种常见的布置方式是教室式,设有桌子,类似于学校教室的布局。这种布置适用于需要讲解、说明的场合,同时也便于听众做记录。

对于旨在解决问题的会议,如果参与人数较少,环绕桌子的布局将非常合适。这种安排让每一位与会者都能围绕桌子而坐,便于每个人与其他人进行多向沟通,从而促进问题的深入讨论和解决。

对于培训会议,如果人数适中,马蹄形桌子的布置会是一个好选择。这种布局不仅方便与会者与主席之间的沟通,也便于与会者之间的交流。然而,如果参与者众多,最佳的布置方式是将他们分成多个小组,每个小组围绕同一张桌子坐下。这样的分组安排不仅便于进行小组讨论,还有助于在需要时进行跨组综合讨论。

(五)准备会议所需工具

在会议中,视听器材能够将与会者的目光和听力聚焦在同一问题上,促使大家共同思考。更重要的是,这些器材能够增强会议信息的传达效果,帮助人们更深刻、更持久地记住会议内容。

实践证明,通过多感官的参与,人们能更加理解、记忆和重视会议中传达的要点。例如,在黑板上写下的内容,往往比仅仅口头陈述的事实更能给人留下深刻的印象。使用图形来阐述事实,比单纯的数字或文字更能加深人们的记忆,而彩色的图像则比黑白图像更能吸引人们的注意力。

图片、照片和视频等视听器材更能够展现文字难以表达的真实场景和细节,能够直观地展示事实,使与会者更加直观地理解会议内容。因此,在会议中,选择适合的视听器材,如黑板、图表、幻灯片、投影仪、视频等,不仅能够丰富会议的表现形式,还能够使与会者更加深入地理解和记忆会议内容,从而取得更好的会议效果。

(六)娱乐休闲事项安排

举办会议中,为了缓解与会者的紧张情绪,提高参与度和满意度,安排一些娱乐休闲事项是非常必要的。这些活动有助于增强会议的互动性和趣味性,让与会者在轻松愉快的氛围中交流互动,共同促进会议的成功。以下思路可供需要者参考。

1.开场表演

在会议开始之前,可以安排一个精彩的开场表演,如舞蹈、音乐演奏或小品等,以吸引与会者的注意力,营造轻松愉快的氛围。

2.文化演出

为了展示地方文化或企业文化的特色,可以邀请当地民族舞蹈团或企业内部文艺团体进行演出。这不仅能让与会者感受到不同的文化氛围,还能增强会议的互动性和趣味性。

3.名人演讲

邀请行业内知名人士或专家进行演讲,分享独到的见解和经验,为与会者提供有价值的内容。这种演讲不仅能增加会议的专业性,还能吸引与会者的兴趣,提高他们的参与度。

4.互动游戏

设置一些有趣的互动游戏,如抽奖环节、问答挑战等,以增强与会者的参与感和活跃度。这些游戏可以让与会者在轻松愉快的氛围中交流互动,缓解会议的压力。

5.精彩演出

邀请专业演艺团队进行精彩的文艺演出,如音乐会、魔术表演等,为与会者带来愉悦的视听享受。这种演出可以在会议期间或休息时间进行,让与会者得到放松和娱乐。

6.茶歇和自助餐

在会议期间设置茶歇和自助餐环节,可提供美食和饮品。这些环节可让与会者在轻松愉快的氛围中交流互动,同时也有助于提高会议的整体满意度。

7.户外拓展活动

如果会议时间允许,还可以安排一些户外拓展活动,如团队游戏、户外烧烤等。这些活动可以让与会者在轻松愉快的氛围中相互了解、增进友谊,提高团队的凝聚力和协作能力。

(七)其他事项

当会议涉及住宿需求时,组织方应提前为与会者分配好房间,并确保餐厅就餐事宜得到妥善安排,从而为与会者提供一个舒适且便利的会议环境。此外,为了确保与会者能够顺利返程,会议结束前,应预先为与会者预订好返回的车票或机票。

会议结束后,对于会议期间所使用的各类文件材料,组织方需进行详尽的整理工作。对于需要分发给与会者的文件或简报,应迅速拟制并发送,以确保信息的及时传递。同时,会议期间的各类记录、发言稿及原始材料,应当妥善保存并立案存档,以供日后参考和查阅。

为使会议更加生动活泼,并减轻与会者的疲劳感,会议日程应合理规划,并适当穿插一些娱乐、体育或参观活动。这些活动不仅能为与会者提供放松身心的机会,还能增强会议的互动性和参与感,使会议氛围更加轻松愉快。精心策划和合理安排,旨在为与会者创造一个充实而愉快的会议体验。

 职场故事 ──────────────── **2023 年中国公共关系发展大会**

2023 年中国公共关系发展大会在北京盛大召开,此次大会不仅聚焦公共关系在高质量发展中的重要作用,还通过一系列精心策划的娱乐休闲事项,为与会嘉宾提供轻松愉快的交流环境,促进与会者之间的深入交流与合作。

本次大会邀请了来自全国各地的公关行业精英、企业代表、专家学者等近 300 位嘉宾参与。会议期间,与会者围绕"公共关系服务高质量发展"的主题,进行了多场深入的研讨和交流。

在会议开幕的当晚,一场盛大的欢迎酒会如期举行。夜幕下,华灯初上,与会嘉宾们步入装饰典雅的宴会厅,彼此间互致问候,在轻松愉快的氛围中交流心得、结识新朋友。这场酒会不仅为与会者提供了一个放松身心的好机会,更为接下来的会议活动营造了热烈而友好的氛围。

会议上,多位专家发表了精彩演讲,其中中国公共关系协会会长郭卫民强调了公共关系在新形势下的重要性和新要求,呼吁行业成为国家治理、对外传播和数字经济发展的推动者。中国国际经济交流中心副理事长王一鸣和华扬联众创始人苏同分别探讨了公共关系在经济发展和国际赛事中的服务经验。同时,来自清华大学、中国传媒大学等高校的专家从学术角度分享了公共关系理论与实践的创新。此外,贵州"村超"传播总策划阳章伟分享了乡村振兴的公共关系传播经验,强调了群众参与和利他精神的重要性。这些演讲为与会者提供了宝贵的行业洞察和启示。

为了让与会者更深入地了解北京的文化底蕴,大会特别安排了一场文化体验活动。嘉宾们纷纷走出会议厅,参观了北京的历史文化名胜,如宏伟的故宫、宁静的颐和园等。他们亲身感受到了中华文明的博大精深,也在这一过程中增进了对彼此文化的理解和尊重。

会议期间,一场别开生面的主题音乐会吸引了众多与会者的目光。音乐会以"公共关系与音乐"为主题,邀请了来自不同国家和地区的音乐家进行表演。悠扬的旋律、动人的歌声在会场内回荡,与会者们沉浸在音乐的海洋中,通过这一共通的语言促进了彼此之间的情感交流。

在会议闭幕的当晚,一场盛大的闭幕晚宴如期举行。晚宴上,与会嘉宾们欢聚一堂,共同回顾了会议期间的精彩瞬间。他们分享了自己的收获和感悟,也对未来公共关系事业的发展进行了展望。同时,大会还为优秀案例的获奖者颁发了奖杯和证书,以表彰他们在公共关系领域的杰出贡献。这场晚宴不仅是对会议的完美收官,更是与会者之间友谊和合作的见证。

通过精心策划的娱乐休闲事项安排,本次大会不仅为与会嘉宾提供了一个交流学习的平台,还为他们带来了愉快的参会体验。与会者在轻松愉快的氛围中加深了彼此之间的了解和信任,为未来的合作打下了坚实的基础。同时,这些娱乐休闲事项也增强了大会的吸引力和影响力,提升了公共关系行业的整体形象。

资料来源:卢俊宇.2023中国公共关系发展大会在京举办[EB/OL].(2023-12-18)[2024-07-15].http://www.xinhuanet.com/local/2023-12/18/c_1212316654.htm.

三、对会议主持者的要求以及主持技巧

经过上述准备后,会议便可按计划召开了。但是,怎样才能顺利地主持、控制、引导会议的活动呢? 这对会议主持者有一定的要求。

（一）对会议主持者的要求

有人将会议主持者比作乐队的指挥,这个比喻虽有其相似之处,但仅触及表面。诚然,会议主持者如同乐队的指挥,在会议进程中扮演着举足轻重的角色。然而,要胜任会议主持者这一职务,所面临的挑战远比指挥乐队更为复杂和困难。乐队的指挥在演奏过程中始终坚守着同一角色,引领着乐队的旋律和节奏。而会议主持者则不然,他们需要在会议中扮演多种角色,并在不同角色间进行灵活转换。这包括组织者、协调者、引导者、提问者,有时还需要成为解答者或者激励者。总体来说,优秀的会议主持者应具备以下几方面素质和能力。

1.思维敏锐

虽然会议主持者并非必须在所有与会者中拥有最清晰敏锐的思维,但想要赢得与会者的尊重,他们的思维清晰度至少应超越大多数与会者。而要实现这一点,会议主持者需要在会议前做好充分准备,这必将显著提升他们的思维能力。通过深入研究和了解会议议题、预期讨论内容和相关背景信息,主持者能够更加清晰、敏锐地把握会议方向和要点,进而有效地引导讨论和作出明智的决策。这样的准备不仅有助于提升主持者的思维清晰度,还能增强他们在与会者心中的权威和可信度。

2.语言表达流畅

主持者需要具备对语言的高度运用能力,以确保其思想观念能够准确无误地传达给与会者。能够巧妙地运用语言推动讨论的进行,引导与会者的思维方向,并在会议的各个阶段精准地总结所取得的成果。这种语言运用能力不仅体现了主持者的专业素养,也是确保会议高效、有序进行的关键。

3.较强的分析、总结、应变能力

主持者必须具备出色的问题澄清能力,能够深入剖析问题的每个层面,明确指出每种意见的优势与不足,同时善于分辨事情的轻重缓急,以便在会议中作出明智的决策和有效的引导。

4.公平、公正、客观

主持者必须确保每位与会者的观点都能得到其他与会者的重视。在表达意见时,主持者应摒弃个人好恶,公正地评估各种观点,不应因个人偏好而影响判断。当主持者想要表达个人观点时,应明确告知与会者这是基于个人立场,而非以会议主持者的身份发言。

主持者在会议中应保持绝对的中立和公正,不得偏袒任何一方。任何偏袒行为不仅会阻碍讨论的深入,还会损害与会者以及被偏袒者的信任。

面对表达不清或因胆怯而回避发言的与会者,主持者应主动提供协助和鼓励,表现出足够的耐心。同时,对于会议中可能出现的少数"挑刺"人物,如持有高度偏见者、喜欢垄断发言者或情绪容易激动者,主持者应以尊重和包容的态度,在不冒犯他们的前提下,有效地引导和管理讨论,确保会议能够顺利进行。

5.超强的自我约束能力

为了提振与会者的信心,主持者不仅要展现出热忱与果敢的态度,还必须保持沉着冷静,并具备良好的自我约束能力。主持者应避免过度的张扬和表现欲,比如不应随意发表个人意见、垄断发言或进行说教,这些行为可能会阻碍与会者的参与和讨论,影响会议的氛围和效果。相反,主持者应该给予与会者足够的空间和机会来表达自己的观点,积极倾听并尊重每个人的意见,以此营造一个开放、包容和积极的讨论环境。

6.具有一定的幽默感

幽默感在消除会议紧张气氛、促进交流顺畅方面扮演着重要的角色。然而,主持者在使用幽默语言时,必须特别小心,确保避免轻浮或浅薄的话语,以免给与会者留下不专业的印象或引发不必要的误解。适当的幽默应以增强会议氛围、促进与会者间的融洽关系为目标,而不是为了取悦自己或其他人。

 职场故事

笑中跌宕,智救舞台——2009元宵晚会小沈阳"金跤"公关记

在2009年的央视元宵晚会上,著名喜剧演员小沈阳在完成精彩表演后,不慎在舞台上摔倒,这一意外情况瞬间吸引了全场观众的注意。面对突如其来的状况,晚会主持人董卿迅速反应,展现了她出色的公关救场能力。

在小沈阳摔倒的瞬间,董卿迅速走到舞台中央,以温和而坚定的语气安抚现场观众,表示:"请大家不要担心,小沈阳是一位敬业的演员,他在表演中投入了很多情感。今晚,他再次用实际行动证明了这一点,虽然摔倒了,但他的精神依然屹立不倒。"接着,董卿巧妙地将话题转向小沈阳的表演,称赞道:"小沈阳的每一个节目都充满了欢笑和感动,他用自己的才华和努力赢得了观众的喜爱。今晚,他再次为我们带来了精彩的表演,让我们为他鼓掌!"在董卿的引导下,现场观众纷纷为小沈阳送上热烈的掌声和鼓励。

晚会结束后,董卿和小沈阳共同接受了媒体的采访。在采访中,董卿再次表达了对小沈阳的关心和支持,强调他是一位敬业的演员,希望大家能够给予他更多的理解和支持。同时,她也感谢观众对晚会的关注和支持,表示会继续努力为大家带来更好的节目。为了进一步提升观众的满意度和忠诚度,央视还通过社交媒体等渠道发布了小沈阳摔倒的幕后视频和照片,展现了他在舞台上辛勤付出的过程。这一举措不仅让小沈阳的粉丝感到温暖和感动,也增强了观众对央视的信任和好感。

董卿的及时救场和后续公关举措成功地化解了晚会上的尴尬局面,并赢得了观众和媒体的一致好评。小沈阳的敬业精神和董卿的机智应对成为当晚的热门话题,进一步提升了央视元宵晚会的知名度和影响力。同时,这一事件也展现了央视作为

主流媒体在应对突发事件时的专业能力和公关水平。

资料来源：小沈阳元宵晚会摔倒 董卿解围［EB/OL］.（2009-02-10）［2024-07-15］.https://m.taihainet.com/news/pastime/yllq/2009-02-10/372448_2.html.

（二）主持技巧

会议的开场环节，营造一个良好且适宜的气氛是确保会议顺利进行的关键。会议是众多参与者共同交流的场所，这种交流自然会产生一种超越个人层面的会议氛围。作为会议的主持者，其角色便是这种氛围的管理者，负责引导和控制会议的整体气氛。

为确保会议的真正成功，主持者或管理者需要在会议进行中持续付出努力，不仅要在开场时营造气氛，更要将这种氛围贯穿于会议的始终。只有这样，才能确保与会者能够在一个积极、和谐的环境中充分交流，达到会议的预期效果。下面分享一些关于会议主持的技巧，供需要者参考。

1.鼓励并促进讨论

任何会议的核心都是与会者之间在思想、观念和感情层面的交流与碰撞，而讨论则是推动这种交流的重要手段。作为会议的主持者，其基本的职责之一就是鼓励和促进讨论的深入进行。

当某一问题被提出讨论时，往往意味着这个问题尚未有统一或较一致的答案。因此，在讨论过程中，应允许各种不同的意见自由表达，让与会者能够相互学习、取长补短，最终可能形成一种或几种意见。参与讨论的人员地位平等，讨论应基于事实和真理，而非权威和地位。

主持者在讨论中扮演着关键角色，需要确保每一位与会者都有机会发表自己的观点。即使存在主要发言者，也要避免讨论被少数几个人垄断。当需要时，主持者可以设定每人的发言时间，以确保讨论的公平和效率。

主持者还需时刻关注讨论方向，确保讨论内容不偏离会议主题。其可通过适时的插话、简短的小结来引导讨论聚焦于某一或几个重要问题。讨论的有效性在于与会者之间的有效交流和联系。

为了进一步提高讨论的参与度，主持者还可以考虑将与会者分成若干小组进行讨论。分组的方式可以有两种：一种是基于专业、素质、年龄等将相近的人分在一起，这样有助于讨论的聚焦和关系的融洽；另一种则是将不同背景的人分在一起，以促进多角度、全面的讨论，避免片面性。这样的分组方式有助于会议讨论更加深入和全面。

2.善于提出问题

会议主持者需具备巧妙的提问能力。提问不仅能吸引全体与会者的注意力，还

能促进他们深入思考。在提问时,主持者应注意以下7点:

(1)事先准备。在提问之前,主持者应事先构思好问题,明确提问的范畴和主要内容,以提高提问的效率和效果。

(2)时机把握。主持者应敏锐地捕捉提问的时机。例如,在讨论焦点不明确时,及时提问有助于聚焦讨论;当发现存在不同意见时,提问可以激发与会者的辩论热情。

(3)语速适中。提问时应保持平常对话的语速,避免语速过快使回答者感到不耐烦或像审问一样,也避免语速过慢使回答者感到问题无足轻重。

(4)面向全体。主持者应尽量采用不指定答复者的提问方式,即凌空式问题,让全体与会者都能参与讨论。

(5)指名答复。在特定情况下,如需要深入了解某人的观点时,主持者可以选择指名答复。在提问前,应先称呼被提问者的姓名,以给予其足够的关注,并促使其全神贯注地回答问题。

(6)给予时间。提问后,主持者应给予回答者充分的时间来构思答案。这通常包括理解问题、思考答案、组织语言和预测反馈等阶段。主持者可通过在黑板上简要记录问题来填补这段时间的空白,既有助于澄清问题,又能让回答者更加从容地准备答案。

(7)鼓励回答。主持者应对回答者的回应表示欢迎和鼓励。这可以通过点头、微笑等肢体语言或"嗯!""是的!"等口头语言来表达,也可以将回答的重点简要地记录在黑板上以示肯定。

3.灵活处理不同观点

在会议进行过程中,出现不同意见乃至争执是常见现象。实际上,要求所有与会者对所有问题都持有一致意见既不可能也不合理。由于与会者的素质、经历和观点的差异,他们对问题的理解和解释自然会有所不同,因此,意见不一致是会议中的正常状态。当面对不同意见时,主持者可采取以下措施来进行相应的处理:

(1)澄清观点。当发现意见分歧时,主持者应首先努力澄清双方或多方的观点。有时,分歧的产生仅仅是因为对对方观点存在误解;有时,争论双方在本质上可能是一致的,只是表述或细节上存在不同。澄清观点,有助于消除误解和分歧。

(2)分析分歧因素。当双方意见产生分歧时,主持者可以详细列出导致分歧的所有因素,并逐一进行分析。通过找出哪些因素是一致的、哪些是不一致的,有助于更准确地把握分歧的焦点,并有助于缩小分歧的范围。

(3)全面讨论。意见不一致并非全然坏事,因为其能够激发人们的思考和讨论。主持者可以选择适当的、有争议的问题作为会议的主题之一,引导全体与会者进行深入的讨论。这也是推动会议向更深层次发展的有效方法。

(4)控制离题和进程。如果争议偏离了会议的主题或目标,主持者应立即制止,并重申会议的目标和当前讨论的主题。如果分歧确实存在但暂时无法解决,主持者可以决定暂时放下这个问题,按照会议计划进入下一个议程,确保会议的整体进度和效果不受影响。

4.及时进行会议总结

会议主持者的重要职责之一是及时对会议进行总结,这一步骤对于保留和强化会议的宝贵成果至关重要。不善于总结可能会导致会议成果的流失。总结实质上是对会议成果的精练和概括,而任何成功的会议都应实现其预设的目标。会议的成功与否,必然通过总结来体现。总结可以是阶段性的,即随着会议的进展,及时提炼成功经验和吸取失败的教训。在总结时,务必全面归纳会议中提出的主要观点和问题,确保不遗漏会议的精髓。

在每一次会议中,与会者往往对会议结束前的几分钟内容印象深刻。因此,主持者应充分利用这段时间。一个有效的总结应涵盖以下 4 项内容:

(1)清晰复述本次会议的主要目标和预期成果;

(2)概括本次会议所达成的具体成果和取得的进展;

(3)真诚感谢与会者的积极参与和他们对会议作出的贡献;

(4)如有必要,提前预告并宣布下一次会议的目标、时间、地点及相关的准备工作。

通过这样的总结性陈述,与会者在离开会场时,将能够真正感受到自己在会议中的成就感和贡献感,进而增强他们对团队和工作的认同感。

本章小结

本章介绍了开放组织的含义、作用以及如何进行策划,具体策划内容包括:明确主题、确定开放日期、组建专门机构、推进宣传工作、确定对外开放的内容、明确参观路线、配备解说人员、做好接待工作、收集参观者意见、做好欢送工作、一视同仁接待所有参观者及做好总结工作;展览会的含义、作用、类型及展览会如何进行策划,具体策划内容包括:确定展览会的主题、确定展览会的目的、构思参展结构、选择地点和时机、准备参展材料、制定参展预算、培训相关工作人员、密切关注参展后媒体报道及总结参展活动的经验与教训。成功举办会议的重要条件、举办会议的准备工作及对会议主持者的要求以及主持技巧,具体的主持技巧包括:鼓励并促进讨论、善于提出问题、灵活处理不同观点以及及时进行会议总结。本章内容实用性很强,需认真学习,学好组织举办开放组织活动、展览会及会议的技能,最终能够学以致用。

课程交流互动

一、名词解释

开放组织、展览会、会议、会议主题、议程

二、简述题

1.开放组织的作用有哪些?

2.开放组织活动的策划步骤有哪些?

3.展览会如何策划?

4.成功举办会议的基本条件有哪些?

5.举办会议的公关价值有哪些?

三、策划题

1.策划一场以"绿色科技与生活"为主题的国际展览会。

2.背景:随着全球对环境保护和可持续发展的日益关注,绿色科技已成为推动社会进步和经济增长的重要力量。为了展示最新的绿色科技产品、促进国际合作与交流,并提升公众对绿色科技重要性的认识,某市政府决定举办一场以"绿色科技与生活"为主题的国际展览会。

3.任务:作为展览会的策划者,你需要制订一份详尽的策划方案,以确保展览会成功举行。你的策划方案应包括以下内容:项目背景、项目调研、项目策划、项目执行、项目评估与预测。

四、案例分析题

G20 旅游工作组会议风波

印度作为 2023 年 G20 轮值主席国,计划举办 G20 旅游工作组会议。然而,因会议地点的选择,本次会议过程遭遇了一系列公关问题,引发了国际社会的广泛关注。印度政府决定将 G20 旅游工作组会议安排在印控克什米尔地区的斯利那加城举行。这一决定立即引发了国际社会的争议,因为克什米尔地区是印度和巴基斯坦之间的争议地区。巴基斯坦对印度的决定表示强烈抗议,认为在争议地区举办国际会议是对其主权的侵犯。同时,中国、沙特、土耳其等国家也表达了对此事的不满和担忧,担心此举可能加剧地区紧张局势。由于会议地点的争议,巴基斯坦、中国、沙特、土耳其等国家选择抵制本次会议。这些国家的缺席使得会议的国际影响力大打折扣,也凸显了印度在处理国际关系时的疏忽。尽管面临多方抵制,印度仍坚持在斯利那加举办 G20 旅游工作组会议。会议期间,各国代表就旅游业发展、国际合作等议题进行了讨论,但由于参会国家数量有限,会议成果有限。

资料来源:印度在印控克什米尔争议地区举行 G20 会议,中国、沙特等国抵制［EB/OL］.(2023-05-25)［2024-07-15］. https://baijiahao. baidu. com/s? id ＝ 1766836848533817366 ＆wfr ＝ spider&for＝pc.

思考题:

1.请结合本案例,阐述此次会议安排的失败之处。

2.在国际争议背景下,请阐述如何有效运用公关手段去化解本次会议地点争议所引起的危机并维护国家形象。

用真诚和热情去做公关, 你会得到意想不到的收获。

——大卫·杜拉奇

第九章　组织内部公关交往与公关策划

学习目标

通过本章的学习,你应该达到以下目标:

一、了解组织内部公关策划的基本内容;

二、理解组织内部交往的分类;

三、掌握组织内部交往原则及组织内部公关策划出发点、切入点、归宿点;

四、强化团队意识、孝道文化、诚实守信。

知识罗盘图

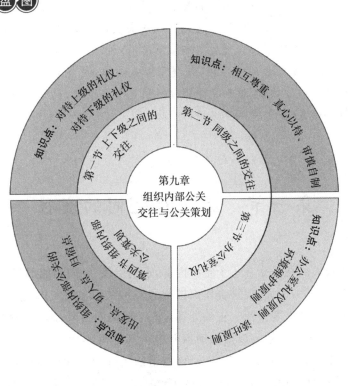

张雪峰公司"上四休三"

2023年6月2日,"张雪峰公司将实行上四休三"冲上热搜,引发关注。5月31日,在江苏苏州,张雪峰公司开会宣布将实行,上二休一,上二休二,周三休息,工资待遇不变。公司回应:上四休三是对高考季忙碌的补偿,薪水不会因此变化。公司还有寒暑假,上四休三并非短期调整,会长期实施。在当前很多企业连"上五休二"都很难保证的情况下,这种"上四休三"的做法立即引起了公众的热烈讨论。很多网友纷纷表示羡慕:"老板,你就告诉我,学什么专业才能进你的公司""老板能开个医院吗,我是学麻醉的""希望全国公司卷起来""羡慕这个词,我已经说倦了""怎么投简历"……

资料来源:热搜!张雪峰公司将实行上四休三[EB/OL].(2023-06-02)[2024-07-20].https://baijiahao.baidu.com/s?id=1767603618059486967&wfr=spider&for=pc.

在该案例中,通过实施"上四休三"的工作制度,公司明显提升了员工的工作满意度。这种创新的工作模式不仅让员工有更多的休息和娱乐时间,还体现了公司对员工福祉的关心,从而增强了员工的归属感和忠诚度。公司内部通过开会宣布这一决策,确保所有员工都了解并接受这一变化。这种透明的沟通方式有助于减少误解和疑虑,增强员工对公司的信任。通过实施该制度,公司向员工和社会传递了注重工作与生活平衡、关注员工成长的价值观,体现了以人为本、关注员工福利的企业文化。消息一经发出立即引发热议,这种文化不仅吸引了大众眼球,也有助于提升公司的品牌影响力及社会形象,能够吸引更多优秀人才加入公司。对于公司和个人来讲,这是一种双赢政策。

第一节　上下级之间的交往

组织内部公关交往是指在一个组织内部,不同层级、不同职能部门或员工之间为了增进相互理解、加强沟通、促进合作而进行的公共关系活动。上下级之间的交往是组织内部公关交往的重要方面。正确处理好上下级间的关系,对于增强团队凝聚力、稳定组织氛围、提升工作效率以及推动事业进步具有积极作用。稳固的上下级关系是团队团结的基石,当人际关系和谐融洽时,组织内部团结性便得以增强,上下级之间能够携手合作,共同创造高效且愉悦的工作环境。这种关系的建立与维系,需要双方共同努力和投入。

一、对待上级的礼仪

（一）支持领导工作

尊重领导的核心在于全力支持其工作决策。当领导布置任务时，应全神贯注地聆听，如有必要还需详细做好记录，对于不明确之处要追问明白，然后用简练的语言进行复述，以向领导反馈自己的理解，确认没有遗漏或误解的部分。在工作中，要心悦诚服地接受指令，不应表面上顺从，背后却心生怨言。对于领导交办的任何任务都应全力以赴，以积极正面的态度去完成，避免任何形式的消极应对，如逃避、推脱、拖延或敷衍塞责，这些行为都将对整体工作造成不利影响。

为了确保工作顺利进行，需要定期向领导汇报工作的最新进展，并在遭遇难题时迅速请示，以便领导能全方位了解现状，并深入考虑解决策略。在汇报工作时，务必提前精心准备，阐述条理清晰，确保领导能够迅速理解，切忌毫无准备地随意发言，或是冗长啰唆，以免浪费领导宝贵的时间。

扫描右侧二维码查看职场故事。

（二）维护领导尊严

在与领导互动时，尤其是在非正式场合，偶尔幽默调剂能增进关系，但玩笑尺度必须得当，绝不可损害领导尊严和形象。若对领导有所不满，最佳方式是在保持尊重的前提下，直接与领导进行坦诚交流，而非在背后议论或抱怨，更不应与同事一同发泄不满，这种做法既不专业，也不利于解决实际问题。背后评议领导不仅缺乏道德考量，而且极易引发误解和矛盾，一旦落入别有用心者之耳，更可能加剧领导误解，从而影响未来工作的顺利开展。

在工作中出现错误或纰漏时，应虚心接受领导的批评与指正。学会换位思考，从领导的角度出发审视问题，设身处地地理解领导的立场，随后积极主动地采取纠正措施。如果确实遭遇误解或冤枉，也应避免直接与领导争执或情绪化地吵闹，而应选择恰当的时机，以平和的态度澄清事实，并提出合理的解决方案。整个过程中，一定要坚持对事不对人的原则，积极探寻领导的真实意图，顺着其思路冷静、客观地进行有效的沟通，以确保问题得到妥善解决。

张之洞的故事

清朝张之洞新任湖广总督时,抚军谭继洵在黄鹤楼设宴为其接风,并请了鄂东诸县父母官作陪。席间,大家聊起了长江,谭张二人为了长江到底有多宽的问题争论起来。谭说五里三,张说七里三,两人各执己见,争得面红耳赤,谁也不肯承认对方是对的。这时,坐在末座的江夏知事陈树屏站了起来,于是二人便让陈作答。

陈略作思考,朗声答道:"长江的宽度,水涨七里三,水落五里三。二位大人说得都对。"一句话说得谭、张二人均拊掌大笑,赏了陈树屏20锭大银。

陈树屏的回应不仅巧妙地化解了纷争,还巧妙地维护了谭、张二位的尊严。任何事物都有其巧妙之处,化解尴尬局面同样需要智慧,简而言之,有以下4个要点:第一,要坦诚表达,引导双方自我反思。第二,可以巧妙转换话题,以分散注意力。第三,要吸取双方的合理观点。在考虑到双方面子之余,应将双方合理之处进行归纳,同时指出不足之处,以公正的态度给出评价,提出一个双方都能接受的全面观点。这样能将原本的争执转化为对理论的深入讨论,最终达成共识。第四,作为下属,应避免直接判断是非,以免使自己陷入不必要的矛盾之中,更不应加剧紧张气氛。

资料来源:人,可以精,但不可以阴[EB/OL].(2019-12-22)[2024-07-20].https://baijiahao.baidu.com/s? id=1653244274681717707&wfr=spider&for=pc.

(三)与领导正确交往

与领导的和谐关系应建立在相互尊重和平等沟通的基础上,不应为了迎合领导而牺牲个人的原则和尊严,更不应以卑躬屈膝、阿谀奉承的方式去取悦领导。在领导出现错误时,也应保持坦诚和勇气,提出建设性的意见,而非唯唯诺诺。不诚实、不真诚的市侩作风,不仅无法赢得同事的尊重,也会让领导感到厌恶。正确的做法应是坚守自己的职业道德和工作原则,以认真负责、勤奋努力的态度对待工作,保持自己的优点和特色。

在与领导相处时,需要保持适度的距离感。不要错误地认为与领导亲近就能为事业带来光明前景,特别是与异性领导交往时,更要自觉避免引起不必要的误会行为。

(四)注意日常礼仪

当与领导一同乘坐电梯时,应主动站在离电梯操作按键较近的位置,并提前为领导按下所需的楼层按钮,当电梯到达领导要下的楼层时,应迅速扶住电梯门,确保电梯门稳定开启,防止意外关闭挤到领导。同时,在电梯内部,应避免过于拥挤,越靠近电梯内部的位置通常被视为更尊贵的位置,应主动将这个位置让给领导,以示尊重和礼貌。这样的小细节不仅体现了自己的职业素养,更能赢得领导的认可和赞赏。

与领导一同行走时,应当保持在领导的斜后方一两步的位置,以示尊重和跟随。在楼梯上偶遇上司或同事时,应点头微笑以示致意,展现自己的礼貌和谦逊。在会见客户或出席正式仪式等站立场合时,应站在领导的一侧,避免双手交叉抱于胸前,以维持一个开放和尊重的姿态。在通道、走廊等公共区域遇到领导时,应主动礼让,让领导先行,切勿抢先或拥挤。进入领导办公室前,应轻轻敲门,等待领导的回应后再进入,进入后要记得轻轻关门,避免发出过大的声响;进入房间后,若领导正在与他人交谈,应耐心等待,不要随意插话打断;如有紧急事务需要打断领导的谈话,也应找准时机,以礼貌的方式表达自己的需求。

二、对待下级的礼仪

作为上级领导,既要维护自己的权威与尊严,又要对下级给予充分的尊重,以包容的心态对待下属,深入体谅他们在工作中遇到的困难和挑战,这是建立良好上下级关系的基本礼仪。当上级与下级之间建立起互助互谅的坚实基础后,工作环境将变得更加和谐,工作本身也将变得更为轻松且充满成就感。

(一)礼貌体贴对待下属

在与下属交流时,务必保持和蔼可亲的态度,脸上挂着温暖的笑容,以传递对下属的真诚尊重,避免使用教训或批评的口吻,不应带有讽刺、嘲笑或挖苦的语气,更不可摆出傲慢自大的姿态,而应以平和的心态面对每一位下属,即使面对那些心存疑虑的下属,也应展现出领导者应有的风度和胸怀。在处理同一问题时,应对其他同事一视同仁,不偏袒也不歧视。对于那些内心有疑虑或不安的下属,更应多给予表扬和鼓励,特别是在公共场合,应真诚地赞美他们的优点和成绩,以正面的方式引导他们放下戒备,融入团队。只有这样,才能树立起真正的领导威信。威信并非来自权力,而是源于自己的言行举止和对待下属的态度。当下属感受到上级的真诚和尊重时,他们自然会更加信服,更愿意拥护和执行决策。这样的团队,不仅更加和谐,也更富有凝聚力和战斗力。

不要将下属视为自己的附属品,不要当面表达对他们的不信任,而是要把他们当作独立的个体,尊重他们的人格和独特性。无论领导自身能力多强,对于职位较低的下属,都应用心相待,多顾及他们的感受,以礼貌和体贴的态度对待下属,这会提升下属的士气,使他们更专注于工作。反之,其利用职位优势欺凌下属,或过分放大下属的过失,动辄发号施令,则会引发下属的抗拒心理甚至敌对行为,破坏团队和谐,并失去下属的忠诚。

工作中应赋予那些真正具备实干精神、能够取得显著成效的人才以重任,对他们的工作能力充满信心，并敢于大胆放权，为他们的工作提供最坚实的支持。在让下属承担重任时，不应过度管制和束缚他们，而应鼓励其大胆去做，尽情施展才华，创造出卓越的业绩。对于下属的贡献和成绩，要给予充分的肯定和鼓励，激励他们持续前行。同时，也要积极奖励那些为公司作出重大贡献的下属，为其创造一个良好的发展环境，让脚踏实地、勤奋努力的员工得到应有的回报和认可。

（二）高度尊重下属才华

领导并非全知全能的，不可能在所有方面都表现得出类拔萃，而下属们往往也会在某些领域有着独特的专长和过人之处。对于下属的这些长处，领导应当及时予以肯定和赞扬，给予公正而恰当的评价。与下属相处时，应当保持平等的姿态，用欣赏的眼光去发现他们的闪光点，用鼓励的话语去真诚地赞扬他们。只有深入了解下属的业务特长和各方面素质，才能为他们安排最适合、最能发挥优势的工作。这样，就能真正做到用人之所长、避人之所短，从而更有效地实现工作目标。

珍视下属的才能是科学用人的基石，唯有真正爱惜人才，才能够恰如其分地调配和使用他们，使下属的才干得到充分发挥，确保各项任务得以高效完成。当下属在某一领域展现出超越领导的智慧和才能时，不应心生嫉妒或暗中打压，而应站在全局的高度，对下属给予由衷的赞扬。如果领导者心胸狭隘，嫉妒贤能之士，压制人才的发展，必然会导致领导和下属之间的关系紧张，甚至可能引发不必要的矛盾，激发下属的消极反抗情绪，从而阻碍工作的顺利进行。

作为领导者，应当用心去观察下属，发现他们身上的优点和在工作中展现出的价值，并真诚地肯定他们。这样的做法能够不断增强下属的自信心，促进他们能力的持续提升。表扬应当及时，且必须真心实意，对下属的赞美应当是深思熟虑的，针对真正值得肯定的地方，言之有物，公正公平。在赞美中，应避免夹杂任何批评的言辞，确保赞美是纯粹而积极的。

（三）开放心态悦纳意见

认真倾听下属的意见和建议，全面了解情况，是领导者对下属的一种尊重与礼仪。领导者应当秉持"有则改之、无则加勉"的谦逊态度，采取公开或私下、集体或个别等多种方式，耐心倾听下属的声音。通过倾听下属的意见，上级可以获取宝贵的参考信息，拓宽信息获取的渠道，更全面地了解实际情况和下属的愿望。这样有助于领导者更好地调整自己的决策，促进工作的和谐开展。只有做到虚心接纳、平易近人，领导者才能听到下属真实的、真诚的话语。同时，领导者还需要及时察觉并理解下属在工作过程中可能遭遇的挫折和情绪波动情况，进行及时的沟通和疏导，使潜在的负面后果在萌芽阶段就得到化解。该做法有助于增强团队的凝聚力和向心力，促进组织健康稳定发展。

与下属进行及时且有效的沟通是化解问题的有效途径。在沟通过程中,当下属提出异议或意见时,领导者应展现出开放和尊重的态度,以平和的心态去接纳,耐心聆听下属的意见,确保不因不耐烦而中途打断与下属的交流。同时,不应轻视下属的观点,而是要认真记录,并向他们保证会认真考虑,避免自我辩解或推卸责任。对于下属提出的合理意见,领导者应勇于承认错误,并提出明确的改正措施,对于不合理的意见,领导者应给出充分的解释,使下属信服,而不是恼羞成怒或采取打击报复的行为。无论下属提出何种意见,领导者都应向他们表示诚挚的感谢,以彰显对下属贡献的尊重和认可。

当接收到下属的意见后,应迅速对这些意见进行深入分析,并尽快给予下属明确的答复。如果问题可以自行解决,应对下属的意见进行客观、全面的评估,并提供具体的分析评价,如果意见所涉及的问题较为重大或复杂,则应立即召集相关管理人员共同讨论,集思广益以制订最佳的解决方案。随后,应积极公开意见的处理结果,确保信息的透明度,并亲自向下属传达改进措施,以显示对下属意见的重视。一旦处理方案确定,应立即着手实施,以展现高效的执行力。对于那些能够敏锐指出组织重大失误的下属,应给予高度的认可和嘉奖,这不仅是对他们贡献的肯定,更是对团队中积极、负责任态度的鼓励。

(四)注意方式宽待过失

在批评下属之前,上级应当进行深入调查,多方面了解情况,以明确问题产生的根本原因。同时,需要审慎判断下属的错误是否情有可原,这样在进行批评时才能有针对性地指出问题,让下属清晰地认识到为何受到批评,从而达到以理服人的效果。在批评过程中,应坚守对事不对人的原则,避免将个人情感或偏见带入其中。在选择批评的场合时,除非下属的问题已经严重到影响整个组织的正常运作,否则应避免在公共场合直接点名批评。批评的时间和场合都应当慎重选择,以免给下属带来不必要的尴尬和伤害。此外,批评的态度也至关重要。上级应将批评视为一种纠正不当行为的内部沟通方式,而非简单的责备或指责,言辞应当恰当,避免过于刻薄或尖锐,以免伤害下属的感情,甚至引发敌对情绪。

职场故事

缺乏技巧的批评

市场部门的小张负责撰写报告,但偶尔也会出现疏忽。有一次在撰写一份公司向投资者展示的重要报告时,他意外地遗漏了两个关键数据点,投资者在阅读后向公司提出了修改建议。部门经理感到非常尴尬,于是对小张进行了严厉的批评:"小张,这么关键的报告都出现遗漏,你的心思到底在哪里?对工作一点都不上心!这样下去怎么行!"小张听后非常不满,反驳道:"我承认我疏忽了,但也不是故意为之。如果你觉得我不胜任这份工作,那就直接辞退我好了。"部门经理的本意是希望小张能够引以为戒,但这样的批评方式并未达到预期的效果,两人之间的关系因此变得紧张。

资料来源:侯熙儒.沟通案例 007:你一点责任心都没有![EB/OL].(2015-05-18)[2024-07-20].http://www.hrloo.com/rz/13524472.html.

对于犯错的下属,批评的方式必须因人而异,力求在尊重对方的基础上精准地指出问题,以达到批评效果的最大化。如果上级批评的方式选择不当,不仅无法达到预期的教育目的,反而可能激起下属的抵触情绪,加剧双方之间的矛盾。例如,对于性格较为敏感的下属,应当避免直接而尖锐的批评方式,而是通过讲述相关故事或列举相似案例,间接地引导他们认识到自己的不足。这种方式既能保护下属的自尊心,又能促使他们自我反思和成长。对于不方便当面进行批评的下属,可以借助他们的朋友或信任的人作为沟通的桥梁,间接传达上级的意见和期望。

对于好心办坏事的下属,应充分认可他们的初衷和正面因素,随后以开放和探讨的态度与他们一同回顾和讨论,这样既能保持他们的积极性,又能引导他们从中学习并改进。对于责任心强、有上进心的下属,很多时候不必采取严厉的批评方式,而是给予他们足够的空间和时间,让他们自我反思并认识到自己的错误所在。这种方式更能激发他们的自我驱动力,促使他们自我完善。对于产生逆反心理的下属,在日后的工作中应更多地展现出关心和爱护,让他们明白批评并非对他们的否定,而是另一种形式的关心和期望。

(五)高调赞美出色行为

当下属出色地完成交办的任务时,上级不能吝啬自己的赞美语言,应及时对下属进行表扬。在表扬下属时,避免使用空洞、泛泛的赞美之词,而应针对具体的工作成果或行为表现进行赞美。例如,明确指出下属在某个项目中展现出的创新思维或解决问题的能力,这种具体的赞美能让下属感受到上级的关注和认可,进而增强工作动力。

当下属取得出色成绩时,上级应及时给予赞美,让下属感受到自己的努力得到了及时的反馈。同时,在团队会议或聚会上公开表扬下属,不仅能增强下属的荣誉感,还能激励其他同事向优秀看齐。这种公开的赞美还能让下属感受到自己在团队中的重要地位,进一步增强团队的凝聚力。

赞美下属不应只是一次性的行为,而应成为上级与下级相处过程中的常态。持续的赞美能让下属感受到自己的努力得到了长期的认可,进而保持工作热情。然而,赞美也要适度,过度的赞美可能会让下属产生骄傲自满的情绪,反而影响工作表现。因此,上级在赞美下属时要把握好度,既要让下属感受到自己的价值,又要避免过度赞美带来的负面影响。

职场故事

高调赞美员工的出色行为

某食品企业的一名销售人员辛勤工作，取得了显著的成果。年终时，经理将他单独请进会议室。

经理："鉴于你今年在市场开发上做出的卓越贡献，公司决定给予你20万元的奖金！"

销售员听后十分欣喜，向经理表达感谢后准备离开。经理突然叫住他："稍等，我有个问题想问你。今年你有多少天是在公司度过的？又有多少天陪伴你的伴侣？"

销售员回答："今年我大部分时间都在外地出差，陪伴伴侣的时间确实不多，可能不到20天。"经理听后，从抽屉里取出1万元递给销售员。

经理："这1万元是奖给你伴侣的，感谢她对你事业默默的支持和付出。"

"你的孩子多大了？今年你有多少时间陪伴他？"

销售员："孩子刚满3岁，我因为工作繁忙，很少能陪他。"

经理感动地从桌上又拿出1万元。

经理："这1万元是奖给你孩子的，告诉他，他有一个勤奋且有爱心的父亲。"销售员感动得眼眶湿润，连声道谢，正准备离开。

经理再次开口："今年你有几次回家看望父母，尽到了作为子女的孝道了吗？"

销售员低声说："今年太忙了，只回去了两次，还都是匆匆忙忙的。"

经理站起身，说："那我陪你一起回家，亲自向你的父母表达感谢，并代表公司送给他们1万元。"

此时，销售员已无法控制自己的情绪，声音哽咽地对经理说："非常感谢公司的认可和奖励，我今后一定会更加努力工作，同时也不忘陪伴家人。"

资料来源：郑军军.把"奖金"发下去的正确姿势[EB/OL].(2024-06-12)[2024-07-20]. https://www.hrloo.com/rz/14755068.html.

出色的领导者不仅依赖奖金激励员工，更通过双向深度沟通了解员工的心声。他关注销售人员对家人的陪伴渴望，巧妙地给予情感慰藉，并直接、真挚地赞美员工的卓越表现，触动员工内心，增强员工的归属感与忠诚度。这种"攻心"策略降低了员工的流失率，保留了核心人才，推动了公司效益提升，为公司未来发展注入了无限可能。

第二节　同级之间的交往

一、良好关系建立的基础——相互尊重

在职场的人际交往中，自己对待同事的方式往往成为他们回应我们的标尺。所以，如果渴望赢得同事的友善和尊重，那么首先必须学会尊重同事。一个真诚的微笑、一次耐心的倾听，或是一次及时的帮助，都能传递出对同事的尊重，从而营造出和谐友好的工作氛围。记住，尊重是双向的，给予他人的尊重，最终也会转化为他人对你的尊重和认同。

（一）保持相对安静

在办公室的日常工作中，举止应优雅、细致，无论是开关门、坐下起立、启动电脑，还是打开抽屉，都应避免发出突兀的声响。尤其是在开放式办公环境中，更是需要克制自己的行为，不大声打电话、整理文件、与同事交谈，更不可在工作时间内食用发出响亮声音的零食，这些行为都可能对他人造成工作干扰。

手机作为个人日常的随身物品，在上班时间使用时更应注意。在办公区域内，若使用手机进行通话或娱乐，应避免声音过大打扰到其他同事，最好将手机设置为震动模式，并在离开座位时随身携带，确保不错过任何重要信息，同时也避免对同事工作的潜在干扰。在会议期间和休息室内，手机应关闭或调至静音状态，且尽量避免在会议中接听电话。此外，铃声的选择也需符合自己的职业身份，避免使用过于夸张或嘈杂的铃声，以免给他人留下不专业的印象，同时也减少对同事的干扰。

（二）保持适当距离

尽管同事们长时间共处一室，但无论何时都应铭记尊重他人的个人空间。例如，不应擅自查看或翻阅他人的物品和文件，更不应擅自占用他人的座位。同样地，当前往其他办公室拜访时，也应保持礼貌和尊重。在拜访前，通常需要提前联系。在进入他人办公室时，务必先敲门以示礼貌，并等待对方允许再进入。在别人的办公室里，除非得到主人的允许，否则不要随意脱下外套，更不能随意作出卷袖子、解扣子、松腰带等行为。同样，未经许可，不要将衣物或公文包放置在桌子或椅子上，如果公文包过重，可以将其放在腿上或身边的地上，避免未经允许触碰或移动他人的物品。在他人办公室逗留的时间应适度控制，初次拜访时，建议停留时间控制在 20 分钟左右较为合适。

在与异性同事相处时，既不能过分冷淡，又要避免过度热情，确保言行中不流露出任何性别歧视或偏见，举止应当从容不迫，展现自己的风度和涵养。同时，不应过分严肃，而应保持轻松愉快的氛围，以免给他人留下难以接近的印象。对于年长的异性同事，要保持敬重的态度，尊重他们的经验和智慧；对于年轻的异性同事，则应保持稳重，避免任何可能引发误会的轻率行为。在男女同事共同工作的环境中，应当格外注意避嫌，尽量保持一定距离，不给流言蜚语留下可乘之机。

（三）注重日常小节

在工作中，当与同事产生意见分歧时，应保持开放的心态，避免固执己见或采取过激行为。要尊重并倾听他人的观点，积极吸纳他人的合理建议，努力寻找双方都能接受的共同点，以便更好地推动工作进展。当出现问题时，真诚地承认自己的弱点和错误，并积极主动地采取措施去改正，以减轻或消除这些错误带来的负面影响。

如果所犯错误对其他同事工作成绩或进度产生了不利影响，无论他们是否已经察觉，都不要试图为自己辩护或推卸责任，而是应真诚地表达歉意，并说明自己将采取措施来纠正错误。这样的态度不仅有助于修复与同事之间的关系，还能体现职业素养和责任感。

扫描右侧二维码查看职场故事。

二、良好关系建立的助推器——真心以待

在职场中与同事之间保持良好的关系，首先要作风正派，正直的作风能够赢得同事的尊重和认同。其次要学会关心他人，让职场变得更加温暖和融洽。

（一）作风正派

在工作中一定要保持优良的工作作风，以谦虚谨慎的态度、积极乐观的心态与同事交往，要学会换位思考，积极化解矛盾。

1.谦逊自持，沉稳内敛

与同事一起工作，需携手并进，共同完成任务，且确保合作愉快。无论面对哪位同事，都应保持平等尊重的态度，既不过于谦卑也不傲慢自大，举止大方得体，并且怀揣一颗友善、真诚的心，避免心存芥蒂或斤斤计较；始终将工作放在首位，以整体利益为重,勤奋耕耘,清正廉洁。

2.心态乐观,阳光向上

工作中应维持积极正面的心态,用理智掌控情绪,始终保持高涨的热情和坚定的信念,不过度敏感,对同事处处设防,总将同事往坏处想。若与同事兴趣相投,则可多交流、多分享;若不合拍,也不应疏远,仍需保持基本的礼貌。避免与同事钩心斗角,针锋相对,减少不必要的冲突;在工作中不应相互拆台,不应使用背后告状或不正当手段来对付同事。在工作中若缺乏积极健康的心态,将影响工作效率,阻碍个人职业发展。

3.换位思考,和谐共处

与同事相处时,应尽量避免产生矛盾,在工作中紧密配合,减少不必要的摩擦。即使因观念、文化、知识、性格等差异导致彼此处事态度和交往方式产生冲突,也应以宽容之心,尽量避免矛盾的产生。无论矛盾源于具体事件、个人问题还是对方偏见,都不应妨碍与同事的交往,应以豁达的心态坦然面对,采取积极主动的态度,友好地化解矛盾,使同事关系恢复和谐。

 职场故事

矛盾的处理

小张是公司市场部门的职员,性格温和,善于与人相处,与同事们的关系向来融洽。然而,最近一段时间,不知为何,同一部门的小赵总是与他过不去,不仅在背地里对他冷嘲热讽,还在分配工作任务时故意将繁重的部分交给他,甚至不择手段地抢走了他的几个重要潜在客户。

起初,小张觉得大家都是同事,不必过于计较,便选择了忍耐。但随着时间的推移,小赵的行为越来越过分,让小张忍无可忍。终于,小张在一气之下将此事反映给了部门经理。经理了解情况后,严厉地批评了小赵的行为。从此,小张和小赵之间的关系变得十分紧张,几乎势不两立。

资料来源:刘平青,等.管理沟通:复杂职场的巧技能[M].北京:电子工业出版社,2016:143.

(二)关心他人

在日常与同事的交往中,务必真诚、热情,即便工作繁忙,也请抽出时间给予他人适当的关怀,并确保态度真挚而亲切。

1.热情参与,分享喜悦

真心地为同事的成就鼓掌,为他们的晋升送上诚挚的祝福。当同事们齐聚一堂,欢声笑语地分享生日的甜蜜时,不要孤独地坐在角落里,冷漠地观望,而应带着微笑加入他们的行列。此时你会发现,一句简单的"生日快乐"能为同事带来无尽的欢乐和深深的感动,拉近彼此之间的距离。

2.赞美优点,积极鼓励

努力发现同事身上的闪光点、长处,真心实意地赞美他们出色的表现,不仅能让自己和同事都感到快乐,还能让同事感受到被重视和鼓舞,从而营造出一种积极、和谐的工作氛围。

3.严守秘密,尊重隐私

对于同事的秘密,要保持高度的保密意识,绝不泄露。不论是同事亲自透露的还是从其他渠道得知的,都要严守"沉默是金"的原则,不辜负同事对自己的信任。即使其他同事好奇询问,也要守口如瓶,不将同事的秘密作为闲聊的话题,更不能以此要挟同事。

4.同舟共济,共渡难关

当同事在工作中遭遇困境时,要毫不犹豫地伸出援手,给予他们支持和帮助,不要冷漠地袖手旁观,更不要乘人之危、落井下石。即使同事在无意中冒犯过自己,也要以宽容的心态原谅他们,并在他们有求于自己时,毫不犹豫地伸出援手。困难时刻的相互扶持,能够加深同事之间的感情,让彼此之间的关系更加紧密和融洽。

三、良好关系建立的黏合剂——审慎自制

在职场中,与同事建立并维持良好的关系,审慎自制也是一个不可或缺的因素。审慎自制,可以说是人际关系中的"黏合剂",有助于减少误解和冲突,增强团队的凝聚力和工作效率。

(一)物质往来,笔笔清晰

在职场生活中,同事间发生财物往来,比如偶尔借款、物品借用或是节日礼品馈赠时,必须保持高度的细致和谨慎。对于每一笔财务往来,不论金额大小,都应当详细记录,绝不可马虎,即使是微小的交易,也应记录在备忘录中,以便日后查阅。这样做不仅是为了避免遗忘,更是为了保持对他人的尊重和礼貌,防止因疏忽而导致误会和矛盾。如果涉及借款,应该主动提出并书写借条,明确借款金额、还款日期以及双方的权利和义务。这样做不仅体现了自己的诚信和责任感,也为双方提供了法律保障。若因某些原因无法按期归还,应及时向同事说明情况,并且商定新的还款计划,以维持双方的良好关系。

同样,当向同事借用物品时,也应遵守相应的规则和礼仪,准时归还所借物品,并确保其完好无损。在归还时,附上一封感谢函或一份小礼物,不仅能够表达自己的感激之情,还能增进同事间的友谊。在物质利益方面,应坚守原则,绝不占同事的便宜。无论是故意为之还是无意之举,都会给同事带来不快,损害自己的人格和声誉。因

此,应该时刻保持清醒的头脑,坚守道德底线,以诚信和正直赢得同事的尊重和信任。

(二)遇病或不幸,礼貌看望

当同事遭遇疾病或不幸时,及时关心和探望是表达支持和关怀的重要方式。在决定探访之前,应当充分考虑被访同事的实际情况,选择对方方便的时间进行预约。预约时,应尽量避免打扰同事的用餐时间和午睡时间,以确保他们有足够的休息和恢复空间。一旦约定了时间,就要严格遵守,尽量不要迟到或早退。如果因为特殊原因无法准时赴约,一定要提前打电话告知并诚恳道歉,以免给同事带来不必要的困扰。

在探访过程中,应注意时间控制,不要让探访时间过长,以免打扰同事的休息和恢复。同时,可以带上一些鲜花、果篮或营养饮品等礼物,以表达关心和祝福。这些礼物不仅能让同事感受到自己的心意,还能为同事带来一些实际的帮助。在探访时,要保持认真、诚恳的态度,交谈时要专注,倾听同事的心声,了解他们的需求和困难。在尊重、理解的前提下,适当表达关心和支持,给予同事精神上的鼓励和安慰。如果心不在焉或表现出不耐烦的态度,就会让同事感到此次探访缺乏诚意,甚至可能引起他们的反感。

探访结束后,要注意返回时间,不要过晚,以免影响同事和其家人休息。在离开时,可以再次表达关心,并祝愿同事早日康复或走出困境。这不仅能够让同事感受到温暖,还能增进彼此之间的友谊和信任。

(三)宽容豁达,消解误会

在工作中应当积极培养宽容、豁达和信任的品质,同时尽量减少冲动、狭隘和怀疑的负面情绪。当发现自己或他人因误解而产生隔阂时,应迅速采取行动,给予及时、合理且有效的解释。对于他人对自己的误会,或是自己对他人的误解,都应当积极沟通,及时澄清,避免误会进一步加深,给双方带来不必要的困扰和伤害。在进行沟通时,要特别注意措辞委婉。毕竟,误会常常源于沟通的不足或误解,因此,要以更加柔和、包容的态度去表达自己的观点,避免在消除一个误会的同时,又无意中制造了新的误会。同时,还应当注意用词的准确度,因为处于误会中的同事可能会对言语十分敏感,任何微小的言辞都可能被放大解读。

在解决误会的过程中,还需要保持耐心和冷静。不要轻易发脾气或指责他人,而是要以理解和包容的心态去倾听对方的想法和感受。真诚的交流和沟通,不仅可以消除误会,还能增进彼此之间的了解和信任,为团队的和谐氛围和个人的职业发展创造更好的条件。

(四)谨慎耐心,不触禁忌

在同事之间的交往中,要避免冷漠高傲和缺乏耐心的态度。当同事诚恳地向自己征求意见或倾诉内心的苦闷时,应该表示关心和理解,而不是一副事不关己、不感兴趣的模样。冷漠的态度会伤害到同事之间的感情,阻碍良好的工作氛围和团队凝聚力的形成。

同时,也不应得理不饶人。当同事因为一个小疏忽或一时的失言而向自己道歉时,应给予他们宽容和理解,而不是四处抱怨、小题大做。每个人都有犯错的时候,重要的是能够从中吸取教训、改正错误。另外,也应避免唯我独尊、自以为是的态度。在与同事相处时,保持谦逊和尊重,不要总是将自己的观点强加于人,更不要随意发脾气。一个团队的成功需要每个成员的共同努力和协作,要尊重彼此的意见和贡献,共同为团队的发展贡献力量。

第三节　办公室礼仪

办公室礼仪是指在工作场所中,员工应遵循的一系列行为规范和程序,旨在维护良好的工作环境、提高工作效率、促进团队协作,并体现个人职业素养和组织形象。下面重点介绍办公室礼仪原则、谈吐原则及环境维护原则。

一、办公室礼仪原则

(一)衣着原则

1.穿着得体

在日常工作中,着装需整洁、大方,并避免任何污渍,也避免穿着过于前卫或过于花哨的服装。若组织有特定的制服或职业装要求,应确保衣扣完好、无破损。同时,也应避免穿着需要频繁整理的衣物,以免影响工作效率。

2.装饰适宜

所佩戴的饰品应与职业身份相匹配,展现稳重、专业且具有品位的形象。若需佩戴组织标志,应将其置于显眼位置,避免与其他私人饰品同时佩戴。女性在选择饰品时,应避免过于夸张或繁多的款式,以简约为主,同种饰品不超过两件,颜色与质地尽量统一。避免佩戴发出嘈杂声响的耳环或手镯,以免分散他人的注意力。

3.仪表端庄

在工作场合,头发应保持整洁,不染异色,发型应得体大方,眼睛应干净明亮,避免佩戴墨镜或有色眼镜。男性在办公室中,头发长度应适中,不遮额头、不盖耳朵、不触衣领,并保持面部整洁,不留胡须。女性则应将刘海控制在不遮挡眼睛和脸部的范围内,妆容应以淡妆为主,与年龄和身份相符,避免在工作时间当众化妆。同时,应保持面部和手臂的清洁,指甲修剪整齐、不染异色。

扫描右侧二维码查看职场故事。

(二)行为原则

1.举止文明

在办公环境中,应保持精神焕发,坐姿笔直,全神贯注于工作,避免频繁张望或心不在焉,不得出现任何不雅或失态的行为。在办公室内,应避免随意解开衣扣、卷起衣袖或松垮腰带。不应趴在办公桌上或躺在办公椅上,更不能在办公室内脱鞋或将脚搁在桌上,更不允许将双腿翘在桌面上。此外,不应将个人的不良情绪带入办公室,避免随意乱发脾气,不大声喧哗。

2.行为检点

办公室内严禁吸烟,不应手持香烟随意走动,若确需吸烟可前往洗手间或指定的吸烟室。女士还需特别注意,避免在公共场合当众化妆或涂指甲油。与异性同事共事时,应予以充分的尊重,避免不必要的身体接触。在工作中,应坚持男女平等,相互尊重,共同营造一个和谐、平等、融洽、友善的工作氛围。

3.坚守诚信

在工作场所,无论执行何种任务,都需以诚信为基石,要恪守时间,恪守承诺,恪守信用。上班、开会时务必提前到达,避免迟到、早退,不擅自离岗,不无故旷工,如有特殊事由需请假。若组织实施打卡制度,请排队依次打卡,切勿请人代打或擅自不打。与对方会面时,尽量提前15分钟到达,以示尊重。若因故无法准时到达,请提前通知对方,以示诚意。

 职场故事

京东员工代打卡事件

2024年5月,京东内部曝出员工代打卡现象,并形成了一种产业链。京东内部调查显示,每个月有高达1.4万人次找人代打卡。代打卡一次收取15元,一个人甚至可以替20个人打卡。代打卡的操作方式可能包括代打者使用办公室内设备帮忙登录账号,或者代打者直接去打卡者工位上使用本人设备帮忙打卡。有员工一年里代打卡近百天,但能领到全额薪水。一些实习生甚至两个月都不来,但通过代打卡骗走了公司 1.5 万元的工资。

京东针对此问题严抓考勤,午休时间由两小时缩短为一小时,并取消了午休关灯制度。高职级的管理层也被要求打卡上下班。京东开除了代打卡现象严重的员工以及长期绩效差却不愿意拼搏、仍然没业绩提升的员工。

刘强东在 5 月 24 日的高管会上直言:"凡是长期业绩不好,从来不拼搏的人,不是我的兄弟。"他认为部分员工非常懈怠,甚至出现长期早上 10 点来上班,下午 4 点即下班的情况,这导致京东的战斗力急剧下降。京东高层反思过去数年间在管理上出现的失误,承认京东集体体系存在"大企业病",管理上出现了严重问题。同时,京东宣布将采销部门年度薪酬从 16 个月工资提升至 20 个月工资,这一系列举措引发舆论热议。

京东此次严格考勤制度并非变相裁员,而是对过去管理不善的纠正,旨在激发内部员工工作热情,为有意愿拼搏的员工和团队提供公平的环境。

资料来源:程璐洋.京东每月 1.4 万人次代打卡,刘强东:不拼搏的人不是兄弟[EB/OL].(2024-05-25)[2024-07-28].https://www.thepaper.cn/newsDetail_forward_27510001.

4.注重细节

在办公室内,对待上级和同事都应保持礼貌,不能因为日常频繁接触而省略问候。早晨进入办公室时,应相互道早;下班时,则应相互道别。同事间应以姓名相称,避免使用过于亲密或不当的称呼。在交谈时,要注意言辞的禁忌,避免涉及敏感话题。接待来访者时,应展现大方得体的态度,无论对方是否有所求,都应一视同仁。回答问题时,要保持平和的语气,面带微笑,切勿粗声粗气或以不适当的方式加重语气。

(三)工作原则

1.专注工作,避免私事干扰

在办公时间内,应当尽可能地保持专注,全身心投入工作中,避免频繁离开办公桌,确保工作效率。同时,应该避免进行与工作无关的活动,不浏览与工作无关的网页,不用手机刷短视频或看直播,也不在 QQ、微信等社交软件上与他人闲聊与工作无关的话题。最重要的是,避免在办公时间接打私人电话,特别是长时间的私人通话,这样不仅会影响自己的工作效率,还可能打扰到同事的正常工作。

 职场故事

每天多做一点点

当林浩刚加入公司时,他注意到首席执行官李明总是加班到深夜,而大部分员工一到下班时间就纷纷离开了。林浩目睹此景,内心涌起了想要尽一份力的冲动,他不希望看到李明独自面对繁重的工作到深夜。李明注意到林浩主动留下来帮忙,并开始将一些打印文件、整理资料的任务交给他处理。这样一来,李明就能更加专注于其他重要的工作,从而能够更早地完成工作,提早回家。

林浩并没有因为加班而获得任何额外的报酬,但他的努力和付出却赢得了李明的赞赏和认可。因此,他获得了比其他人更多的晋升机会。随着时间的推移,从一名普通员工开始,林浩逐渐崭露头角,最终升至公司副总裁的高位。这是他每天多付出一点努力所换来的丰厚回报。

资料来源:李林峰.所谓大格局就是知取舍[M].北京:台海出版社,2017:109.

2.任务整理,有序规划工作

每当清晨踏入办公室,我们的首要之务是根据预先设定的任务清单,有条不紊地规划一天的工作流程,迅速进入工作状态,将各项任务按照重要性和紧急性进行排序,确保优先处理关键事项。同时,将所需资料整齐地摆放在桌面,避免在寻找资料时浪费时间。此外,专门预留一段时间用于处理日常琐事,确保工作高效推进。对于下属能够胜任的任务,要合理分配工作,并尽量授权给他们,以激发团队的整体效能。

3.时间掌控,当日事当日毕

时间管理,追求精准与高效。确保每天的工作都能在规定的时间内完成,做到日事日毕。这不仅是对工作效率的严格要求,更是对自我能力的挑战和提升。通过合理安排时间,可以更好地掌控工作节奏,避免拖延和积压,确保每一项任务都能得到及时有效的处理。

二、办公室谈吐原则

(一)态度真诚,用词文雅

在办公室交流中,应确保目光交汇,同时展现真诚的微笑,保持亲切和蔼的态度,以真诚和善意来沟通,力求语言精准、富有表现力,发音清晰,用词贴切。养成良好的礼貌用语习惯,合理运用"请、您、您好、谢谢、对不起(没关系)、再见"等基本的礼貌词汇。

表达时,注意语言技巧,尽量采用委婉的请求方式,避免使用可能伤害他人自尊或人格的话语,避免过于直接的命令式语气,减少否定性表述,拒绝他人时也要显得委婉。正如谚语所说:"良言一句三冬暖,恶语伤人六月寒",这强调了语言的重要性。

在办公室内,坚持使用普通话,避免方言,确保发音正确,减少口头习惯用语,如"嗯""啊""这个""那个"等,尤其要避免拖长音节,以免给人造成不适。多使用谦和、尊敬的措辞,严禁使用粗鲁或不文明的词汇。在词汇选择上,注意其情感色彩,多选用正面的褒义词和中性词,谨慎使用贬义词,确保用词精准、表达恰当。

职场
故事

"前辈"这个称呼对于职场新人是万能的吗?

刘小萌刚踏进一家新公司的大门,主管热心地引导她了解周围的办公环境,并逐一给她介绍部门的资深员工。刘小萌非常谦逊地称呼每个人为"前辈",大多数同事都欣然接受了这样的尊称。当主管把她带到一位经验丰富的同事面前,并告知小萌今后将跟随这位同事学习,遇到问题时可以向她请教时,刘小萌更加恭敬地称呼对方为"前辈"。

然而,这位同事微笑着摆手说:"我们都是同事,不用这么客气,你直接叫我名字就好。"刘小萌听了之后陷入了沉思,她觉得称呼"前辈"可能过于生疏,但直接叫名字又似乎显得不够尊重。她心中犯难,不知道怎样称呼这位同事才既得体又尊重。

资料来源:yespens.介绍与称呼礼仪[EB/OL].(2012-04-22)[2024-07-28]. https://wenku.baidu.com/view/640dec2b2af90242a895e50f.html.

新员工初入公司之际,不宜随意以自己的理解来称呼他人。对于不确定的称呼方式,建议首先礼貌地询问对方,例如:"请问我应该如何称呼您?"这样,即使你不清楚如何称呼,对方也不会责怪,反而会告诉你同事们通常如何称呼他。上述职场故事中,尽管对方表示可以直接称呼其姓名,但这往往只是一种客气的说法。作为新员工,最好不要直接采用这种称呼,而是应当礼貌地进一步询问对方。在职场中,过于亲密或过于生疏的称呼都不是理想的选择。

(二)幽默豁达,言谈得体

办公室虽空间有限,但在交谈时,巧妙运用幽默元素能显著促进氛围的活力。然而,在运用幽默时,应避免刻意为之,以免显得轻浮或过分迎合,而应展现出大度与豁达的风采。

在与人交流时,应采用自然、亲切、柔和的手势。谈及自己时,不宜用手指指向鼻尖,而应用手掌轻按胸口。当谈及他人时,应避免直接指向对方,更不可在背后指指点点,这些都是不礼貌的手势。交谈时应避免手势过于夸张或频繁,手势的大小应适中,通常不应超过对方的视线范围,也不应低于自己的胸部,左右摆动的范围应在人的胸前或右方。手势的幅度不宜过大,次数也不应过多或重复。同时,交谈时还应避免抓头发、玩弄饰物或剔牙齿等不当行为。

(三)积极倾听,有效沟通

倾听是言语交流的重要组成部分,其与表达共同构建了交谈中的互动,进而实现交谈的目标。只有有效的倾听,才是真正意义上的沟通,从而推动人际交往的深化。倾听他人的发言,是对对方友好与尊重的体现,有助于理解对方的思想和情感需求。

在办公室交流中,倾听的重要性尤为突出,它是言谈举止中不可或缺的基本礼仪之一。优秀的倾听能力可以缓和紧张的氛围,加深同事间的相互理解,进而在理解对方的基础上优化工作关系,提升工作效率。因此,善于倾听同样是言谈举止中不可或缺的基本要求。

当他人向你倾诉时,务必以饱满的精神状态去聆听。心不在焉、四处张望,甚至表现出不耐烦的行为,如频繁查看手表、伸展身体、打哈欠、玩东西等,都是倾听时应极力避免的行为,会伤害到说话者的情感。同时,应避免双手交叉在胸前以示倾听。只有深入了解对方的情感和意图,才能给出更明确、更合适的回应。与对方保持适宜的距离,保持一个放松、舒适的体态和姿势,并维持眼神接触。为了表达你在专注地倾听,可以通过轻声说"嗯""好的"或者点头等方式,表示你正在接受对方的内容,并鼓励其继续分享。

在倾听他人发言时,要展现出对对方的尊重,同时,要给予对方鼓励,避免强加个人观点。对于他人的谈话,应当保持耐心,不随意打断、不擅自更正、不随意补充,也不突然改变话题。如果确实想对对方的观点发表看法,应先等待对方完整表达完毕。如果想要补充对方的话,应当先征求对方的同意,如说"请允许我稍微补充一下",然后再阐述自己的观点。打断的次数应尽量减少,以免干扰对方的思路。如果因紧急情况需要打断他人的谈话,务必先表达歉意,如"不好意思,打断您一下"。

(四)去中心化,不谈禁忌

在办公环境中,应避免涉及国家或行业的敏感信息,不随意评价国家领导人,对不了解的事情不发表意见。与同事交流时,应尊重个人隐私,避免涉及诸如收入、健康状况、个人经历、婚姻状况等敏感话题。对于女性同事,还需特别留意避免问及年龄。同时,不应随意对同事进行评价,避免散播谣言或搬弄是非,因为无节制的言论可能会带来不必要的麻烦。在工作之余的交谈中,可以选择一些有深度的主题,如哲学、历史、地理、艺术、建筑、风土人情等,也可以聊些轻松愉快的话题,比如电影、电视剧、流行时尚、体育、美食、天气等。在与同事交流时,必须把握言辞的分寸,该说的就说,不该说的就保持沉默,尽量避免涉及格调不高的话题。

应当避免以自我为中心的态度,不顾及他人和场合随意发表观点是不恰当的,更不要频繁谈论琐碎的个人生活事宜,即使其他同事主动提及,也应适度回应后适可而止。过于喋喋不休、爱争辩、爱抢话,总是想占尽言语上的优势,往往让人反感。同样,孤芳自赏、高傲自大,只关注自己的表达,不考虑他人的感受,也难以与人融洽相处。与同事交谈时,也要避免过于沉默或冷漠。在办公室,还要避免耳语,尤其是在众目睽睽之下与同伴私语,可能会被视为对在场人士的不信任。遇到有趣的事情,不要大声失笑,特别是在他人犯错或出糗时,以免使对方感到尴尬,伤害其自尊,同时也显得缺乏教养和对他人不尊重。

三、办公室环境维护原则

(一)自然环境

1.光线明亮

办公室需要合理地进行采光设计,包括利用自然光和人工光来确保光源的充足性。自然光具有独特的优势,如柔和、自然,有助于营造舒适的工作氛围。然而,当自然光不足时,人工光则成为必要的补充。在选择人工照明时,应使灯具的造型和光色与整个办公环境相协调,避免刺眼或过于强烈的光线,以保证光线的柔和和光色的和谐。此外,为了让光线更好地照射到工作区域,办公桌应尽量向阳摆放,使光线从左方或斜后方射来。这样不仅能够确保工作区域的光线充足,还能减少反光和眩光对眼睛的影响。为了保持光线的充足和清晰,办公室的门窗玻璃应经常擦洗,保证窗明几净。在办公时间,尽量避免拉上窗帘,以免遮挡光线。这些措施,能够使办公室内光线充足、明亮,为员工创造一个舒适、高效的工作环境。

2.颜色协调

在规划办公室地板、墙壁和天花板的颜色时,需要考虑它们之间的色彩层次和协调性。办公室地板的颜色通常比墙壁的颜色深一些,深色地板有助于营造稳重和专业的氛围。墙壁的颜色则应较天花板深,这种色彩过渡有助于创造空间的层次感和深度。对于普通办公室的天花板,白色通常是首选,因为能反射光线,增加空间的明亮度,同时给人带来清爽、明亮的感觉。面对员工的墙壁,建议使用冷色调,如蓝色或绿色,因为这些颜色有助于减轻压力,提高员工的专注力和工作效率。而其他墙壁则可以选择暖色调,如米色或淡黄色,为办公室增添温馨和舒适的氛围。

在颜色的搭配上,重要的是使所有颜色之间协调,色彩过于杂乱或对比过于强烈都可能对员工的情绪产生负面影响。因此,选择色彩时,应考虑色相、明度和饱和度,确保在视觉上能够相互呼应和融合。对于会议室,建议选择淡色和中性颜色作为主色调,有助于营造宁静、专注的氛围,使参会者能够更好地集中注意力。会客室则可以选择欢快、中性的颜色,如浅粉色或浅蓝色,以营造轻松、友好的氛围,有助于促进客户与公司的交流与合作。

3.空气清新

在办公室环境中,确保空气自然流通和维持适当的温度、湿度是至关重要的。适宜的环境条件有助于提高员工的工作效率和身心健康。当办公室的温度过高时,员工容易感到不适、头昏,甚至影响工作效率。因此,合理调节室内温度,避免过热,也是创造舒适办公环境的重要一环。同时,空气湿度也是影响办公室环境舒适度的关键因素,过于潮湿的空气可能导致呼吸器官不适,让员工感到沉闷和疲倦,而过于干燥的空气则可能引发焦虑和精神急躁。为了保持理想的办公环境,建议将相对湿度控制在40%~60%之间,这样既能避免潮湿带来的不适,又能防止空气过于干燥。为了实现空气的自然流通和调节温湿度,建议经常打开窗户进行换气。增加室内通风量,可有效地减少空气污染,改善室内空气质量。如果门窗不能常开,可以考虑使用空气净化器等设备来辅助改善室内环境。

4.保持安静

一个理想的办公室应当为员工创造一个宁静的工作环境,因为嘈杂的办公环境不仅令人感到不悦,还容易分散注意力,进而可能导致工作上的失误。其中,通过物理手段减少噪声的传播是关键。例如,在桌椅和一些设备的底部放置橡皮垫,可有效减少移动或操作时产生的噪声。同时,对于办公设备和机器,应选择那些低噪声型号,并定期维护和保养,以确保其运行时噪声最小化。

员工应自觉保持安静,避免高声喧哗和不必要的噪声。在接听电话时,音量应适中,避免高声喊叫,以免打扰到其他同事。此外,不要播放过于嘈杂的音乐,以维护办公室的宁静氛围。另外,在出入办公室时,员工也应注意保持轻手轻脚,开关门的力度要适中,避免摔门或用力开门产生噪声。通过以上行为上的改变,可以共同营造一个安静、和谐的办公环境,从而提高工作效率和员工的满意度。

(二)办公环境

1.办公桌位要清洁

为了营造一个高效且整洁的办公环境,每天上班时都应确保办公桌面的清洁与整齐。首先,定期清洁桌椅是至关重要的,特别是有外罩的座椅,要定期更换并彻底清洁其外罩,以去除污渍和尘埃。同时,电脑屏幕和键盘也需要定期擦拭,以保持清洁和卫生。除了桌面,还应关注个人办公桌附近地面的清洁,地面上的杂物和灰尘不仅影响美观,还可能影响工作效率。在办公桌的案头,尽量避免摆放过多物品,只保留当天或当时需要处理的公文或资料,以实现工作高效性。对于其他书籍和报纸,应归类放入书架或报架中,避免桌面杂乱无章。文件资料也要定期清理,及时归档或上交,以确保办公室文件管理有序。

废纸和其他垃圾应丢弃在指定的废纸篓中,避免随意丢弃造成环境污染。零碎的小物件建议放入抽屉中,以保持办公桌面的整洁和有序。同时,办公桌下面也不应摆放无用的物品,要时刻保持清洁和整齐。此外,还应避免将自己的物品放置在办公桌旁边的过道上,以免妨碍他人通行或造成安全隐患。每天工作结束后,应将个人水杯或茶具中的水倒掉并清洗干净,保证办公区域的卫生。同时,将办公桌收拾干净,把台面上的物品归位,锁好贵重物品和重要文件,再离开办公室。当离开自己的办公座位时,应将座椅推到办公桌下,这样既可保持办公桌整洁,又可为其他同事腾出更多空间。

2.办公用品要整洁

为了保持办公桌面的整洁和高效,仅将必要的办公用品放置在桌面上,并确保摆放得整齐有序。避免在桌面上放置杂志、报纸、餐具、手提包等杂物,以保持桌面的清爽和专业感。当需要招待客人时,应使用专门设置的饮水区域或会客室来放置水杯和茶具,以保证办公室的整洁和有序。为了方便使用,办公文具应该放置在桌面上,但同样需要保持整齐,可以准备多种文具,如毛笔、自来水笔、圆珠笔、铅笔等书写工具,以及曲别针、夹子、订书机等文件整理工具。办公文具应该被有序地放置在笔筒中,而不是散乱地摆放在桌面上。一个杂乱无章的办公环境会让人感到不适,甚至影响工作效率。因此,要时刻注意整理和维护办公用品的整洁。

3.环境布置要适当

在维护办公环境的过程中,必须强调其专业性和庄重性,这要求非工作所需的物品和个人用品不应随意暴露在视线中,更不应占据办公桌的空间。所以必须铭记,办公室是一个专注于工作的场所,而非个人的生活空间,因此绝不能将其视为"家"的延伸。为了保持办公室的专业氛围,应尽量避免在桌面上摆放家人的照片或其他可能分散注意力的私人物品。这些物品可能会在无意识中干扰工作思绪,降低工作效率。同样,将毛巾、衣物等个人生活用品挂在办公桌上,或是将个人用品和餐具随意摆放,都是不符合办公室环境要求的行为。这些做法不仅破坏了办公室的整洁和秩序,还可能给他人留下不专业、不严谨的印象,从而损害个人和团队形象。

(三)公共环境

1.日常清洁、维护

积极维护办公室卫生环境,主动承担起垃圾清理、扫地和拖地的责任,杜绝随意丢弃垃圾的行为,确保办公用品井然有序。为了营造一个健康的工作环境,必须保持办公室地面的清洁,经常进行清扫和擦洗;地毯也需要定期吸尘,以预防细菌滋生;确保地面无任何污物、污水和浮土,彻底消除卫生死角。同时,墙壁清洁同样重要,要保持其表面无尘、无污。此外,挂件、画框和其他装饰品也应保持干净整洁,以展现办公室的专业形象。为了避免给人留下杂乱无章的印象,不应在办公室中堆积过多的物品,而是要定期清理废弃物。

对于办公室内的设备,如饮水机、灯具、打印机、传真机和文具柜等,也需要保持整齐和清洁,表面无污垢和灰尘。使用完打印机和传真机后,应及时将纸张整理好,避免纸张散落在设备周围。办公室内的电线布置也应美观且规范,使用护钉进行固定,避免随意搭接临时线路。无论是使用公共办公桌还是洗手间,都应在使用后保持其整洁。如遇到需要维修的情况,应及时进行处理或报修,以确保办公室设施完好。在下班离开办公室前,每位员工都应负责关闭自己所使用的电器设备,如电脑、传真机和打印机等,以节约能源并降低安全隐患。最后离开办公区的员工则需承担额外责任,关闭所有照明设施和总电源,确保门窗紧闭,并在确认无安全隐患后才能离开。

2.用餐环境清洁

在现代快节奏的工作环境中,单位职工经常在办公室用餐。然而,在享受便捷的同时,也应当注意维护办公室的整洁和卫生,避免影响他人和公司的形象。应尽量避免将有强烈气味的食品带入办公室,以免不好的气味弥散并影响办公环境和公司形象。此外,尽量避免食用可能溅出或发出较大声响的食物,以防干扰同事的工作。如果食物不慎掉落在地上,应立即捡起并妥善处理,避免他人踩踏以及污染地面。剩余的食物残渣和废弃物应包裹好后,投放到远离办公室的垃圾桶内,避免将垃圾放在办公桌旁的纸篓中,以防污染办公室环境。用餐时,准备好餐巾纸擦拭嘴巴,避免用手直接擦拭,以维护个人卫生和办公室整洁。同时,尽量不要在办公室内剔牙,如果确实需要剔牙,请用手掩住口部,避免让他人看到剔出的食物残渣,更不要随手乱弹或随口乱吐。剔牙后,请将牙签及时丢弃,避免长时间叼着牙签或随地乱扔。

用餐后要及时清理餐具和桌面,如果是个人自带的餐具,用餐后应立即清洗干净并妥善存放,避免长时间摆放在桌面上。如果是一次性餐具,请在使用后尽快丢弃,以保持桌面整洁;如果突然有事需要外出或来不及收拾餐具,可以礼貌地请同事代劳。此外,开了口的饮料罐也不宜长时间摆放在桌面上,如想稍后继续饮用,请将其放在不引人注目的地方。用餐后,务必擦拭干净桌面和地面,避免留下食物残渣和异味。如有需要,可以使用空气清香剂去除食物气味,确保办公室空气清新宜人。

3.装饰高雅

在宽敞的办公室中摆放盆花,不仅能美化环境,还能为员工带来宜人的工作氛围。但在选择盆花时,需要仔细考虑,以确保与办公室的整体氛围相协调。一般不建议使用盛开的鲜花来装点办公室,过于艳丽的色彩可能会分散员工的注意力,影响工作效率。相反,绿色植物是装点办公室的理想选择,绿色能给人带来舒适和宁静的感觉,有助于调节员工的情绪,提升工作效率。在选择绿色植物时,应注意植物的生长状况,确保其健康、茂盛。对于盆花,要定期进行浇灌和整理,避免植物因缺水或缺乏养护而枯萎,可以在植物的绿叶上喷水,以保持其鲜绿和生机。同时,花盆的泥土应保持清洁,避免产生异味。在施肥时,应选择无异味、经过精心处理的肥料,以免引来苍蝇或滋生寄生虫,给办公室环境带来污染。

第四节　组织内部公关策划

一、组织内部公关的出发点——攻心

组织内部公关旨在通过有效沟通,提升员工满意度和忠诚度,从而提升组织的整体绩效和竞争力。

(一)提升内聚力

组织内部公关的首要出发点是提升组织内部的凝聚力,这对于组织的长远发展至关重要。通过内部公关,组织可以增强员工之间的协作和信任,形成一种强大的向心力,使所有员工在共同目标的指引下,团结一致地朝着组织的发展愿景努力。内部公关通过信息的透明化和及时传达,消除部门之间的隔阂和误解,促进各个部门之间的协作,不仅可以提升工作的效率和质量,对于培养员工的集体荣誉感和团队精神也有重要作用,能够使他们在面对挑战时共同应对,形成强大的战斗力。

另外,内部公关活动可有效提升员工的士气。当员工感受到组织对他们的关心和重视时,如通过定期的员工表彰和奖励机制,他们会更加积极地投入工作。同时,组织通过内部沟通渠道,及时了解员工的需求和意见,作出相应的调整和改进,这种互动式的沟通方式使员工感受到自身的价值,从而增强对组织的认同感和归属感。而组织文化建设也是提升内聚力的重要一环,通过内部公关,组织可以将其核心价值观和文化理念深植于每一位员工的心中,使之成为员工日常行为的准则。这种文化认同感不仅能提升员工的工作积极性,还能在无形中增强团队的凝聚力,使组织在面对外部竞争时具有更强的内部竞争力。

(二)减少流失率

减少员工流失率是组织内部公关的另一个重要出发点。高流失率不仅增加组织的招聘和培训成本,还影响组织的整体稳定性和持续发展。有效的内部公关活动,可在多个方面减少员工流失率,其中,提升员工满意度是减少流失率的关键。通过内部公关,组织可以深入了解员工的真实需求和期望,及时调整薪酬福利制度、工作环境和工作条件等。通过组织员工满意度调查并根据反馈进行改进,能够提高员工的满意度和幸福感,从而降低他们跳槽的可能性。

提供清晰的职业发展路径和成长机会是吸引和留住员工的重要手段。内部公关可以帮助组织建立起完善的培训和晋升机制,使员工看到自己的发展前景,增强对组织的忠诚度。当员工感受到组织在其职业生涯中的支持和培养时,他们会更加愿意与组织共同成长和进步。同时,通过内部公关活动,组织可以构建和谐、友好和充满活力的工作环境,使员工在愉快和舒适的氛围中工作。定期组织团队活动、员工联谊和健康关怀活动,能够增强员工之间的感情交流,提升他们的工作热情和归属感,进而减少因工作压力和不和谐因素导致的离职。

(三)打造品牌力

打造品牌力是组织内部公关的战略目标之一,不仅关系到组织对外的市场形象,也深刻影响着组织内部的员工认同感和归属感。通过内部公关活动,组织可以在内部形成强大的品牌认同,从而提升整体竞争力。通过内部公关,组织可以向员工传递其在行业中的领先地位、社会责任感和组织愿景,使员工感受到身为其中一员的荣誉。这种自豪感和认同感将转化为员工的工作动力和忠诚度,使他们愿意为组织的发展贡献自己的力量。

内部公关可以将组织在环保、公益和社会福利等方面的努力和成就传递给员工,使他们感受到组织的责任感和使命感。员工在认同组织社会责任感的同时,也会更加积极地参与到相关活动中去,进一步增强组织的品牌形象。此外,强大的品牌力可以提升组织对外的吸引力和竞争力,吸引更多优秀人才加入组织。通过内部公关,组织可以展示其独特的品牌优势和发展前景,使现有员工和潜在员工都对组织充满信心。员工在这种积极的品牌氛围中工作,不仅会感受到组织的吸引力和潜力,还会更加愿意长期留在组织,促进组织的持续发展。

二、组织内部公关的切入点——需求

(一)充分尊重

充分尊重是组织内部公关的基础和核心切入点之一。尊重员工的个人尊严和价值,是建立良好员工关系和组织文化的关键。尊重不仅体现在日常工作中的言行举止上,还体现在组织制度和管理方式中,贯穿于整个工作环境和文化氛围中。

1.尊重个性和差异

每个员工都有独特的成长背景、经验和能力,组织应该认识到这种多样性并加以尊重,避免歧视。尊重员工的个人空间和隐私权,在办公区域设计和信息管理上,注意保护员工的隐私,避免侵犯其个人空间。

2.尊重意见和建议

建立有效的沟通渠道,让员工能够自由地表达自己的想法和意见,通过定期的员工满意度调查、意见箱和座谈会等方式,收集员工的反馈意见,并在决策过程中认真考虑员工的建议。重视员工的意见,及时反馈和回应,让员工感受到自己在组织中的重要性和影响力。

3.尊重个人成长和发展

为员工提供各种学习和发展的机会,鼓励员工不断提升自己的能力和素质,如通过内部培训、外部培训、导师制和职业发展规划等方式,帮助员工实现个人职业目标和成长。关注员工的职业发展需求,提供公平、公正的晋升机会,让员工感受到组织对其个人发展的重视和支持。建立以人为本的组织文化,倡导尊重、信任、合作和创新的价值观。在日常管理中,注重人文关怀,关心员工的工作和生活,帮助员工解决实际困难。通过组织各类文化活动和团队建设活动,增强员工之间的相互理解和信任,营造和谐、积极的工作氛围。

4.尊重权益和福利

依法保障员工的各项合法权益,包括劳动报酬、休息休假、社会保险和劳动保护等。通过完善的福利制度和激励机制,保障员工的基本生活和工作条件,提高员工的工作积极性和满意度。

(二)收入提升

收入提升直接关系到员工的生活质量和工作满意度,合理的薪酬制度和激励机制可有效提升员工的收入水平,增强员工对组织的归属感和忠诚度。

具体策略有三。其一,建立有竞争力的薪酬体系。设计公平、公正、透明的薪酬体系,综合考量市场、行业及组织内部因素,确保薪酬具有竞争力。通过职位评估、绩效考核和市场调研,科学设定薪酬标准并适时调整以应对市场变化,保障员工实际收入不受经济波动影响。其二,强化绩效激励机制。构建科学合理的绩效考核体系,以客观公正的标准全面评估员工表现。基于考核结果,实施多样化的绩效奖励,包括年终奖、季度奖等,以激发员工追求卓越和创新的热情,进而提高整体工作效率和质量。其三,优化福利待遇和关怀。根据员工需求提供多样化的福利项目,如住房、交通补贴、健康保险等以减轻生活压力,提升生活质量。同时,通过实施员工关怀计划,如节假日慰问、困难帮扶等,增强员工的归属感和幸福感,营造温馨和谐的工作氛围。

(三)机会均等

营造公平、公正的工作环境和机制,使每一位组织成员都能享有平等的发展机会和资源,从而激发其潜力和积极性,增强组织的凝聚力和竞争力。

1.建立透明的招聘和选拔机制

在招聘过程中,应当严格遵循公平、公正和透明的原则,即通过公开招聘程序、明确的职位要求和评估标准,确保所有候选人都能平等地参与竞争,并根据其能力和表现获得相应的机会。内部选拔和晋升机制也应当透明化,如制定明确的晋升标准和程序,使每一位员工都能了解自己的发展路径和晋升机会,激发其工作热情和积极性。

2.提供均等的培训和发展机会

根据员工的职业发展需求和组织的发展战略,制订系统的培训和发展计划,确保每一位员工都有机会参加相应的培训课程和发展项目。通过内部培训、外部培训、导师制和轮岗等方式,帮助员工不断提升专业技能和综合素质,增强其职业竞争力和发展潜力。此外,组织还应关注不同群体的特殊需求,提供针对性的培训和发展机会,如领导力培训、年轻员工的职业规划指导等,确保每一位员工都能享有平等的发展机会。

3.合理分配工作任务和资源

通过科学合理的工作任务分配,确保每一位员工都有机会参与重要项目和工作,展示其能力和才华。在资源分配上,应当公平公正,避免因为部门、职位或个人关系等因素导致的资源倾斜。通过建立透明的资源分配机制和监督机制,确保资源分配的公正性和合理性,让每位员工都能公平地享有工作资源和发展机会。

4.建立健全的监督和反馈机制

设立专门的监督机构和渠道,接受员工关于机会均等的投诉和建议,并及时处理和反馈。通过定期的员工满意度调查和机会均等评估,了解员工的真实感受和需求,及时调整和优化组织的相关政策和措施。建立多层次、多渠道的沟通机制,确保员工的心声能够被听到,其权益能够得到保障。

(四)能力提升

通过系统的培训和发展计划,帮助员工不断提升专业技能和综合素质,增强其职业竞争力和发展潜力,进而提高整体工作效率和组织竞争力。

1.制订系统的培训计划

初级员工的培训应注重基础知识和基本技能的培养,通过入职培训、岗位培训和技能培训等方式,使其迅速适应工作环境和岗位要求。中级员工的培训应侧重于专业技能深化和综合能力提升,如通过专项培训、项目培训和跨部门培训等,帮助其在专业领域不断进步。高级员工的培训应着眼于领导力和管理能力的提升,如通过高层管理培训、领导力培训和战略培训等方式,培养其在组织管理和战略决策方面的能力。

2.提供多样化的培训方式

传统的课堂培训虽然重要,但现代组织应更多地利用网络培训、远程教育、在线课程等方式,为员工提供更加灵活和便捷的学习机会。通过建立组织内部在线学习平台,员工可以随时随地进行学习,提高学习效率和效果。此外,还可以通过邀请外部专家讲座、参加行业会议和展览等方式,拓展员工的知识视野及了解专业领域的前沿动态。

3.鼓励和支持员工在实际工作中的学习和发展

通过导师制度、轮岗制度和项目制管理等方式,为员工提供更多的实践和锻炼机会。导师制度可以帮助新员工快速融入组织文化和工作环境,获得经验丰富的导师的指导和帮助。轮岗制度可以使员工在不同岗位和部门之间轮换,积累多方面的经验和技能,增强其综合能力。项目制管理可以让员工在实际项目中承担更多的责任和挑战,提高其项目管理能力和团队合作能力。

4.与组织的战略发展紧密结合

组织应根据自身的发展战略和市场需求,确定核心能力和关键岗位,制订有针对性的能力提升计划。通过加强对核心岗位和关键人才的培训和发展,提高组织在市场竞争中的优势和地位。同时,通过培养和储备人才,增强组织的创新能力和可持续发展能力,为组织的长远发展奠定坚实基础。

(五)放松身心

关注员工的身心健康,通过提供多样化的放松和减压方式,帮助员工在繁忙的工作中找到身心平衡,提高整体幸福感和工作满意度,是组织实现可持续发展的关键。

具体策略有三。其一,营造全方位的舒适工作环境。致力于打造一个既物理舒适又心理愉悦的工作环境,包括保持办公场所整洁、通风与光线良好,同时营造开放、友好及支持的工作氛围,让员工感受到尊重与重视。另外,提供舒适的办公设施与休闲区域,如健身房、休息室等,以缓解员工工作压力,提升其工作效率。其二,丰富活动促进身心健康。通过定期举办多样化的放松与娱乐活动,如健身、瑜伽、团队运动、文艺活动及兴趣小组等,满足员工的兴趣需求,促进其身心健康。特别要关注心理健康,如设立心理咨询室,提供专业咨询服务,开展心理健康讲座与培训,并构建心理支持网络,帮助员工应对心理困扰,进而增强心理韧性。其三,倡导工作与休息平衡。鼓励员工合理安排工作与休息时间,如实施弹性工作制、远程办公及带薪休假等政策,以减轻员工工作压力,促进其工作与生活的和谐平衡。通过优化工作任务分配与时间管理,提高工作效率,减少不必要的加班,让员工有更多的时间用于休息与放松,从而提升整体生活质量。

(六)幸福提升

通过提升员工的幸福感,来增强员工的归属感和忠诚度,使员工提高工作积极性和创造力,由此推动组织的可持续发展。

1.关注员工的工作满意度和职业幸福感

通过建立良好的工作环境、提供公平的薪酬待遇和丰富的职业发展机会,提供舒适、安全和现代化的办公设施,建立公平、公正和透明的薪酬体系,提供系统的培训和发展计划,增强员工职业幸福感。同时,在员工休假方面给予员工更多关注,使员工得到更多休息,提升幸福感。

2.关注员工的社会关系和团队合作

通过组织各种团队建设活动和员工交流活动,促进员工之间的相互理解和信任,增强团队凝聚力和向心力;通过举办员工生日会、节日庆祝和团队旅行等活动,增强员工的归属感和幸福感。还可以鼓励员工参与志愿服务和社会公益活动,提升其社会责任感和成就感,增强其幸福感和满足感。倡导互助互爱、合作共赢的价值观,让员工认识到幸福感的重要性,积极参与组织的幸福提升活动,共同营造一个幸福、和谐的工作环境。

**职场
故事**

厦门某文化传媒有限公司取消法定长假调休补班

2023年4月18日，厦门某文化传媒有限公司发布一条人事公告：为了让员工能够得到更好的休息，并从生活中获取更多创意灵感，今年起法定长假取消调休补班。劳动节、端午节、国庆假期仍依照法定放假，原需补班的日期改为休假，不鼓励加班，如非加不可需提交主管审批。排班制岗位则增加当月相应休假日，班次以主管排班为准。

这个通知一发，立即在网络上引起广泛热议，网友纷纷表达羡慕之情，称之为"梦中情司"。该公司员工看到消息也非常开心。小小的一条消息，包含了重磅的内容。在平凡不值一提的公告中，脱颖而出，"不调休、不补班"的制度极大地提升了员工的幸福感。

资料来源：王攀.五一休假这样才对！厦门一公司取消长假调休补班！应全国推广！〔EB/OL〕.（2023-04-18）〔2024-07-28〕. https://haokan. baidu. com/v？ pd ＝ wisenatural&vid＝17357465633933851597.

（七）生日惊喜

生日惊喜是组织内部公关的一个重要切入点，通过庆祝员工生日，可以表达对员工的关怀和重视，增强员工的归属感和幸福感，提升整体团队的凝聚力和向心力。

具体的生日策略主要有2种：其一，制订个性化的生日庆祝计划，包括根据员工喜好赠送贺卡、鲜花及定制礼物并考虑组织专属生日会，确保每位员工在生日当天感受到特别的关怀。其二，定期举办集体生日庆祝活动，邀请全体员工参与，通过共享喜悦增进彼此了解，同时传递组织文化，营造积极向上的团队氛围。在策划过程中，注重生日惊喜的个性化和创意，以满足不同员工的独特需求，进一步加深员工对组织的认同与好感。

（八）节日策划

精心策划和组织各种节日庆祝活动，有助于增强团队凝聚力，营造积极向上的组织文化氛围。

1.制订系统的节日策划方案

策划方案应当包括每年的主要节日，如春节、端午节、中秋节、国庆节、圣诞节等，以及组织的周年庆、员工生日等特殊节日。在每一个节日庆祝活动中，组织都应当明确活动的主题、目标和具体安排，确保每一位员工都能参与其中，感受到节日的氛围和组织的关怀。

2.注重节日庆祝活动的创意和多样化

不同的节日有不同的文化背景和庆祝方式，要根据节日的特点，设计独特的庆祝活动。比如,在春节期间,组织开展写春联、包饺子、放鞭炮等传统活动;在中秋节期间,组织开展赏月、吃月饼、猜灯谜等活动;在圣诞节期间,组织开展圣诞派对、装饰圣诞树、交换礼物等活动。

3.注重员工的参与和互动

节日庆祝活动不仅是组织表达关怀和庆祝的方式,也是员工之间交流和互动的机会,要鼓励员工积极参与节日活动,通过团队合作和互动游戏,增强员工之间的默契和信任。例如,组织可以组织团队比赛、趣味运动会、文艺表演等活动,增强员工之间的合作和互动。有一点很重要,活动要以鼓励为主,不要强制员工参与文艺表演,这会增加部分员工的心理负担,反而偏离了初衷。

(九)健康管理

健康管理不仅能帮助员工及时发现和预防疾病,还能提高他们的健康意识和自我保健能力,包括定期组织员工体检、提供健康咨询和医疗服务、开展健康知识讲座和健康活动等。关注员工的健康,不仅有助于提高员工的工作效率和创造力,还能减少员工因健康问题导致的缺勤率和离职率,增强组织的稳定性和竞争力。

1.提供定期体检

为员工提供每年一次或两次的全面体检,涵盖常规检查、血液化验、心电图、超声检查等项目,确保员工能够及时发现和诊断潜在的健康问题。通过定期体检,员工可以了解自己的健康状况,并在医生的指导下采取必要的治疗和预防措施,避免小病拖成大病。此外,提供个性化的体检项目,根据员工的性别、年龄和职业特点,增加专门的检查项目,以满足不同员工的健康需求。

2.开展健康知识讲座和健康活动

定期邀请专家和医生,举办健康知识讲座和培训,向员工普及健康知识和保健常识,帮助员工掌握正确的健康管理方法和技巧。通过健康知识讲座,员工可及时掌握各种常见疾病的预防和治疗方法,提高健康素养和自我管理能力。此外,还可以组织各种健康活动,如健步走、跑步比赛、瑜伽课和健身操等,鼓励员工积极参与体育锻炼,增强体质和抵抗力,保持健康的生活方式和积极的心态。

职场故事

影石 Insta360:为员工策划百万奖金减重活动

深圳的科技公司——影石 Insta360,一家专注于全景运动相机领域的创新公司,近期以别开生面的方式向员工传递了健康生活的理念。在 2024 年 5 月 11 日的世界防治肥胖日,该公司精心策划了一场百万奖金的减重活动,旨在激励员工们积极运动、均衡饮食,实现健康减重。

这场为期五期、每期三个月的减重盛宴,吸引了 155 名员工的热情参与。经过不懈的努力,他们共同减去了超过 1600 斤的体重,成功赢取了约 98 万元的奖金。每位参与者平均减重超过 10 斤,不仅展现了出色的毅力,也体现了对健康生活的热爱与追求。活动中,影石 Insta360 还巧妙地引入了"对赌"机制,即减一斤奖 500 元,反弹一斤罚 800 元。然而,令人欣喜的是,所有参与者都展现出了极高的自律性,无一人因反弹而被罚款。其中,个人挑战中的佼佼者成功减掉了 36 斤,收获了近 2 万元的奖金;而团队挑战中,表现最出色的团队则赢得了近 10 万元的奖励。

影石 Insta360 的减重活动报名条件也相当严格,确保参与者能够安全、健康地减重。报名条件包括:身体健康、无不适合减重的疾病;有强烈的自我管理体重的意愿和毅力;BMI 指数高于 24;减重后 BMI 指数仍在健康范围内。此外,活动还规定未参加过公司过往减重活动的员工方可报名。

据公司工作人员介绍,影石 Insta360 拥有超过 1600 名员工,此次减重活动仅面向内部员工开放。目前,首期百万奖金已经全数发放完毕,活动取得了圆满成功。新一轮的减重活动也已紧随其后,预计将有 100 名员工共同瓜分下一个 100 万元的减肥奖金。这一举措不仅展现了公司对员工健康的关心与重视,也传递了健康生活、积极运动的企业文化。

资料来源:深圳一家科技公司奖励百万现金激励员工"带薪减肥"[EB/OL].(2024-05-11)[2024-07-28].https://m.mp.oeeee.com/a/BAAFRD000020240511952082.html? ndfrom=wap.

3.设立健身房和提供健康餐饮

在办公楼内或附近设立健身房,配备各种健身器材和设施,方便员工在工作之余进行锻炼。工会可以聘请健身教练,定期为员工提供健身指导和课程,帮助员工制订科学的锻炼计划,提高锻炼效果。在餐饮方面,在员工餐厅提供健康餐饮选项,如低脂、低盐、低糖的食品,增加新鲜蔬菜和水果的供应,鼓励员工选择健康饮食,改善饮食结构和习惯。

4.提供心理咨询服务

现代工作压力大,员工容易产生焦虑、抑郁等心理问题,影响工作效率和生活质量。要及时关注员工的心理健康,为他们提供专业的心理咨询和辅导服务,帮助员工缓解压力和情绪困扰。具体可以设立心理咨询室,聘请专业的心理咨询师,为员工提供个性化的心理支持和辅导服务。此外,还可以组织心理健康讲座和培训,提高员工的心理健康意识和自我调节能力,帮助员工在工作中保持积极的心态和良好的情绪状态。

(十)亲人关照

亲人关照是组织内部公关的一个特殊切入点,尤其是在弘扬孝道文化和增强文化自信方面具有重要意义。通过关心员工的家庭生活和亲人健康,组织可以传递对员工及其家庭的关爱和尊重,弘扬中国传统孝道文化,增强员工的文化自信和社会责任感。

1.在重要节日为员工的父母送上问候和礼物

在中国传统文化中,节日是亲人团聚和表达情感的重要时刻,如春节、中秋节、端午节等,可以在这些节日为员工的父母准备精美的礼物,如健康食品、养生用品、节日礼品等,表达对员工家庭的关爱和祝福。此外,可以通过书信或电子贺卡的形式,向员工的父母致以节日的问候和祝福,传递组织的温暖和关怀。这不仅让员工感受到组织的重视和关爱,还能让员工的家人对组织产生好感和认同。

2.组织家庭日活动

可以定期举办家庭日活动,邀请员工的家人一同参加,包括家庭聚餐、游园活动、趣味运动会等,让员工及其家人在轻松愉快的氛围中互动和交流。这些活动的举办,不仅增强了员工家庭之间的联系和情感,还能让员工的家人更好地了解组织的文化和价值观,增进对组织的认同和支持。此外,组织可以在家庭日活动中设置互动环节,如亲子游戏、家庭才艺表演等,增加活动的趣味性和参与感,让员工及其家人度过一个难忘的时光。

3.提供家庭健康保险

对于经济实力比较强的组织,可以考虑为员工及其家庭成员提供全面的健康保险,涵盖疾病治疗、住院费用、体检服务等,确保员工及其家人能够得到及时有效的医疗保障,不仅能减轻员工在家庭健康方面的经济压力,还能让员工在工作中更加安心和专注。另外,组织还可与专业的健康管理机构合作,定期为员工及其家人提供健康咨询和医疗服务,如家庭医生、上门体检等,让员工及其家人享受到高质量的健康保障和服务。

4.举办家庭健康讲座和培训

组织可以邀请专业的医生和健康管理专家,定期举办家庭健康讲座,向员工及其家人普及健康知识和保健常识,帮助他们掌握正确的健康管理方法和技巧。例如,举办主题为"如何预防常见疾病"的讲座,讲解日常保健和预防疾病的方法,帮助员工及其家人提高健康素养。此外,还可组织健康培训和体验活动,如健身课程、营养讲座、健康检查等,鼓励员工及其家人积极参与健康管理,保持良好的生活方式和健康状态。

5.弘扬孝道文化

孝道文化是中华民族的传统美德,是家庭和谐和社会稳定的重要基石,可以通过组织孝道文化活动,弘扬和传承孝道文化,增强员工的文化自信和社会责任感。例如,组织可以在内部宣传孝道文化,通过员工手册、组织刊物、宣传栏等途径,传播孝道故事和孝道精神,营造尊老爱幼、互助友爱的组织文化氛围。此外,组织还可以通过举办孝道文化主题活动,如"孝亲敬老"座谈会、孝道故事分享会、旅游活动等,让员工在工作之余,感受和践行孝道文化,增强家庭责任感和社会责任感。

扫描右侧二维码查看职场故事。

（十一）言出必行

建立诚信、公正的组织文化，可以增强员工对组织的信任和忠诚度。组织的承诺和实际行动的一致性，不仅能树立组织的良好形象，还能增强员工的工作信心和积极性。

1.对员工的承诺和福利政策必须严格兑现

组织在招聘时所承诺的薪酬福利、培训发展等方面应当兑现到位，不应虚假宣传或变相克扣员工的权益。例如，组织应当按时足额支付员工的工资和奖金，提供合理的福利待遇，如医疗保险、社会保险、年终奖金等，确保员工的基本生活和工作需求得到满足。此外，组织应当兑现对员工的培训和职业发展承诺，提供适当的培训机会和晋升通道，帮助员工实现个人价值和职业目标。

2.及时反馈和落实员工意见和建议

员工是组织最宝贵的资源，他们对组织的发展和改进有着独特的见解和建议。对于员工的建议，组织应当及时进行评估和回复，并尽量采纳和落实，让员工感受到自己的参与和贡献得到了认可和肯定。

（十二）政策稳定

稳定的政策环境可以为员工提供安全感，从而增强他们的工作积极性和忠诚度。组织应制定和实施稳定的薪酬、福利、晋升和培训政策，确保员工在职业发展中有明确的预期和目标。同时，通过建立透明、公正的政策执行机制，增强员工对组织政策的信任感和认同感。此外，在组织战略调整和变革过程中，应及时与员工沟通，确保政策调整的透明和可预期性，减少因政策变动带来的不确定性和焦虑感。

三、组织内部公关的归宿点——利益共同体

（一）提升员工的职业忠诚度

组织内部公关能够显著提升员工的职业忠诚度，这是因为有效的内部公关能满足员工的心理需求，增强员工对组织的认同感和归属感。员工和组织之间的关系在这种良性的互动中得到了巩固，进一步确立了双方作为利益共同体的角色。内部公

关通过加强组织与员工之间的沟通，建立了信任和理解的桥梁。良好的沟通能使员工感受到被尊重和重视，增强他们对组织的信任感。信任是职业忠诚度的重要基础，员工感受到组织的透明和公正，自然会对组织产生更深的依赖和忠诚。这种信任不仅有利于员工对组织的依附，更加促进了组织对员工的长期投入，形成互利的关系。内部公关能够有效传递组织文化和价值观，使员工对组织的使命和愿景产生共鸣。组织文化是凝聚员工的重要力量，当员工认同组织的价值观和目标时，他们会更加愿意为组织的成功付出努力。这种认同感不仅提升了员工的职业忠诚度，还增强了他们的工作热情和责任感。在这个过程中，员工实现了个人价值，组织也获得了更高的生产力和创新能力，体现出双方的共同利益。另外，内部公关还能够通过塑造良好的组织形象，提升员工的自豪感和归属感。员工在一个有良好声誉和社会形象的组织工作，会感到自豪，这种情感上的满足感进一步强化了他们对组织的忠诚。组织在员工中建立起这样的归属感和自豪感，不仅有利于留住人才，还能吸引更多优秀的员工加入，进一步提升组织的竞争力。

（二）提升组织的收益

组织内部公关能够有效提升组织的收益，这是因为其在多个方面提升了组织的运营效率和竞争力。员工和组织作为利益共同体，双方在这个过程中都能获得实实在在的收益。内部公关在一定程度上有助于提升员工的职业忠诚度，减少员工的流失率和招聘成本。高忠诚度的员工更稳定，他们在组织中积累的经验和技能得以持续发挥，不仅能显著提高工作效率，还可以减少频繁招聘和培训新员工的成本。这种情况下，员工的稳定性和经验积累直接转化为组织的生产力和收益，员工因此得到更多的职业安全感和成长机会，组织也因此减少了人力资源管理的负担。

通过营造积极向上的工作氛围和组织文化，员工在工作中能感受到更多的激励和支持，这种积极性和创造力可转化为更高的工作效率和创新成果。创新是组织提升市场竞争力和收益的重要因素，内部公关通过激发员工的潜力，为组织创造更多的价值。员工在这个过程中得到了个人成就感和职业发展的机会，组织也因此获得了更多的市场竞争力和经济效益。此外，良好的内部公关还能提升组织的客户满意度和品牌形象。员工对组织的忠诚和认同感体现在他们的工作态度和服务质量上，这直接影响客户的满意度和组织的声誉。满意的客户和良好的品牌形象不仅带来更多的业务机会和收入，还为组织的长期发展奠定坚实的基础。员工在这种良好的市场环境中工作，能够感受到组织的持续成长和发展的动力，强化其忠诚意识，提升工作积极性，从而形成一种良性循环。

（三）组织可持续发展

通过有效的内部公关活动，组织能够实现全面的可持续发展目标，而员工作为利益共同体的重要一员,也能在这个过程中受益。其中,内部公关通过建立良好的员工关系和组织文化,可有效促进组织内部的和谐与稳定。而这种和谐与稳定的内部环境是组织可持续发展的基础,内部公关通过增强员工的归属感和凝聚力,减少了内部冲突和矛盾,提高了团队合作和整体效率。同时,内部的和谐与稳定,为组织的长期发展提供可靠保障,员工在这样的环境中能够享受更和谐的工作氛围和更稳定的职业前景。

内部公关还可加强内部沟通和信息透明。组织可持续发展需全员共同努力和支持,通过建立透明、开放的内部沟通机制,及时向员工传达组织的发展战略和目标,增强员工的参与感和责任感。例如,通过内部新闻通讯、员工座谈会、管理层定期沟通等方式,让员工了解组织的最新动态和发展方向,增强员工对组织发展的信心和认同感。员工在透明和开放的环境中,能更积极地参与组织发展和变革,为组织的可持续发展贡献力量。

 **本章小结**

本章主要介绍组织内部公关的基本内容,重点介绍了组织内部上下级之间的交往:对待上级的礼仪、对待下级的礼仪;同级之间的交往——相互尊重、真心以待、审慎自制;办公室礼仪原则、办公室谈吐原则、办公室环境维护原则;组织内部公关策划:组织内部公关的出发点、切入点和归宿点。本章整体内容贯穿于职场生活,需认真学习,努力内化。

课程交流互动

一、名词解释

组织内部公关交往、办公室礼仪

二、简述题

1.上下级之间的交往有哪些注意事项?

2.如何正确处理与同级之间的交往?

3.办公室谈吐的原则有哪些?

4.办公室环境维护的原则有哪些?

5.组织内部公关策划的切入点有哪些?

三、策划题

假如你负责公司的公共关系策划工作,正值元旦节日来临,老板让你以元旦为背景,策划一场对内的公共关系活动,请完成一份精彩的策划方案。

要求：

1.公司背景由自己小组成员共同讨论后商定；

2.策划案要逻辑清晰、结构完整。

四、案例分析题

胖东来的内部公关——不开心假期

在 2024 年的中国超市周论坛上，胖东来董事长于东来表示，今年胖东来新增 10 天"不开心假"，无论做什么事情，要让自己走在喜欢的道路上。不开心、不想上班可以请假，管理层不能不批，不批就违规了。消息一出，立即引发社会各界广泛关注与讨论。有网友表示"这又是别人家的公司"，问"怎么才能去胖东来上班"，也有网友戏称胖东来又在"整活"。哪怕是"整活"，它传递出的信息却是明确的：企业在追求经济效益的同时，不能忽视员工的心理健康和幸福感。

当下社会，人们面临着越来越多的压力和挑战，心理和情绪问题常常困扰着职场人。"不开心假"的设立，无疑是对社会压力的一种积极回应。很多时候，人们并不是因为身体上的疲倦需要休息，而是因为心灵上的压抑和疲惫。"不开心"可以成为休假的理由，直接触及职场人的心理状态，这种极具人情味的规章制度，为企业营造了宽容、乐观向上的职场文化氛围。

资料来源：胖东来新增 10 天"不开心假"！于东来：不开心、不想上班可以请假，管理层不能不批［EB/OL］.(2024-03-26)［2024-07-28］.https://news.bjd.com.cn/2024/03/26/10731056.shtml.

思考题：

1.胖东来"不开心假"的实施对于企业内部公共关系和员工士气有何具体影响？

2.胖东来在推出"不开心假"时，如何确保这一政策在内部得到有效沟通和执行，避免误解和滥用？

公关的精髓就是用最真诚的自己对待他人。

——大卫·奥格威

第十章 公共关系策划人员素质要求与培养

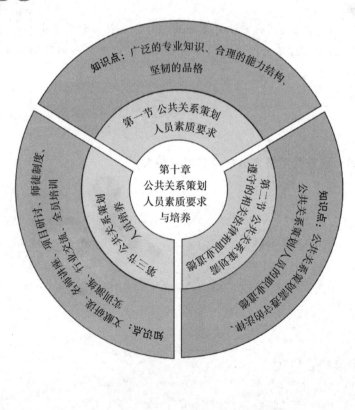

学习目标

通过本章的学习,你应该达到以下目标:

一、了解公共关系策划人员素质要求的基本内容;

二、理解公共关系策划需要遵守的相关法律和职业道德;

三、掌握公共关系策划人员培养的内容;

四、强化政治觉悟、法治观念、职业操守、人格塑造。

知识罗盘图

鱼跃医疗"破浪前行"：公关智慧化解涨价风波

2022年12月，鱼跃医疗因血氧仪涨价问题引发了广泛的社会关注和舆论风波。随着新冠疫情的反复，血氧仪作为重要的医疗检测设备，其价格变动牵动着广大消费者和医疗机构的神经。鱼跃医疗作为行业内的知名品牌，其涨价行为迅速成为舆论的焦点。面对这场突如其来的公关危机，鱼跃医疗的公关团队迅速采取行动，以专业的素养和敏锐的洞察力化解了危机。

公关团队迅速组织内部会议，全面了解涨价的原因和背景。他们发现，由于原材料成本上升、生产压力增大等因素，血氧仪的成本不断攀升，公司不得不作出涨价的决定。然而，这一决策并未充分考虑到消费者的感受和市场的反应。接下来，公关团队制定了一套全面而有效的公关策略，通过官方渠道发布了详细的涨价说明，解释了涨价的原因和必要性，并承诺将尽最大努力保障产品的质量和供应。同时，主动与消费者和媒体进行沟通，积极回应关切和疑问，消除消费者的疑虑和误解。

鱼跃医疗公关团队积极配合江苏省镇江市市场监管局的调查工作，主动提供相关证据和材料，以便监管机构能够全面了解情况并作出公正判断。在调查过程中，公关团队发现公司确实存在哄抬价格的行为。他们公开承认错误，并对消费者表示歉意，承诺将改正价格违法行为，并承担相应的法律责任。江苏省镇江市市场监管局对鱼跃医疗开具了行政处罚决定书，责令其改正价格违法行为，并罚款270万元。公关团队表示接受处罚，并将严格按照要求进行整改，确保未来不再发生类似问题。

为了防止类似事件再次发生，公关团队建议公司加强内部管理和监管，优化采购、生产、销售等环节，降低成本，提高效率。同时，加强价格监管，确保产品价格合理、公正。

在沟通过程中，公关团队展现出出色的沟通能力和应变能力。他们善于倾听消费者的声音，理解消费者的需求，并以诚恳的态度和专业的知识为消费者解答问题。同时，他们灵活应对各种突发情况，及时调整策略，确保了公关工作的顺利进行。

资料来源：2023年八大舆情危机事件盘点，企业公关需注意什么？〔EB/OL〕.（2023-03-14）〔2024-07-31〕.https://www.sohu.com/a/654032669_651065.

案例思考

鱼跃医疗公关团队在血氧仪涨价风波中采取了及时回应、解释原因、配合调查、承认错误并道歉、接受处罚并整改以及加强内部管理和监管等一系列措施。这些措施有助于缓解负面影响并恢复消费者信任。同时，公司也意识到需要加强与消费者的沟通和互动，提高品牌知名度和美誉度。

此次事件不仅是对公司品牌形象的考验,也是对公关团队专业素养和应变能力的检验。公关团队在危机发生时迅速行动,展现出了高度的责任感和紧迫感;在沟通中展现出了出色的沟通能力和应变能力;在处理危机时始终坚持诚信原则,以消费者的利益为重。

鱼跃医疗在处理血氧仪涨价风波时,其公关团队展现出了专业素养、沟通能力和应变能力等多方面的素质。这些素质是公关工作中不可或缺的,也是组织应对危机、维护品牌形象的重要保障。因此,作为公共关系策划人员,应具备相应素质和能力,才能有效开展相应的策划工作和处理具体的危机。

第一节 公共关系策划人员素质要求

作为公共关系策划人员,只有具备广泛的专业知识、合理的能力结构以及坚韧的品格,才能在激烈的竞争中脱颖而出。

一、广泛的专业知识

公共关系策划人员应具备广泛的知识,主要包括公共关系理论知识、公关关系实务知识以及公共关系相关学科知识。

(一)公共关系理论知识

公共关系策划人员作为负责规划和实施公共关系活动的专业人员,需要掌握一系列公共关系相关的理论知识。这些理论知识不仅为他们提供了分析和解决问题的框架,还指导他们如何有效地与各种公众进行沟通和互动。公共关系策划人员需要掌握的一些关键公共关系理论知识主要包括:公共关系定义与原则、公共关系历史与发展、公众分析与定位、传播理论、危机管理、品牌建设与维护、媒体关系管理、活动策划与执行、数据分析与评估、法律法规与伦理道德等。

通过掌握这些理论知识,公共关系策划人员可以更加专业地应对各种公共关系挑战,为组织创造更大的价值和影响力。同时,还需要不断学习和实践,以适应不断变化的公共关系环境和市场需求。

(二)公关关系实务知识

作为公共关系人员,除了对公共关系的专业理论知识有深厚的理解外,还需要熟练掌握公共关系的基本实务知识。这些实务知识是确保公共关系工作能够有效执行和达到预期效果的关键。公关关系的基本实务知识主要包括以下 6 点。

1.公共关系调研知识

能够进行市场调研,收集和分析关于组织形象、公众需求和期望等方面的数据,为制定公关策略提供科学依据。

2.公共关系活动策划知识

能够策划和组织各类公关活动,如新闻发布会、产品推广会、庆典活动等,确保活动能够有效吸引目标公众,并达到预期的公关效果。

3.公共关系活动实施和评估知识

能够执行公关活动计划,并在活动过程中进行监控和调整,以确保活动的顺利进行。同时,还需要掌握如何对公关活动的效果进行评估和总结,为今后的公关工作提供经验和教训。

4.公众分析知识

能够清晰掌握各类公众的特点、需求和期望,以便更好地满足公众的需求,提升组织在公众心目中的形象。

5.与各类公众打交道的知识

能够掌握与不同公众群体(如媒体、政府、消费者等)打交道的方法和技巧,建立和维护良好的公共关系。

6.社交礼仪知识

能够遵循社交场合礼仪规范,从而展现良好的个人形象和组织的专业素养。

 职场故事

晏子"小身材大智慧":智闯狗洞,笑谈楚国

春秋战国时期,齐国大夫晏子被派遣出使楚国。楚国人因晏子身材矮小,故意在大门旁开一小洞让他进入。

晏子拒绝从小洞进入,机智地回应:"出使到狗国的人从狗洞进去,现在我出使到楚国来,不应该从这个洞进去。"这一回答既维护了自己的尊严,也巧妙地批评了楚国人的不敬。楚王在宴会上故意挑衅,暗示齐国无人,派晏子这样的矮小之人出使。晏子则以齐国人口众多,且派遣使臣依据对方国家的贤能程度来选择为由,巧妙地反驳了楚王的挑衅。楚王再次设局,让手下人故意在晏子面前捆绑一个齐国人,并宣称其犯了偷窃罪,以此暗示齐国人本性不善。晏子则以橘生淮南则为橘,生于淮北则为枳的比喻,指出这是楚国水土使百姓变得善于偷窃,再次巧妙地化解了尴尬。

楚王对晏子的智慧和口才深感佩服,最终不得不承认自己的过失,并向晏子道歉。晏子通过这次出使,不仅维护了齐国的尊严,也展现了自己高超的公关礼仪和应对能力。

资料来源:晏婴:春秋时期的智慧使者与齐国的尊严捍卫者[EB/OL].(2024-05-23)[2024-07-28].https://www.qulishi.com/info/v587472.html.

（三）公共关系相关学科知识

公共关系策划是一门跨学科的课程，融合了多个学科的知识和理论，以支持组织在复杂多变的环境中建立和维护良好的公众关系。公共关系策划人员应具备的公共关系相关学科知识有：传播学、市场营销学、心理学、社会学、管理学、法律学、媒体学、法学等。这些相关学科知识的学习和内化，会为公共关系策划人员开展具体的策划奠定扎实的理论基础，为创新插上翅膀。

二、合理的能力结构

作为公共关系策划人员，应具备合理的能力结构。一般来讲应具备超强的学习能力、扎实的写作能力、流利的语言能力、灵活的应变能力及持续的创新能力，这些能力将为公共关系策划的开展提供源源不断的能量和动力。

（一）超强的学习能力

公共关系策划人员需要具备超强的学习能力，这是因为该工作涉及多个领域，要求能够迅速适应环境变化，掌握新的知识和技能，并不断创新。公共关系策划人员超强的学习能力主要体现在以下 5 个方面。

1.适应性与灵活性

公共关系策划人员面对的环境是多变的，包括市场趋势、社会热点、公众舆论等。他们必须能够迅速捕捉这些变化，并调整自己的策略。超强的学习能力能使他们快速地学习新的理论、技术或行业知识，在需要时灵活地应对各种挑战。

2.多元化的知识储备

公共关系策划工作涉及的知识领域非常广泛，包括传播学、市场营销、心理学、社会学、法律等。同时，公共关系策划人员应积累一定的文学底蕴、掌握一定的历史知识、紧跟现代科技动态。公共关系策划人员需要掌握这些领域的基本知识，并能够将它们应用到实际工作中。超强的学习能力使他们能够轻松地掌握多元化的知识，并在需要时将它们融合在一起，为策划活动提供有力的支持。

 职场 故事 ——————————————————————————
董卿诗词大会显真章：深厚底蕴，诗意流淌

在中国诗词大会的某一期节目中，董卿以其深厚的诗词功底和丰富的知识储备，给在场的嘉宾和观众留下深刻印象。作为这档节目的主持人，她不仅要掌控现场氛围，还要与选手进行诗词知识的交流，其表现堪称经典。

在这一期节目中，当一位选手答出了一首相对冷门的诗词后，董卿不仅迅速准确地识别出了该诗词的出处和作者,还进一步对诗词背景、意境和深层含义进行了详细解读。她提到这首诗词反映了当时的社会背景,展现了作者的某种心境,并且其中蕴含的情感与现实意义依然能够引起现代人的共鸣。

在另一轮飞花令环节中,选手们需要围绕某个主题快速说出符合要求的诗词。当主题词出现时,董卿不仅能够迅速在脑海中搜索出相关诗词,还能为观众和选手们解释这些诗词之间的联系和区别。她信手拈来、出口成章的能力,让观众赞叹不已。更为令人印象深刻的是,当有一位选手因为紧张而卡壳时,董卿及时给予了鼓励和提示。她巧妙地引用了一首与该主题相关的诗词,不仅帮助选手缓解了紧张情绪,还引导他成功答出了题目。这种机智和应变能力,再次展现了董卿深厚的诗词功底和知识储备。

在这一期中国诗词大会的节目中,董卿以其丰富的知识储备和深厚的诗词功底,为观众和选手们带来了一场精彩绝伦的诗词盛宴。董卿的表现,无疑是她知识储备的最好证明。

资料来源:跟着董卿走进《中国诗词大会》[EB/OL].(2016-04-20)[2024-07-28].https://tv.cctv.com/2016/04/20/ARTIGwW10ygiQImPFvIHgc4h160420.shtml.

3.持续学习与自我提升

公共关系策划人员需要不断学习和提升自己的能力,以适应不断变化的市场需求和公众期望。应保持对新知识的渴望,积极寻求学习机会,如参加培训课程、阅读专业书籍、参与行业研讨会等。同时,还应具备自我反思和自我提升的能力,不断总结经验教训,优化自己的工作方法和策略。

4.创新与探索精神

公共关系策划人员需具备创新和探索的精神,不断寻找新的思路和方法,为组织创造独特的公关效果。超强的学习能力能使他们保持敏锐的洞察力和创新力,从新的视角看待问题,发现新的机会和挑战。勇于尝试新的技术和手段,不断探索新的公关模式,为组织带来更大的价值。

5.快速学习与应对突发事件

在公共关系领域,突发事件时有发生,如危机事件、紧急公关等。这些事件需要公共关系策划人员迅速作出反应,制定有效的公关策略。超强的学习能力能使他们在短时间内快速掌握相关信息,理解事件的性质和影响,并制定出切实可行的应对策略。这种能力对于维护组织形象和声誉至关重要。

(二)扎实的写作能力

作为组织的信息枢纽,公共关系人员不仅承担着收集、整合与组织紧密相关的信息任务,更扮演着信息桥梁的重要角色,与新闻媒体保持着频繁的互动。但他们的核心职责远不止于此,更在于有效地将组织内部的动态、成果和计划通过各种途径传递给外部世界。这包括撰写新闻稿、简报,设计请柬、信函、贺词,以及调查报告、通知、计划、总结等多种文本形式。每一项工作都考验着公共关系人员的文字功底和创意能力,要求他们不仅要有编写、制作文字和新闻材料的精湛技巧,更要有将这些信息精准、及时地传达给目标受众的敏锐洞察力和高效传播策略。

(三)流利的语言能力

精简与传达,这是口头表达的精髓所在。一些现代组织领导在报告时,长篇大论却言之无物;演讲者自我陶醉,而听众却感到索然无味,因此公关活动难见成效。其问题的根源在于未能遵循公关的基本原则——简洁。为了达成公关目标,必须摒弃空洞无物的套话和废话。

作为公关人员,需要面对各种人群进行有效的言语交流,并及时向公众传递组织的信息,若缺乏出色的口头表达能力,便难以担当组织与公众之间的桥梁角色。对公关策划人员而言,优秀的口头表达能力同样至关重要。尤其是在向客户或上级展示策划方案时,需要凭借出色的口才,清晰、准确地阐述方案的核心内容,以赢得信任与支持。对于公关策划人员来说,锤炼口头表达能力,是日常工作中不可或缺的一部分。

扫描右侧二维码查看职场故事。

(四)灵活的应变能力

在日常公关工作中,公关人员面临的公众群体复杂多样,他们拥有不同的籍贯、性别、年龄、宗教信仰,以及各异的文化背景、思想观念、社会阅历、生活习惯和交往礼节。此外,公关人员还时常要面对公众的异议、突发事件,以及由组织内外部因素导致的各种风险和挫折,甚至遭遇一些令人尴尬的局面。妥善处理这些事件,对于公关活动顺利进行及组织和公关人员形象维护至关重要。因此,应变能力成为衡量公关人员素质高低的关键标准。公关人员必须做好心理准备,并具备实际能力来应对各种情况的变化。

当偶发事件发生时,公关人员应保持耐心和毅力,展现出卓越的应变能力。需要在坚守原则的同时,展现出足够的忍让和包容,能够沉着冷静、灵活应变地处理各种问题。任何急躁易怒、一触即发的情绪都可能产生消极影响,甚至导致重大损失。公关人员需要时刻保持冷静和理智,以专业的态度和技能应对各种挑战。

职场故事

A 影星智答"天价出场费"，随机应变展公关大师风范

早年间，A 影星在一次小型的联欢会上，观众席上有一位女士问他："听说你在全国笑星中出场费是最高的，一场要一万多元，是吗？"这个问题让人为难：如果 A 影星作出肯定性的回答，那会有许多不便；如果确有其事，他也就不好作出否定的回答。面对这样尴尬的问题，A 影星作出了如下回答：

A 影星说："您的问题提得很突然，请问您是哪个单位的？"

女士说："我是 J 市一个电器经销公司的。"

A 影星说："你们经营什么产品？"

女士说："有录像机、电视机、录音机……"

A 影星说："一台录像机卖多少钱？"

女士说："五千元。"

A 影星说："那有人给你五百元你卖吗？"

女士说："那当然不能卖，一种商品的价格是由它的价值决定的。"女士的回答非常干脆利落。

A 影星说："那就对了，演员的价值是由观众决定的。"

从这个小故事中，可以看到，较强的随机应变能力能够很好地化解尴尬和危机，对于一个专业从事公共关系策划的人员尤其是在对外开展活动的沟通场合，更是需要过硬的灵活应变能力。

资料来源：口才三十六计之瞒天过海：赵本山被问出场费，看他怎么回答［EB/OL］.（2018-05-13）［2024-07-28］.https://baijiahao.baidu.com/s？id＝1600357478002156434&wfr＝spider&for＝pc.

（五）持续的创新能力

作为公关策划人员要有持续的创新能力，才能满足时代的需要、社会大众的需要、企业自身发展的需要。只有不断地输出有创意的、创新性强的作品，才会让大众记住并熟知，从而产生期待和向往。不应满足于传统的公关模式，应勇于打破常规，跳出固有思维框架，寻求"意料之外，情理之中"的创新构想。这种创新能力源于对创新的热爱和勇气，同时也需要广博的知识储备、多元化的兴趣爱好、勤于思考的习惯和融会贯通的智慧。只有如此，才能在公关领域独树一帜，引领潮流，赢得公众广泛认可和支持。

三、坚韧的品格

公共关系策划人员应具备坚韧的品格,重点表现在抗压力强、积极乐观及百折不挠 3 个方面。

(一)抗压力强

公共关系策划人员在工作中需要经常面临各种挑战和压力,包括处理突发事件、危机管理、媒体关系维护、活动策划执行等,因此需要具备比较强的抗压力。例如,公共关系工作涉及与各种人群打交道,包括媒体、合作伙伴、消费者、政府部门等。这些人群的利益诉求和期望各不相同,需要从业人员具备良好的沟通能力和协调能力。在面对复杂的人际关系和利益冲突时,抗压力强的从业人员能够保持耐心和冷静,寻找平衡点,确保各方利益得到妥善处理。

(二)积极乐观

公共关系策划人员需要具备积极乐观的品格。他们的工作经常涉及反复修改策划方案、处理各种复杂情况、协调各方利益、解决冲突以及面对不可预见的挑战,积极乐观的品格能够帮助他们更好地应对这些挑战,保持高效的工作状态,同时也对团队的整体氛围和成果产生积极影响。积极乐观的从业人员在面对困难时更容易保持自信,相信自己有能力解决问题。这种自信能够激励他们更加努力工作,寻找解决方案,从而取得更好的成果。

(三)百折不挠

公共关系策划是一项极具挑战性和创造性的工作,要勇于打破常规,开创新的道路,而这自然伴随着一定的失败风险。然而,成功往往不会眷顾那些畏惧失败的人。在公关策划中,试错并非轻率行事,而是在创意过程中不断地进行探索、比较和修正,以追求最佳的公关方案,进而推动组织公共关系目标的实现。

正是这种敢于试错、追求完美的精神的驱使,才能够孕育出前无古人的优秀策划方案。反之,如果瞻前顾后、保守顾虑,不仅会错失良机,更可能损害组织的经济利益和声誉。因此,对于公共关系策划人员而言,不畏失败、敢于尝试的百折不挠精神是通往成功的必经之路。

第二节　公共关系策划需遵守的相关法律和职业道德

一、公共关系策划需遵守的法律

（一）民法

民法,作为调整公民之间、法人之间以及公民与法人之间财产和人身关系的法律规范,其定义涵盖了平等主体间发生的特定财产关系和人身关系。财产关系特指财产所有和交换关系,而人身关系则是与主体人身紧密相连但不直接涉及财产的社会关系,如生命权、健康权、人身自由权等。

民法与公民和法人的财产所有权和人身权息息相关,因此其在公共关系活动中尤为关键。无论是在国内还是国际公关实践中,民法都是公关人员必须高度重视的法律问题。因此,公关人员必须严格遵循民法规定,确保公关活动不侵犯任何公众的财产所有权和人身权利。

（二）知识产权法

知识产权法是调整因创造、使用智力成果而产生的,以及在确认、保护与行使智力成果所有人的知识产权的过程中,所发生的各种社会关系的法律规范的总称。随着全球社会的进步和科技的迅猛飞跃,知识产权——这一人类智慧的结晶,已逐渐跃升为世界各国关注的焦点。为了维护这一宝贵的智力成果,各国纷纷签订了一系列国际公约,并成立了世界知识产权组织,共同致力于知识产权的保护。如今,保护知识产权已成为国际社会的共同呼声,象征着人类文明的新高度。

在我国改革开放 40 多年里,经济的蓬勃发展和科技的日新月异,使得知识产权保护进入了全新的阶段。为了加强这一领域的法律保障,我国相继出台了《中华人民共和国商标法》《中华人民共和国专利法》《中华人民共和国著作权法》《中华人民共和国反不正当竞争法》等一系列重要法律,为知识产权的保护提供了坚实的法律基础。

早在 1984 年,我国便加入了世界知识产权组织,随后加入多个重要的国际公约。从 1985 年的《保护工业产权巴黎公约》,到 1989 年的《商标国际注册马德里协定》,再到 1992 年的《保护文学艺术作品伯尔尼公约》和《世界版权公约》,以及 1993 年的《专利合作条约》和 1994 年的《商标注册用商品与服务国际分类尼斯协定》,这些举措都标志着我国知识产权保护已与国际接轨,展现了我国在保护知识产权方面的坚定决心。

在此背景下,公共关系人员在处理涉及知识产权事务时,必须具备对相关法律的深刻认识。由于公共关系工作的特殊性,经常会涉及商标、专利、著作权以及广告等领域,这些都是知识产权保护的重点领域。如果公共关系人员对这些法律不了解,可能会无意中侵犯他人的知识产权,从而给公共关系活动带来不必要的麻烦和损失。因此,公共关系人员必须时刻保持对知识产权法律的敏感性和警觉性,确保自己的工作不会侵犯他人合法权益。

随着科学技术的飞速发展,知识产权的保护范围也在不断扩展。例如,计算机软件、半导体芯片设计等领域的知识产权已成为各国法律保护的重点。为了适应这一发展趋势,我国知识产权法律制度也在不断完善和扩大,以确保创新成果得到充分的法律保护。公关人员应密切关注这一动态,及时更新自己的知识体系,以更好地应对知识产权领域的挑战。

(三)其他法律

公共关系策划除了需要遵守民法和知识产权法外,还需要遵守一系列与公共关系活动密切相关的法律。重点介绍以下 5 个方面。

1.《中华人民共和国侵权责任法》

侵权责任法主要关注保护公民或组织的权益,限制他人对其造成非法损害的行为。在公共关系活动中,一旦通过某种方式向公众传播虚假或误导性信息,导致他人财产或声誉受损,就可能触犯侵权法。因此,公共关系从业者需要谨慎处理信息,确保所传播内容真实可靠,避免给他人造成损害。

2.《中华人民共和国商标法》

在公共关系活动中,组织会频繁使用自己的商标,以在公众中建立品牌形象和认同感。因此,了解商标法对公共关系从业者至关重要。商标法主要通过对商标的注册和保护,确保该商标的独特性和相关权益的维护。公共关系从业者需要了解商标法的基本原则,避免侵犯他人的商标权益,并在需要时采取正确的法律手段保护自己的商标。

3.《中华人民共和国反不正当竞争法》

反不正当竞争法旨在维护市场公平竞争秩序,保护经营者和消费者的合法权益。在公共关系活动中,如果存在虚假宣传、商业诋毁、不正当有奖销售等行为,都可能违反反不正当竞争法。因此,公共关系从业者需要了解反不正当竞争法的相关规定,确保公共关系活动的合法性和公正性。

4.《中华人民共和国消费者权益保护法》

消费者权益保护法旨在保护消费者的合法权益,包括消费者在购买、使用商品或接受服务过程中的人身权、财产权、知情权、自主选择权、公平交易权等。在公共关系活动中,如果涉及产品或服务的推广和宣传,公共关系从业者需要确保所提供的信息真实、准确、完整，不得误导消费者或侵犯消费者的合法权益。

5.《中华人民共和国网络安全法》

随着互联网的普及和发展，网络安全问题越来越受到关注。网络安全法主要关注网络空间的安全和秩序，包括个人信息保护、网络数据安全、网络产品和服务安全等方面。在公共关系活动中，如果涉及网络信息的发布和传播，公共关系从业者需要遵守网络安全法的相关规定，确保网络信息的安全性和合法性。

另外，根据公共关系活动的具体内容和形式，还可能涉及其他法律领域，如广告法、食品安全法、环境保护法等。因此，公共关系从业者需要全面了解相关法律法规，确保公共关系活动的合法性和规范性。

二、公共关系策划人员的职业道德

公共关系策划人员应当具备一系列职业道德，以确保工作始终符合公众利益，并促进组织形象的积极塑造。这些职业道德不仅是公关人员行为的标准，更是其专业精神的体现。

(一)忠诚

公共关系策划人员作为组织的重要一员，其忠诚度对于维护组织形象、促进组织发展至关重要。忠诚不仅是对组织的坚定信仰和无私奉献，更是对职业的尊重和对公众的责任感，忠诚是他们职业精神的核心。

公共关系策划人员的忠诚体现在对组织的忠诚上：应当深入理解组织的价值观、愿景和使命，并将其融入自己的工作中；无论面对何种挑战和困难，公共关系策划人员都应该坚定地支持组织，为组织的利益最大化而努力。

公共关系策划人员的忠诚还体现在对职责的忠诚上：应当对自己的工作充满热情，尽职尽责地完成每一项任务；应具备高度的责任感和敬业精神，始终将公众的利益放在首位，为公众提供准确、及时、有效的信息和服务。

公共关系策划人员的忠诚还体现在对公众的忠诚上：应始终坚守职业道德，尊重公众的知情权和选择权，不传播虚假信息，不误导公众；应积极倾听公众的声音，了解公众需求和期望，为公众提供有益的帮助和支持。

(二)客观

公共关系策划人员在履行职责时，必须秉持客观中立的立场，避免任何形式的个人偏见，也不应受既有观念或他人主观意见的影响。首要任务是按照事实真相，准确无误地考察和反映事物的原貌。这不仅是公共关系策划人员的行为准则之一，也是专业素养的重要体现。

在工作中，公共关系策划人员需要承担双向沟通的角色。一方面，需要客观地收集、整理和分析来自各个方面的信息，为组织的决策提供有力的支持，确保信息的准确性和完整性，从而协助组织实现自下而上的有效沟通。另一方面，公共关系策划人员还需要以客观的态度向公众传递组织的真实表现。不应隐瞒或掩盖组织的不足，而应公开透明地展示组织的优点和成就，同时也要勇于面对并公开组织的缺点和错误。这种双向沟通方式有助于建立组织与公众之间的信任关系，促进双方的相互理解和合作。

在这个过程中，公共关系策划人员必须坚守职业道德，不护短、不报喜不报忧；应勇于面对事实，敢于揭露真相，为公众提供真实、准确、全面的信息。只有这样，公共关系策划人员才能真正发挥作用，为组织树立良好的形象，促进组织健康发展。

（三）真实

在公共关系工作中，真实性是基石，要求所有活动必须与客观事实保持一致，绝不容许任何形式的弄虚作假。公共关系工作的核心在于传递信息，这些信息关乎个人、公司、政府机构或其他组织的形象与信誉。通过加强沟通、树立信誉和推广形象，公共关系策划旨在改善公众对这些实体的态度和认知。

要达成这一目标，真实性的维护至关重要。若传播的信息不真实，不仅会导致组织在公众心中的信誉崩塌，还可能使管理者基于错误的信息作出失败的决策，使组织陷入无法挽回的困境。此外，这也会严重损害新闻机构和公共关系组织的声誉，因为它们被公众视为信息的权威来源。

大众的失望与怀疑对于公共关系活动而言是致命的。因此，为了树立并维护良好的信誉，真实性被视为公共关系的生命线。在欧美各国的公共关系协会中，真实性的重要性被明确写入职业行为准则，如《英国公共关系协会职业行为准则》明确规定："会员不得故意或疏忽地传播虚假信息，而应致力于确保信息的真实与准确。"这一规定体现了公共关系行业对真实性原则的高度重视，也反映出公众对公关人员职业道德的普遍期待。

（四）准确

当行为所带来的结果与预期目标完全一致时，称为准确。公共关系工作的核心在于通过信息传播来实现有效的沟通、提升管理效率、建立组织信誉和推广组织形象。为了确保公共关系工作的成功，信息传播的准确至关重要。准确与真实是紧密相连的，其中，准确更多地从客观角度强调信息与事实的符合程度，而真实则侧重于信息的主观表达与原本事实的吻合。若传播的信息不准确，不仅会导致组织在公众心中的信誉受损，还可能引导组织作出错误的决策，进而产生深远的负面影响。这种不准确性可能会让公众对组织失去信任，对负责传播信息的部门产生反感和抵制，从而对社会造成不良影响。

在欧美各国的公共关系协会制定的职业准则中,确保信息的准确性都被明确列为一项重要规定。例如,《英国公共关系协会职业行为准则》就明确规定了"应以保证信息的真实与准确为首要责任"。这一准则为公共关系行业树立了高标准,以确保组织和公众之间的信息交流可靠和值得信赖。

(五)公正

公平正直,意味着不偏不倚,无私无我。公共关系策划人员,作为自己所服务的组织与公众、新闻媒体的桥梁,其角色至关重要。他们不仅需要在行动中维护组织的利益,同时还需要充分考虑到公众的利益,更需对整个社会承担起应有的责任。这就要求公共关系策划人员在处理事务时必须坚守公正,勇于直言不讳,始终如一地坚持原则。在处理人际关系时,无论对方与自己关系亲疏,无论其职位高低,公共关系人员都应秉持公平公正的态度,平等对待每一个人,不能为了一己之私或是组织的短期利益而歪曲事实,偏袒某一方,导致另一方受损。

在欧美公共关系行业的职业行为准则中,坚持公正立场被视为一项基本原则。例如,《英国公共关系协会职业行为准则》就明确规定:"无论何时,公共关系人员都应忠诚、公正地对待其当前及过往的客户与雇主,以及对待其他会员、传播媒介和广大公众。"这一规定强调了公共关系人员应始终保持的职业操守和道德标准。

第三节 公共关系策划人员培养

公共关系策划,作为一种高度实践性的职业,融合了策略思考、创新思维和人际交往等多重能力,要求从业者不仅要有深厚的理论知识,更要有灵活的应变能力和实战经验。因此,在培养公关策划人才时,传统的教学方法和培训模式往往难以满足实际需求,需要采用更为独特且有针对性的方法。

一、文献研读

通过阅读公共关系策划相关文献,公共关系策划人员可系统地掌握公共关系的基本理论和实践技巧,深入了解公关行业的发展历程和前沿动态,从而提升自身的专业素养和策划能力。这种阅读不仅有助于增加知识储备,更能够促进量变到质变的学习过程,使公关策划人员在理论与实践之间架起坚实的桥梁。

首先,为了确保阅读效果,指定相关阅读材料至关重要。这些材料应涵盖公共关系的各个方面,从基础理论到实战技巧,从行业历史到未来趋势,以确保公关策划人员能够全面了解并掌握公共关系的核心知识。其次,规定学习时间也必不可少。通过设定明确的学习时间表,可促使公关策划人员合理安排自己的学习计划,保证充足的学习时间和深入的学习效果。同时,这也有助于培养公关策划人员的学习自律性和时间管理能力。最后,进行相关的验收环节是检验学习效果的关键。验收可以通过多种形式进行,如撰写读书笔记、开展小组讨论、进行案例分析等。这些验收方式不仅可以检验公关策划人员对阅读材料的理解和掌握程度,还能够锻炼他们的思维能力和表达能力,进一步提升其专业素养。

二、名师讲座

由专业讲师系统讲授公共关系策划原理、实务、技巧以及职业发展趋势等内容,是提升公关策划人员专业水平的有效途径。这种培训方式可以帮助他们深入理解公共关系的核心理念,掌握实用的公关技巧和策略,同时了解行业的最新动态和未来发展方向。

组织可以积极选拔优秀员工,让他们参加专为组织公共关系策划而设计的进修课程。这些课程通常涵盖公共关系策划的各个方面,从基础理论知识到实际操作技巧,旨在帮助员工全面提升公关意识和实践能力。通过参加这些进修课程,员工不仅可以拓宽视野、增长知识,还能与来自不同组织的同行交流学习、互相启发。

在选拔参加培训的员工时,应注重员工的潜力和对公共关系策划的热情。被选拔的员工应具备良好的沟通能力、创新思维和团队协作精神,这些素质将有助于他们在公关领域取得更好的成绩。在员工参加完培训后,可以组织分享会或研讨会,让员工将所学知识和经验进行分享,以促进团队整体水平的提升。同时,还可根据员工在培训中的表现和成绩,给予相应的奖励和晋升机会,进一步激励员工在公共关系领域不断学习和进步。

三、项目研讨

以项目组的形式就具体个案进行分析、策划、实施、评估,并在此基础上进行提炼升华,是一种高效且富有实践性的学习方式。这种方式不仅能够提升公关策划人员的实战能力,还能加强团队协作,促进知识共享与创新。

在项目组成立之初,成员们会针对选定的具体个案进行深入的分析,这一环节涉及对个案背景的调研、目标受众的确定、传播渠道的选择等多方面的考量。通过分析,项目组能够全面了解个案的实际情况,为后续策划工作奠定坚实的基础。接下来是策划阶段。在此阶段,项目组将基于分析结果,结合公关理论知识和实战经验,制订出一套切实可行的策划方案。策划过程中,成员们需要充分发挥创新思维,设计出新颖独特的公关活动,以吸引目标受众的关注并达到预期效果。

实施阶段是将策划方案付诸实践的重点环节。项目组成员需明确各自职责,紧密协作,确保活动的顺利进行。在实施过程中,成员们还需根据实际情况灵活调整方案,以应对可能出现的各种挑战。活动结束后,项目组将对整个公关活动进行全面的评估。评估内容包括活动的执行情况、目标受众的反馈、传播效果等多个方面。通过评估,项目组可以总结经验教训,为后续公关活动提供有益的参考。最后,项目组将在整个过程中积累的知识和经验进行提炼升华。成员们可以就本次活动的成功之处和不足进行深入探讨,提炼出有价值的观点和见解,以丰富公关策划的理论体系和实践经验。

四、师徒制度

在组织中实施由高级别专业人员对低级别人员进行"传、帮、带"的制度,是一种非常有效的职业技能提升方式。这种制度的核心在于,通过高级别专业人员的实际工作经验和专业知识,对低级别人员进行具体的指导,帮助他们在专业技能和工作方法上得到快速成长。

"传"是指高级别专业人员将自己多年积累的经验、技巧以及行业内的深层次知识传授给低级别人员。这不仅是书本知识的灌输,更多的是实际操作中的心得和体会,以及如何应对各种复杂情况的策略。

"帮"则体现在高级别专业人员在日常工作中对低级别人员的实时辅导和问题解决上。当低级别人员遇到难题或困惑时,高级别专业人员会及时给予帮助和支持,通过手把手的教学,让他们在实践中学习和进步。

"带"是高级别专业人员带领低级别人员共同参与实际工作项目,让他们在实战中锻炼和成长。这种带领方式不仅可以让低级别人员亲身体验整个工作流程,还能在高级别专业人员的指导下,逐步掌握项目管理和团队协作的精髓。

为了确保这种"传、帮、带"制度的有效实施,组织应建立一个师徒制度。在这个制度下,高级别专业人员作为"师傅",有责任对"学徒"进行全面的指导和培养,确保他们能够在规定的时间内掌握必要的专业技能和工作方法。同时,组织也应设立相应的考核机制,对"学徒"的学习成果进行定期评估,以保证他们能够合格满师。

通过这种言传身教的方式,组织可以快速地提升专业人员的职业技能,同时也能够促进团队内部的交流和合作,增强组织整体竞争力。这种制度对于培养新人、建设团队及传承企业文化都具有非常重要的意义。

五、实训演练

通过项目组的形式进行模拟项目演练，是一种实战性强、效果显著的培训方法。在此方法中，高级专业人员将对项目组的表现进行细致点评，并针对存在的问题提出切实可行的改进建议，以帮助团队成员快速提升专业技能。这种培训方式主要分为情景模拟培训和角色模拟培训 2 种类型。

情景模拟培训是通过设计一个具体的模拟情境和课题，让公共关系策划人员置身于这个虚构但贴近实际的环境中，处理各种可能出现的问题。这种方式旨在帮助公关人员在安全、控制的环境下增加实战经验，提升他们的问题分析、策略制定和执行能力，以便更好地应对未来工作中可能遇到的挑战。

角色模拟培训则是让公共关系策划人员暂时抛开自己的原有身份，全身心地投入扮演某个特定角色中去，如新闻发言人、谈判代表等。通过深入理解和体验这一角色的心理、情感的需求，公共关系策划人员可以更加精准地把握公众的感受和期望，从而在举办记者招待会、进行公开演讲或商务谈判等场合表现得更加自信、从容和专业。

六、行业交流

公共关系策划人员参与行业内的业务交流活动，如讲座、研讨会等，是提升其专业素养和拓展职业视野的重要途径。通过这些活动，公关关系策划人员不仅能够及时了解行业的最新动态和前沿知识，从而开阔眼界、提升自身的专业能力；还能与同行交流、分享经验。

参加行业交流还能帮助专业人员开拓公共关系网络。在活动中，他们可以结识来自不同组织和领域的专业人士，建立广泛的联系和合作关系。这些关系资源对于组织来说具有巨大的潜在价值，不仅可以在未来寻求合作机会时提供便利，还能够为组织的发展提供有力的外部支持。

七、全员培训

全员培训指的是对组织内所有成员进行公共关系策划方面的教育。这种培训的核心在于思想引导和意识提升，旨在确保每位员工都深刻理解并认同组织的公共关系理念。除了思想教育，全员培训还包括公共关系基础知识的普及，使员工对公关工作有基本的认识和了解。

组织的公共关系工作并非仅限于专门的公关人员，而是需要全体成员共同参与和努力。当组织内部每位员工都具备强烈的公关意识时,他们就会自然而然地成为组织形象的维护者和宣传者。员工们会在日常工作中注意自己的言行举止,以确保这些行为符合组织价值观,并有助于提升组织整体形象。

通过这种全员参与的方式,组织能够在社会公众中树立一个积极、正面的形象,从而提高其整体效益和市场竞争力。全员培训不仅有助于提升员工的公关素养,更是组织实现长远发展和品牌建设的关键一环。

本章小结

本章主要探讨了公共关系策划人员在工作中需具备的素质要求、需遵守的相关法律和职业道德及公共关系策划人员的培养途径。公共关系策划人员作为现代组织中不可或缺的一员,其素质要求、法律与职业道德遵守以及培养途径都至关重要,不仅需要具备广泛的专业知识,如相关理论知识、实务知识以及相关学科知识,而且应具有合理的能力结构以及坚韧的品格。在公关策划过程中,需遵守民法、知识产权法以及其他法律,同时需要做到忠诚、客观、真实、准确、公正。在培养公关策划人才时,应采用多种方式,如文献研读、名师讲座、项目研讨、师徒制度、实训演练、行业交流、全员培训。公共关系策划人员的素质和职业道德对于组织公共关系策划工作的开展极其重要,应注重提升和培养。

课程交流互动

一、名词解释

试错、民法、知识产权法、传帮带、情景模拟培训、角色模拟培训

二、简述题

1.公共关系策划人员应掌握哪些相关实务知识?

2.公共关系策划人员超强的学习能力包含哪些方面?

3.公共关系策划人员应遵守哪些职业道德?

4.公共关系策划人员培养的方法有哪些?

5.海量信息时代,公关策划人员应如何保证自己有持续的创新能力?

三、策划题

跨越挑战,铸就未来

——组织公共关系策划人员综合素质提升方案

1.背景:随着市场竞争的日益激烈,公关活动在组织品牌建设、危机管理、媒体关系维护等方面扮演着举足轻重的角色。然而,当前组织公关团队在综合素质方面还存在一些短板,如创新思维不足、团队协作能力有待提高、法律意识和职业道德有待

加强等。

2.要求：为了应对这些挑战，组织需要策划一份以"跨越挑战，铸就未来"为主题的公共关系策划人员综合素质提升方案，以全面提升公共关系策划人员的综合素质，增强组织市场竞争力。

3.目标：一是提升公共关系策划人员的创新思维能力和市场洞察力，使其能够更准确地把握市场动态和消费者需求。二是加强公关团队的团队协作能力，提高工作效率，确保公关活动的顺利实施。三是增强公共关系策划人员的法律意识和职业道德，确保公关活动符合法律法规和道德规范。

四、案例分析题

腾讯SSV"云认养"助力乡村振兴 推动数字三农高质量发展

自重庆何家岩的"云稻米"认养兴起，江西赣州的"寻乌百香果云认养"紧随其后，云上认养农产品正迅速崛起为新风尚。腾讯的"云认养"产品凭借其独特的品牌认养模式迅速崭露头角，不仅深化了用户与农产品的情感纽带，实现了用户的广泛传播，还显著提升了农产品的品牌影响力和销售成果，为村集体带来了可观的增收。这一社交裂变式的创新实践，不仅彰显了腾讯SSV（腾讯可持续社会价值事业部）在公共关系战略中的卓越执行力，更成为企业助力乡村高质量发展的典范。

作为腾讯SSV为村发展实验室共富乡村项目组精心打造的数字化工具，"云认养"实现了农产品从营销到交付的全流程数字化管理，展现了信息化、定制化和可追溯性的特色。用户通过图文、视频直播等方式，实时追踪农产品成长，与乡村CEO（首席执行官）/运营人才紧密互动，建立起深厚的信任关系。"云认养"产品包含小程序、管理后台和BI（商业智能）数据看板，为用户提供丰富多彩的认养体验，同时助力乡村CEO高效管理，为决策提供数据支持。无论是面向个人的to C模式，还是面向企业的to B模式，都能满足用户的多样化需求，并通过节日祝福等特色功能，增强用户黏性。

从重庆酉阳何家岩村的"一平方米农场主"到广西龙胜县的"我在广西龙胜有个园"，腾讯的"云认养"项目不断扩展，为多个乡村带来了显著的增收效果，并提升了村庄的整体品牌影响力。通过这一创新模式，腾讯不仅帮助乡村CEO们更好地经营乡村，更助力了乡村经济的可持续发展。

资料来源：腾讯SSV"云认养"助力乡村振兴，推动数字"三农"高质量发展［EB/OL］.（2023-12-22）［2024-07-28］.http://news.cyol.com/gb/xwzt/articles/2023-12/22/content_enmZ5wcGVa.html.

思考题：

1.公共关系策划人才在设计和推广"云认养"项目时，应具备哪些关键素质来确保项目的成功和可持续性？

2.在推进"云认养"项目过程中，公共关系策划人才应如何坚守职业道德，确保项目的公正、透明和可持续性?

　　好的公关，就是让客户喜欢你，信任你，依赖你。

——李奥·贝纳

参考文献

[1] 谭昆智,汤敏慧,劳彦儿. 公共关系策划[M]. 2版. 北京:清华大学出版社,2014.

[2] 刘绍庭. 公共关系战略与策划[M]. 上海:华东师范大学出版社,2014.

[3] 陶应虎,顾建平,吴静,等. 公共关系原理与实务[M]. 3版. 北京:清华大学出版社,2015.

[4] 蒋楠. 公关策划学[M]. 2版. 北京:科学出版社,2017.

[5] 韩金. 公共关系:理论·案例·实训[M]. 北京:清华大学出版社,2019.

[6] 李国威. 品牌公关实战手册[M]. 北京:中信出版社,2018.

[7] 夏博新. 我的公关人生[M]. 北京:中信出版社,2020.

[8] 赫罗德,萨拉穆诺维奇. 公关思维:口碑攀升的底层逻辑[M]. 张德众,译. 天津:天津科学技术出版社,2020.

[9] 金旗奖编委会. 2020最具公众影响力公共关系案例集[M]. 北京:中国财富出版社,2021.

[10] 段建军. 企业公关与策划[M]. 2版. 武汉:华中科技大学出版社,2021.

[11] 文征. 手把手教你玩转实用文案+活动策划[M]. 北京:中国铁道出版社有限公司,2020.

[12] 洪守义. 公关策划的理论与实践[M]. 上海:上海辞书出版社,2018.

[13] 库珀,奥米拉. 危机公关:为什么一句道歉价值50亿美元? [M]. 张媛媛,译. 哈尔滨:哈尔滨出版社,2021.

[14] 黄洪波,孙伟航,曹逸韵. 腾讯公关法[M]. 杭州:浙江大学出版社,2018.

[15] 威尔科克斯,卡梅,雷伯,申才和. 公关! 公共传播的革命(明德书系·THINK)[M]. 尚京华,张毓强,郭娟,译. 北京:中国人民大学出版社,2019.

[16] 殷娟娟. 公共关系学教程[M]. 2版. 北京:中国人民大学出版社,2017.

[17] 胡锐,边一民,李兴国. 公共关系策划[M]. 杭州:浙江大学出版社,1997.

[18] 韩光军,陈静. 公关策划技法手册[M]. 北京:经济管理出版社,2002.

[19] 周安华. 公共关系理论、实务与技巧[M]. 6版. 北京:中国人民大学出版社,2019.

[20] 赵英,罗元浩,周丽新,等. 公共关系与现代礼仪[M]. 北京:清华大学出版社,2020.

[21] 金旗奖编委会. 2022最具公众影响力品牌传播案例集[M]. 北京:中国财富出版社,2023.

[22] 余明阳,薛可. 公共关系策划学[M]. 北京:首都经济贸易大学出版社,2023.

[23] 周安华,林升栋. 公共关系理论、实务与技巧[M]. 北京:中国人民大学出版社,2022.

[24] 严成根,王进云. 公共关系学[M]. 北京:清华大学出版社&北京交通大学出版社,2023.

[25] 钱静. 跟谁都能交朋友[M]. 北京:中华工商联合出版社,2017.

[26] 李林峰.所谓大格局就是知取舍[M].北京:台海出版社,2017.

[27] 刘清平,等.管理沟通:负责职场的技巧[M].北京:电子工业出版社,2016.

附录 历届中国公共关系策划大赛基本信息

扫描右侧二维码查看历届中国公共关系策划大赛的主题、宗旨、背景、选题等基本信息。